損失補てん規制

橋本 円
Madoka Hashimoto

商事法務

はしがき

　本書は、金融商品取引法に定める損失補てん等の規制について筆者が理解しているところを概説したものである。

　金融商品取引法に定める損失補てん等の規制のみに焦点を当てて網羅的に記述した書籍は、長らく刊行されていなかったことから、これらに関する事項を調査する際には、若干の不都合が生じていた。そのため、本書は、実務上必要とされているにもかかわらず刊行されていない書籍を刊行する、という意図に基づいて企画された。

　本書は、金融商品取引業者等の担当者、損失補てん等に関する事務を取り扱い、又は取り扱おうとしている実務家及び企業法務に関心のある学生を対象として、損失補てん等に関する基礎的な知識を提供することを目的とする。

　本書の体裁は、本書が基礎的な知識の提供を目的とするものであることから、参照しやすいようにQ&Aの形式としており、いわゆる体系書の形式としていない。便宜上、各編に共通する用語の説明に関する項目は、主として第1編に、第一種金融商品取引業及び第二種金融商品取引業に関する項目は、主として第2編に、投資助言・代理業又は投資運用業に関する項目は、主として第3編に、金融商品仲介業に関する項目は、主として第4編に、それぞれ配置されている。

　本書の内容に関していえば、前著『社債法』（商事法務、2015）について、専門用語の説明が少なく難解であるとのご批判をいただいたことから、本書における用語の説明は、できるだけ幅広く丁寧に行ったつもりであり、損失補てん等の規制と直接的な関係のない関連用語についても少なからず説明がある。読者によっては、これらの記載は、いずれも余事記載であるから、読み飛ばしていただければ幸いである。また、損失補てん等の規制に違反した場合に適用される罰則及び規制に違反する合意の私法上の効力は、いずれも実務上強い関心が寄せられる事項であることから、これらの事項に関する説明には、相当程度の紙幅を割いている。

はしがき

　本書の執筆にあたり、匿名を条件として質問にご回答いただいた各社の皆様より、貴重なご意見又は情報提供をいただいた。これらのいずれが欠けても本書の記述を充実させることはできなかった。ここに厚く御礼申し上げる。

　株式会社商事法務書籍出版部の岩佐智樹氏と澁谷禎之氏には、細部に至るまで大変お世話になった。出版事情の厳しい今日において、本書を刊行することができたのは、ひとえに各氏のおかげであり、あわせて御礼申し上げる。

　もちろん、本書の執筆には、家族の協力が大きく寄与しており、家族に感謝していることは、いうまでもない。

平成29年8月

橋本　円

目　次

第1編　総論

第1章　損失補てん等 ―――――――――――――― 2
　Q1　損失補てん等の規制は、どのように整理されているか。　2
　Q2　金融商品取引業者等は、違法な損失補てん等、その申込み又は約束に該当しない利益の提供、その申込み又は約束を任意に行うことができるか。　6

第2章　金融商品取引業者等 ―――――――――――― 11
　Q3　金融商品取引業者等とはなにか。　11
　Q4　第一種金融商品取引業とはなにか。　12
　Q5　第二種金融商品取引業とはなにか。　18
　Q6　投資助言・代理業とはなにか。　20
　Q7　投資運用業とはなにか。　21

第3章　顧客、権利者及び第三者 ―――――――――― 23
　Q8　顧客とはなにか。　23
　Q9　第三者とはなにか。　24
　Q10　権利者とはなにか。　26

第4章　損失、利益及び財産上の利益 ――――――――― 28
　Q11　損失とはなにか。　28
　Q12　利益とはなにか。　29
　Q13　財産上の利益とはなにか。　29
　Q14　弁護士の紹介を受けることは、財産上の利益に該当するか。　31

目　次

第5章　提供、申込み及び約束 ------------------------------ 33

　Q15　提供とはなにか。　33

　Q16　社会的儀礼の範囲内で行われる財産上の利益の提供は、違法な損失補てん等に該当するか。　34

　Q17　申込みとはなにか。　35

　Q18　約束とはなにか。　37

　Q19　第三者に……させる行為とはどのような行為か。　38

目　次

第2編　有価証券売買取引等に関する損失補てん等の規制

第1章　総論 ---- 42
 Q20　有価証券売買取引等に関する損失補てん等の規制は、どのように整理されているか。　42

第2章　法39条1項の規制 ---- 44
第1節　規制の対象となる者 ---- 44
 Q21　法39条1項は、誰の行為を規制しているか。　44
 Q22　特例業務届出者とはなにか。　46
 Q23　信託会社とはなにか。　50
 Q24　外国信託会社とはなにか。　53
 Q25　登録自己信託業者とはなにか。　53
 Q26　金融商品取引業者等が、他の金融商品取引業者等が行った有価証券売買取引等につき、損失補てん等、その申込み又は約束をすることは、法39条1項により規制されるか。　54

第2節　規制の対象となる行為 ---- 55
 Q27　法39条1項は、どのような行為を規制しているか。　55
 Q28　スポンサーレターの交付及びスポンサー契約の締結並びにスポンサーによる補償は、それぞれ規制される損失補てん等の申込み及び約束（39 I ①）並びに損失補てん（同③）に該当するか。　57
 Q29　店頭デリバティブ取引等のうち、金融商品取引業から除かれるものについて、金融商品取引業者がする損失補てん等は、法39条1項の規定により規制されるか。　58

第3節　有価証券売買取引等 ---- 60
第1款　有価証券売買取引等 ---- 60
 Q30　有価証券売買取引等（39 I ①）とはなにか。　60
 Q31　有価証券売買取引等から除かれる取引は、どのような取引か。　62

v

目　次

　　Q32　債券等の買戻条件付売買（令16の5）において、スタート取引における売渡価格及びエンド取引における買戻価格につき制限はあるか。　64

　　Q33　債券等の買戻条件付売買（令16の5）において、売手が買手より買い戻すべき有価証券は、売手が買手に売り渡した有価証券そのものであることを要するか。　65

　　Q34　有価証券に係る買戻条件付売買であって、買戻価格があらかじめ定められていないものの、買戻日を定めることにより買戻価格を定めることができるものは、有価証券売買取引等（39Ⅰ①）に該当するか。　67

　　Q35　有価証券の貸借取引は、有価証券売買取引等に該当するか。　68

　　Q36　有価証券等管理業務は、有価証券売買取引等に該当するか。　70

　第2款　有価証券等---72

　　Q37　有価証券等とはなにか。　72

第4節　損失補てん等の目的--74

　　Q38　補てん……するため（39Ⅰ・Ⅲ・Ⅳ）とはなにか。　74

　　Q39　補足……するため（39Ⅰ①）とはなにか。　78

　　Q40　追加……するため（39Ⅰ②・③）とはなにか。　79

第3章　法39条2項の規制--80

第1節　規制の対象となる者--80

　　Q41　法39条2項は、誰の行為を規制しているか。　80

第2節　規制の対象となる行為--81

　第1款　総論---81

　　Q42　法39条2項は、どのような行為を規制しているか。　81

　第2款　要求---83

　　Q43　要求とはなにか。　83

　　Q44　金融商品取引業者等の顧客が、要求をすることなく損失補てん等に係る財産上の利益を受ける行為は、法39条2項によって規制されるか。　84

　　Q45　金融商品取引業者等の顧客が、金融商品取引業者等に対して損失補てん等又はその約束を要求したものの、金融商品取引業者等がこれらの行為を行わない場合、このような要求は、法39条2項の規定に違反するか。

84

第4章　事故 ―――――――――――――――――――――――― 86
第1節　事故 ―――――――――――――――――――――――― 86

- Q46　事故（39 Ⅲ）とはなにか。　86
- Q47　業府令 118 条 1 号及び 2 号の規定は、それぞれどのような金融商品取引業者等に適用されるか。　90
- Q48　顧客の注文の内容について確認しないで、当該顧客の計算により有価証券売買取引等を行うこと（業府令 118 ①イ）とはなにか。　91
- Q49　顧客を誤認させるような勧誘をすること（業府令 118 ①ロ）とはなにか。　92
- Q50　顧客の注文の執行において、過失により事務処理を誤ること（業府令 118 ①ハ）とはなにか。　96
- Q51　電子情報処理組織の異常により、顧客の注文の執行を誤ること（業府令 118 ①ニ）とはなにか。　97
- Q52　その他法令に違反する行為を行うこと（業府令 118 ①ホ）とはなにか。　98
- Q53　過失又は電子情報処理組織の異常により事務処理を誤ること（業府令 118 ②イ）とはなにか。　99
- Q54　任務を怠ること（業府令 118 ②ロ）とはなにか。　100
- Q55　その他法令又は投資顧問契約若しくは法 42 条の 3 第 1 項各号に掲げる契約その他の法律行為に違反する行為を行うこと（業府令 118 ②ハ）とはなにか。　101

第2節　事故の確認等 ―――――――――――――――――――― 103

- Q56　事故による損失の補てんは、法 39 条 1 項又は 2 項の適用を受けるか。　103
- Q57　事故の確認は、どのように行われるか。　105
- Q58　確認申請は、誰が行うか。　107
- Q59　確認申請書は、誰に対して提出するか。　108
- Q60　確認申請書の記載事項はなにか。　110
- Q61　添付書類とはなにか。　112

目　次

- Q62　事故の確認は、いつ受ければ良いか。　113
- Q63　事故の確認は、事後の損失補てんの申込み、これに基づく約束及び損失補てんのすべての時点において受けることを要するか。　114
- Q64　有価証券関連以外のデリバティブ取引（2 XX）に関する損失補てん等は、どのように整理されるか。　115

第3節　事故の確認を要しない場合 ------------------------------------ 117

- Q65　事故の確認を要しない場合は、どのような場合か。　117
- Q66　裁判所の確定判決を得ている場合（業府令119 I ①）とは、どのような場合か。　119
- Q67　裁判上の和解が成立している場合（業府令119 I ②）とは、どのような場合か。　120
- Q68　調停が成立している場合及び民調17条の規定により裁判所の決定が行われ、かつ、同法18条1項に規定する期間内に異議の申立てがない場合（業府令119 I ③）とは、それぞれどのような場合か。　123
- Q69　金融商品取引業協会若しくは認定投資者保護団体のあっせんによる和解が成立している場合及び指定紛争解決機関の紛争解決手続による和解が成立している場合（業府令119 I ④）とは、それぞれどのような場合か。　124
- Q70　弁護士会が運営する紛争解決センターにおけるあっせんによる和解が成立している場合又は当該機関における仲裁手続による仲裁判断がされている場合（業府令119 I ⑤）とは、それぞれどのような場合か。　128
- Q71　消費者基本法19条1項若しくは25条に規定するあっせんによる和解が成立している場合又は同条に規定する合意による解決が行われている場合（業府令119 I ⑥）とは、それぞれどのような場合か。　129
- Q72　認証紛争解決事業者が行う認証紛争解決手続による和解が成立している場合（業府令119 I ⑦）とは、どのような場合か。　131
- Q73　弁護士又は司法書士の関与によって和解が成立した場合で、事故の確認を要しない場合（業府令119 I ⑧）は、どのような場合か。　132
- Q74　金融商品取引業協会による調査及び確認をもって、事故の確認に代替できる場合（業府令119 I ⑨）は、どのような場合か。　135
- Q75　補てんする金額が少額であるため事故の確認が不要となる場合（業府令

119 Ⅰ⑩）は、どのような場合か。　136
- Q76　注文の執行に誤りがあることにつき事故の確認が不要となる場合（業府令119 Ⅰ⑪）は、どのような場合か。　137
- Q77　事故の報告は、どのように行われるか。　139
- Q78　金融商品取引業者等は、事故による損失を補てんしようとする場合、事故の確認（39 Ⅲ・Ⅴ）又はその他の手続（業府令119 Ⅰ①～⑪）のうち、いずれを選択すれば良いか。　140

第5章　罰則 142
第1節　主刑 142

- Q79　金融商品取引業者等は、みずから法39条1項の規定に違反した場合、どのような罰則の適用を受けるか。　142
- Q80　金融商品取引業者等は、その代表者又は代理人、使用人その他の従業者が法39条1項各号に掲げる行為をした場合、どのような罰則の適用を受けるか。　143
- Q81　金融商品取引業者等は、いかなる職位の従業者が法39条1項各号に掲げる行為をした場合に、法207条1項3号の適用を受けるか。　147
- Q82　金融商品取引業者等の代表者、代理人、使用人その他の従業者は、法39条1項各号に掲げる行為をした場合、どのような罰則の適用を受けるか。　148
- Q83　金融商品取引業者等又はその代表者、代理人、使用人その他の従業者のいずれにも該当しない者は、法39条1項各号に掲げる行為に関与した場合、罰則の適用を受けるか。　150
- Q84　確認申請書（39 Ⅴ）又はその添付書類に虚偽の記載をして提出した者は、どのような罰則の適用を受けるか。　152
- Q85　顧客は、みずから法39条2項の規定に違反した場合、どのような罰則の適用を受けるか。　153
- Q86　顧客は、その代表者又は代理人、使用人その他の従業者が法39条2項各号に掲げる行為をした場合、どのような罰則の適用を受けるか。　154
- Q87　金融商品取引業者等が、法39条1項の規定に違反して、1人の顧客に対して複数回財産上の利益を提供した場合、罪数は、どのように処理され

目　　次

　　　　るか。　155
第2節　付加刑　157
第1款　金融商品取引業者等に対する金融商品取引法違反被告事件　157
- Q88　法39条1項の規定に違反して提供された物は、没収することができるか。　157
- Q89　法39条1項の規定に違反して提供された無体物は、没収することができるか。　158

第2款　顧客に対する金融商品取引法違反被告事件　159
- Q90　法39条2項の規定に違反して受けた財産上の利益は、没収することができるか。　159
- Q91　顧客又は情を知った第三者から財産上の利益の返還を受けた金融商品取引業者等は、没収（200の2）の対象者となるか。　163
- Q92　法200条の2の規定により没収すべき財産は、その時価が犯罪行為のときから判決の言渡しまでの間に上昇した場合であっても、すべて没収されるか。　165
- Q93　法200条の2の規定により没収すべき財産が、犯罪行為の後、判決の言渡しまでの間に、それ以外の財産と混和した場合、このような財産は、没収することができるか。　166

第3款　第三者没収手続　168
- Q94　法39条2項の規定に違反して犯人又は情を知った第三者が受けた財産上の利益で、被告人以外の者が保有するものは、没収することができるか。　168
- Q95　第三者没収手続は、どのように定められているか。　169
- Q96　法39条2項の規定に違反して犯人又は情を知った第三者が受けた財産で、地上権、抵当権その他の第三者の権利がその上に存在するものは、没収することができるか。　173

第4款　没収された財産上の利益の処分　174
- Q97　没収の裁判があった場合、没収された財産上の利益は、どのように処分されるか。　174

第5款　第三者の救済 -- 178
　　　Q98　没収の裁判があった場合、これによって損失を被った第三者は、どのような請求をすることができるか。　178

第6章　私法上の効力 -- 182
　　Q99　法39条1項の規定に違反してなされた損失補てん等の約束は、私法上効力を有するか。　182
　　Q100　法39条1項の規定に違反して損失補てん等の約束がなされた場合において、金融商品取引業者等がこの約束を履行しないとき、顧客は、金融商品取引業者等に対して、不法行為に基づく損害賠償請求又は不当利得返還請求をすることができるか。　182
　　Q101　金融商品取引業者等は、法39条1項の規定に違反して顧客に損失補てん等をした後、提供した財産上の利益につき、顧客に対して不当利得返還請求又は不法行為に基づく損害賠償請求をすることができるか。　184

目　次

第3編　投資助言・代理業又は投資運用業に関する損失補てん等の規制

第1章　総論　　188

- Q102　投資助言・代理業又は投資運用業に関する損失補てん等の規制は、どのように整理されているか。　188
- Q103　有価証券売買取引等（39 Ⅰ ①）は、投資運用業（28 Ⅳ）を行う金融商品取引業者等が、金銭その他の財産の運用（2 Ⅷ ⑫・⑭・⑮）として行う有価証券の売買その他の取引又はデリバティブ取引を含むか。　189

第2章　法38条の2第2号の規制　　190

- Q104　法38条の2第2号は、誰のどのような行為を規制しているか。　190
- Q105　いわゆるGK・TKスキームによる不動産流動化取引において、投資助言業務（28 Ⅵ）又は投資運用業（同Ⅳ）を行う金融商品取引業者であるアセット・マネジャーが、(i)不動産の所有者である信託銀行との間でマスターリース契約を締結すること及び(ii)信託受益権の譲受けに係る優先交渉権を定める条項をアセット・マネジメント契約に設けることは、法38条の2第2号、法41条の2第5号又は法42条の2第6号の規定に違反するか。　191
- Q106　投資事業有限責任組合の組成にあたり、第二種金融商品取引業（28 Ⅱ）及び投資運用業（同Ⅳ）を行う金融商品取引業者である無限責任組合員が、いわゆるクロー・バック条項を投資事業有限責任組合契約に設けることは、法38条の2第2号、法39条1項又は法42条の2第6号の規定に違反するか。　195

第3章　法41条の2第5号の規制　　197

- Q107　法41条の2第5号は、誰の行為を規制しているか。　197
- Q108　法41条の2第5号は、どのような行為を規制しているか。　198

第4章　法42条の2第6号の規制 ……………………………200
- Q109　法42条の2第6号の規定は、誰の行為を規制しているか。　200
- Q110　法42条の2第6号は、どのような行為を規制しているか。　201
- Q111　決済用投資信託の元本に生じた損失の全部又は一部を補てんする場合とは、どのような場合か。　203

第5章　罰則 ……………………………………………………206
第1節　主刑 ……………………………………………………206
- Q112　金融商品取引業者等は、みずから法38条の2第2号、法41条の2第5号又は法42条の2第6号の規定に違反した場合、どのような罰則の適用を受けるか。　206
- Q113　金融商品取引業者等は、その代表者又は代理人、使用人その他の従業者が法38条の2第2号、法41条の2第5号又は法42条の2第6号に掲げる行為をした場合、どのような罰則の適用を受けるか。　207
- Q114　金融商品取引業者等の代表者、代理人、使用人その他の従業者は、法38条の2第2号、法41条の2第5号又は法42条の2第6号に掲げる行為をした場合、どのような罰則の適用を受けるか。　208
- Q115　投資助言・代理業又は投資運用業に関する損失補てん等につき、顧客及び権利者は、罰則の適用を受けるか。　210

第2節　付加刑 …………………………………………………211
- Q116　法41条の2第5号又は法42条の2第6号の規定に違反して提供された物は、没収することができるか。　211
- Q117　法41条の2第5号又は法42条の2第6号の規定に違反して提供された無体物は、没収することができるか。　213

第3節　第三者没収手続 ………………………………………214
- Q118　法41条の2第5号又は法42条の2第6号の規定に違反して提供された物で、被告人以外の者が保有するものは、没収することができるか。　214

目　次

第6章　私法上の効力 215

Q119　法38条の2第2号の規定に違反してなされた損失補てんの約束は、私法上効力を有するか。　215

目　次

第4編　金融商品仲介業に関する損失補てん等の規制

第1章　総論 ―――――――――――――――――――――218
- Q120　金融商品仲介業に関する損失補てん等の規制は、どのように整理されているか。　218
- Q121　損失補てん等に該当しない利益の提供は、任意に行うことができるか。　220

第2章　金融商品仲介業者に対する規制 ―――――――222
- Q122　法66条の15において準用する法38条の2第2号の規定は、誰のどのような行為を規制しているか。　222
- Q123　法66条の15において準用する法39条1項の規定は、誰のどのような行為を規制しているか。　223

第3章　金融商品仲介業者の顧客に対する規制 ―――227
- Q124　法66条の15において準用する法39条2項の規定は、誰のどのような行為を規制しているか。　227

第4章　事故 ―――――――――――――――――――――230
第1節　事故 ――――――――――――――――――――230
- Q125　事故（66の15・39Ⅲ）とはなにか。　230
第2節　事故の確認等 ―――――――――――――――232
- Q126　事故による損失の補てんは、法66条の15において準用する法39条1項又は2項の適用を受けるか。　232
- Q127　事故の確認は、どのように行われるか。　233
- Q128　確認申請は、誰が誰に対して行うか。　236
- Q129　確認申請書の記載事項及び添付書類はなにか。　237

目　　次

第3節　事故の確認を要しない場合 238
- Q130　事故の確認を要しない場合は、どのような場合か。　238
- Q131　金融商品仲介業者の事故（業府令276）によりその顧客に損失が生じた場合において、損失補てんは、誰が行うか。　241

第5章　罰則 245
第1節　主刑 245
- Q132　金融商品仲介業者は、みずから法66条の15において準用する法38条の2第2号又は法39条1項の規定に違反した場合、どのような罰則の適用を受けるか。　245
- Q133　金融商品仲介業者は、その代表者又は代理人、使用人その他の従業者が法66条の15において準用する法38条の2第2号又は法39条1項各号に掲げる行為をした場合、どのような罰則の適用を受けるか。　246
- Q134　金融商品仲介業者の代表者、代理人、使用人その他の従業者は、法66条の15において準用する法38条の2第2号又は法39条1項各号に掲げる行為をした場合、どのような罰則の適用を受けるか。　247
- Q135　確認申請書（66の15・39Ⅴ）又はその添付書類に虚偽の記載をして提出した者は、どのような罰則の適用を受けるか。　248
- Q136　金融商品仲介業者の顧客は、みずから法66条の15において準用する法39条2項の規定に違反した場合、どのような罰則の適用を受けるか。　249
- Q137　金融商品仲介業者の顧客は、その代表者又は代理人、使用人その他の従業者が法66条の15において準用する法39条2項各号に掲げる行為をした場合、どのような罰則の適用を受けるか。　250

第2節　付加刑 251
第1款　金融商品仲介業者に対する金融商品取引法違反被告事件 251
- Q138　法66条の15において準用する法39条1項の規定に違反して提供された財産上の利益は、没収することができるか。　251

第 2 款　金融商品仲介業者の顧客に対する金融商品取引法違反被告事件 252
　　Q139　法 66 条の 15 において準用する法 39 条 2 項の規定に違反して受けた財産上の利益は、没収することができるか。　252
　第 3 款　第三者没収手続 254
　　Q140　法 66 条の 15 において準用する法 39 条 2 項の規定に違反して犯人又は情を知った第三者が受けた財産上の利益で、被告人以外の者が保有するもの又は第三者の権利がその上に存在するものは、没収することができるか。　254

第 6 章　私法上の効力 256
　　Q141　法 66 条の 15 において準用する法 39 条 1 項の規定に違反してなされた損失補てん等の約束は、私法上効力を有するか。　256
　　Q142　法 66 条の 15 において準用する法 39 条 1 項の規定に違反してなされた損失補てん等の約束がなされた場合において、金融仲介業者がこの約束を履行しないとき、顧客は、金融商品仲介業者に対して、不法行為に基づく損害賠償請求又は不当利得返還請求をすることができるか。　256
　　Q143　金融商品仲介業者は、法 66 条の 15 において準用する法 39 条 1 項の規定に違反して顧客に損失補てん等をした後、提供した財産上の利益につき、顧客に対して不当利得返還請求又は不法行為に基づく損害賠償請求をすることができるか。　257

　事項索引 259

凡　例

1　法令名等の略語

金融商品取引法（昭和23年法律第25号）については、原則として法律名を付さず、法とするか、条数のみを示した。

ADR法	裁判外紛争解決手続の利用の促進に関する法律（平成16年法律第151号）
LLP法	有限責任事業組合契約に関する法律（平成17年法律第40号）
LPS法	投資事業有限責任組合契約に関する法律（平成10年法律第90号）
印紙税法	印紙税法（昭和42年法律第23号）
応急措置法	刑事事件における第三者所有物の没収手続に関する応急措置法（昭和38年法律第138号）
会	会社法（平成17年法律第86号）
外為法	外国為替及び外国貿易法（昭和24年法律第228号）
刑	刑法（明治40年法律第45号）
刑補	刑事補償法（昭和25年法律第1号）
刑訴	刑事訴訟法（昭和23年法律第131号）
旧証券取引法	証券取引法等の一部を改正する法律（平成18年法律第65号）施行前の証券取引法（昭和23年法律第25号）
旧投資顧問業法	有価証券に係る投資顧問業の規制等に関する法律（昭和61年法律第74号）（証券取引法等の一部を改正する法律の施行に伴う関係法律の整備等に関する法律（平成18年法律第66号）1条によって廃止）
業府令	金融商品取引業等に関する内閣府令（平成19年内閣府令第52号）
兼営法	金融機関の信託業務の兼営等に関する法律（昭和18年法律第43号）
銀行法	銀行法（昭和56年法律第59号）
個人情報保護法	個人情報の保護に関する法律（平成15年法律第57号）
裁判所法	裁判所法（昭和22年法律第59号）
産競法	産業競争力強化法（平成25年法律第98号）
社振法	社債、株式等の振替に関する法律（平成13年法律第75号）
司法書士法	司法書士法（昭和25年法律第197号）

凡　　例

商	商法（明治32年法律第48号）
商先法	商品先物取引法（昭和25年法律第239号）
商先令	商品先物取引法施行令（昭和25年政令第280号）
消費者基本法	消費者基本法（昭和43年法律第78号）
消費者契約法	消費者契約法（平成12年法律第61号）
商品ファンド法	商品投資に係る事業の規制に関する法律（平成3年法律第66号）
信託法	信託法（平成18年法律第108号）
信託業法	信託業法（平成16年法律第154号）
信託業令	信託業法施行令（平成16年政令第427号）
信託業則	信託業法施行規則（平成16年内閣府令第107号）
センター法	独立行政法人国民生活センター法（平成14年法律第123号）
センター則	独立行政法人国民生活センター法施行規則（平成20年内閣府令第49号）
組織的犯罪処罰法	組織的な犯罪の処罰及び犯罪収益の規制等に関する法律（平成11年法律第136号）
仲裁法	仲裁法（平成15年法律第138号）
定義府令	金融商品取引法第二条に規定する定義に関する内閣府令（平成5年大蔵省令第14号）
抵当証券法	抵当証券法（昭和6年法律第15号）
投信則	投資信託及び投資法人に関する法律施行規則（平成12年総理府令第129号）
投信法	投資信託及び投資法人に関する法律（昭和26年法律第198号）
農協法	農業協同組合法（昭和22年法律第132号）
不特法	不動産特定共同事業法（平成6年法律第77号）
弁護士法	弁護士法（昭和24年法律第205号）
保険業法	保険業法（平成7年法律第105号）
民	民法（明治29年法律第89号）
民執	民事執行法（昭和54年法律第4号）
民訴	民事訴訟法（平成8年法律第109号）
民調	民事調停法（昭和26年法律第222号）
優先出資法	協同組織金融機関の優先出資に関する法律（平成5年法律第44号）
流動化法	資産の流動化に関する法律（平成10年法律第105号）
令	金融商品取引法施行令（昭和40年政令第321号）
FINMAC業務規程	苦情解決支援とあっせんに関する業務規程（特定非

	営利活動法人証券・金融商品あっせん相談センター）
金先協事故確認規則	事故の確認申請、審査等に関する規則（平成20年1月21日一般社団法人金融先物取引業協会）
金先協定款	一般社団法人金融先物取引業協会定款（平成元年7月26日一般社団法人金融先物取引業協会）
債券空売り貸借規則	債券の空売り及び貸借取引の取扱いに関する規則（平4年7月30日日本証券業協会）
指針	金融商品取引業者等向けの総合的な監督指針（平成29年10月金融庁監督局証券課）
条件付売買規則	債券等の条件付売買取引の取扱いに関する規則（平4年7月30日日本証券業協会）
仲裁手続規則	仲裁手続規則（第一東京弁護士会）
仲裁センター規則	仲裁センター規則（第一東京弁護士会）
日証協事故確認規則	事故の確認申請、調査及び確認等に関する規則（平3年12月18日日本証券業協会）
日証協定款	定款（昭和48年6月7日日本証券業協会）
弁護士職務基本規程	弁護士職務基本規程（日本弁護士連合会平成16年会規第70号）
Q&A	コメントの概要及びコメントに対する金融庁の考え方（平成19年7月31日）
平成19年7月指摘事項	金融商品取引業者等に対する検査における主な指摘事項（平成19年7月～平成23年3月に検査を終了したもの）
平成23年4月指摘事項	金融商品取引業者等に対する検査における主な指摘事項（平成23年4月～平成24年3月に検査を終了したもの）

2　文献引用の略語

〈書籍〉

大蔵省・法務省内証券取引法令研究会編集『損失補てん規制Q&A』（財経詳報社、1992）

三浦守・松並孝二・八澤健三郎・加藤俊治『組織的犯罪対策関連三法の解説』（法曹会、2001）

黒沼悦郎『証券市場の機能と不公正取引の規制』（有斐閣、2002）

黒沼悦郎『金融商品取引法』（有斐閣、2016）

高橋康文編著・尾崎輝宏著『逐条解説　新社債、株式等振替法』（金融財政事情研究会、2006）

凡　　例

河本一郎・関要監修『三訂版　逐条解説証券取引法』（商事法務、2008）
松尾浩也監修・松本時夫・土本武司・池田修・酒巻匡編著『条解刑事訴訟法〔第4版〕』（弘文堂、2009）
神田秀樹・黒沼悦郎・松尾直彦編著『金融商品取引法コンメンタール1〜4』（商事法務、2011〜）
前田雅英・松本時夫・池田修・渡邉一弘・大谷直人・河村博編集『条解刑法〔第3版〕』（弘文堂、2013）
古澤知之・栗田照久・佐藤則夫・増田昌樹・横尾光輔監修・齊藤将彦・小長谷章人・西田勇樹・澤飯敦・上島正道編著『逐条解説2013年金融商品取引法改正』（商事法務、2014）
齋藤通雄・油布志行・井上俊剛・中澤亨監修・齊藤将彦・古角壽雄・小長谷章人・今井仁美・齊藤哲・大谷潤・笠原基和編著『逐条解説2014年金融商品取引法改正』（商事法務、2015）
松尾直彦『金融商品取引法〔第4版〕』（商事法務、2016）

〈論文等〉
松尾直彦編著『金融商品取引法・関係政府令の解説』（別冊商事法務318）（商事法務、2008）
松田広光「証券取引法等の改正について——証券不祥事の再発防止に向けて」ジュリスト992号

〈その他〉
日本証券業協会「債券等の現先取引に関する基本契約書」
日本証券業協会「債券貸借取引に関する基本契約書」

　本書は、金融商品取引法に規定する損失補てん等の規制についての基礎的な知識の獲得を目的とするものであることから、同法に基づく規制及び罰則について記述した。他の法令に規定する同様の規制については、各法令の解説書を参照されたい。
　例えば、財産上の不正な利益を得る目的で犯した金融商品取引法39条2項（同法66条の15において準用する場合を含む。）違反の罪の犯罪行為により生じ、若しくは当該犯罪行為により得た財産又は当該犯罪行為の報酬として得た財産は、組織的犯罪処罰法2条2項1号の「犯罪収益」に該当する。同法は、犯罪収益を用いた法人等の事業経営の支配、犯罪収益等の隠匿、犯罪収益等の収受のうち一定のものを制限し（組織的犯罪処罰法9〜12・17）、犯罪収益等を任意的没収及び任意的追徴の対象とするほか（同13〜16・18〜21）、没収又は追徴に先立つ保全手続を設けている（同22〜53）。本書は、紙幅の都合上、これらの各規定に言及しないことから、同法に基づく犯罪収益等の取扱い等については、同法の解説書を参照されたい。

第1編

総　論

第1章 損失補てん等

Q1 損失補てん等の規制は、どのように整理されているか。

1 損失補てん等の規制

損失補てん等の規制は、次のいずれかの行為をすることに対する規制である。

① <u>損失補てん等</u>、その申込み又は約束をすること。
② 損失補てん等に係る財産上の利益を受けること。
③ 第三者に①又は②をさせること。

2 損失補てん等

(1) 損失補てん等とは、次の行為をいう。

① 顧客（投資運用業について行われる損失補てん等については、権利者（42Ⅰ）。以下、本項目において同じ。）に生じた損失を補てんするために、当該顧客又は第三者に財産上の利益を提供すること。
② 顧客にあらかじめ定めた額の利益が生じないこととなった場合にこれを補足するために、当該顧客又は第三者に財産上の利益を提供すること。
③ 顧客に生じた利益に追加するために、当該顧客又は第三者に財産上の利益を提供すること。

(2) (1)①は、一般的に損失補てんと呼ばれているものである。(1)②及び③は、損失補てんと区別して、一般的に利益保証と呼ばれている。

(1)②及び③は、それぞれ利益の「補足」及び利益の「追加」という異なる語を用いているが、このような用語の違いは、あらかじめ利益の額が定められているか否かの違いによって生じるものである。

3　規制の対象者

(1)　規制の対象者は、金融商品取引業者等（38の2②・39Ⅰ・41の2⑤・42の2⑥）及び金融商品取引業者等の顧客（39Ⅱ）である。

　これらの者が(i)法人又は(ii)法人でない団体で代表者又は管理人の定めのあるものである場合は、両罰規定（207Ⅰ③・⑤）によって、これらの代表者、代理人、使用人その他の従業者も、規制の対象者となる。管理人は、規制の対象者として規定されていないものの、「その他の従業者」に含まれるものと考えるのが自然であろう。

　金融商品取引業者等又はその顧客が自然人である場合は、両罰規定（207Ⅰ③・⑤）によって、これらの代理人、使用人その他の従業者も、規制の対象者となる。

(2)　「法人でない団体で代表者又は管理人の定めのあるもの」とは、社団については、次の条件をすべて満たすものをいう（旧民事訴訟法46条における「法人ニ非サル社団又ハ財団ニシテ代表者又ハ管理人ノ定アルモノ」の解釈につき、最判昭和39年10月15日民集18巻8号1671頁）。

①　団体として組織をそなえること。
②　多数決の原則が行なわれること。
③　構成員の変更にかかわらず団体そのものが存続すること。
④　その組織によって代表の方法、総会の運営、財産の管理その他団体としての主要な点が確定していること。

(3)　「法人でない団体で代表者又は管理人の定めのあるもの」とは、財団については、次の条件をすべて満たすものをいうと考えられる（理事長、理事、評議員を選出し、基本財産とすべき定期預金を有し、寄附行為を作成して、財団法人設立許可申請手続中の団体を、権利能力なき財団と認定したものとして、最判昭和44年11月4日民集23巻11号1951頁）。

①　個人財産から分離独立した基本財産を有すること。
②　その運営のための組織を有していること。

(4)　「代表者」とは、法人でない団体が社団である場合における当該社団の代表機関をいい、「管理人」とは、法人でない団体が財団である場合における当該財団の代表機関をいう。

4 規制の対象となる行為

⑴ 規制の対象となる行為の概要は、表1のとおりである。

① 顧客

顧客は、有価証券売買取引等について、次の行為を行うことを規制されるが、投資助言・代理業又は投資運用業に関して顧客がこれらを行うことは、いずれも規制されていない。

　(i) 要求によって損失補てん等の約束をすること
　(ii) 要求によって損失補てん等に係る財産上の利益を受けること
　(iii) 第三者に(i)又は(ii)をさせること

② 有価証券売買取引等を行う金融商品取引業者等

有価証券売買取引等を行う金融商品取引業者等は、有価証券売買取引等につき、次の行為を行うことをいずれも規制される。

　(i) 事前（損失又は利益が生ずる時点に先立つ時点をいう。）の損失補てん等の申込み又は約束
　(ii) 事後（損失又は利益が生ずる時点又はこれよりも後の時点をいう。）の損失補てん等の申込み又は約束
　(iii) 損失補てん等
　(iv) (i)から(iii)までのいずれかを第三者にさせること

③ 投資助言・代理業を行う金融商品取引業者等

投資助言・代理業を行う金融商品取引業者等は、その行う投資助言・代理業に関して、顧客に対する勧誘に際して行う事前の損失補てんの約束を規制されるが、その行う投資助言・代理業に関して、事前の損失補てん等の申込み、顧客との取引開始後に行う事前の損失補てんの約束、事前の利益の追加の約束、事後の損失補てん等の申込み及び約束並びに第三者にこれらのいずれかをさせることは、いずれも規制されていない。

また、投資助言・代理業のうち投資助言業務（28Ⅵ・Ⅲ①・2Ⅷ⑪）を行う金融商品取引業者等は、(i)損失補てん等及び(ii)第三者にこれをさせることを規制されているが、投資助言・代理業のうち投資顧問契約又は投資一任契約の締結の代理又は媒介（2Ⅷ⑬）のみを行う金融商品取引業者等は、これを規制されていない。

④ 投資運用業を行う金融商品取引業者等

第1章　損失補てん等

　投資運用業を行う金融商品取引業者等は、その行う投資助言業務に関して、顧客に対する勧誘に際して行う事前の損失補てんの約束及び損失補てんを規制されるが、その行う投資助言業務に関して、事前の損失補てん等の申込み、顧客との取引開始後に行う事前の損失補てん等の約束、事前の利益の追加の約束、事後の損失補てん等の申込み及び約束並びに第三者にこれらのいずかをさせることは、規制されていない。

［表1：損失補てん等の規制が課せられる行為］

行為が行われる状況		規制が課せられる者	規制が課せられる行為		条文
有価証券売買取引等につき		金融商品取引業者等	(i)	事前の申込み・約束*1	39 Ⅰ
			(ii)	事後の申込み・約束	
			(iii)	損失補てん等	
			(iv)	第三者に(i)～(iii)をさせること	
		顧客	(i)	事前の約束*2	39 Ⅱ
			(ii)	事後の約束*2	
			(iii)	財産上の利益を受けること*2	
			(iv)	第三者に(i)～(iii)をさせること	
投資助言・代理業	投資顧問契約又は投資一任契約の締結の代理又は媒介に関して	金融商品取引業者等	事前の約束*3		38の2②
	投資助言業務に関して	金融商品取引業者等	事前の約束*3		38の2②
			(i)	損失補てん等	41の2⑤
			(ii)	第三者に(i)をさせること	
投資運用業に関して		金融商品取引業者等	事前の約束*3		38の2②
			(i)	損失補てん等	42の2⑥
			(ii)	第三者に(i)をさせること	

*1 利益保証のうち、顧客にあらかじめ定めた額の利益が生じないこととなった場合にこれを補足するために、当該顧客又は第三者に財産上の利益を提供することは、有価証券売買取引等について行われる事前の申込み及び約束のみが規制の対象となる。
*2 顧客又は第三者の要求によってなされたものに限る。
*3 顧客に対する勧誘の際に行われる損失の補てんの約束に限り、利益の追加の約束を含まない。

第1編　総　　論

5　規制の根拠

(1)　損失補てん等を規制する根拠は、次のとおり説明されている（損失補てん規制Q&A 14～15頁・コンメ(2)335～336頁〔石田〕）。

① 　損失補てん等は、証券市場における価格形成機能を歪めるため。
② 　損失補てん等は、証券取引の公正及び証券市場に対する一般投資家の信頼を損なう結果を招くため。
③ 　損失補てん等は、金融商品取引業者等の財務の健全性を害するため。
④ 　損失補てんは、投資者の投資判断に見合う投資成果を市場のメカニズムに従って分配しない結果を生じさせるため。

(2)　これらの指摘のうち、(1)①及び②については、損失補てん等は、指摘されたような弊害をもたらすものではないといった批判があり、(1)③については、金融商品取引業者等の財務の健全性を確保する目的を達成するために刑事罰をもって損失補てん等を規制するのは行き過ぎであるといった批判がある。

　もっとも、罰則を伴う損失補てん等の規制は、当初、証券取引法及び外国証券業者に関する法律の一部を改正する法律（平成3年法律第96号）によって設けられたものであり（平成4年1月1日より施行）、証券取引法を金融商品取引法に改題した証券取引法等の一部を改正する法律（平成18年法律第65号）（平成19年9月30日施行）は、損失補てん等の規制及びこれに関する罰則を廃止しないのみならず、規制の対象となる行為を拡大していることから、これらの指摘の当否はともかく、規制そのものは、市場関係者より一定の評価を得ているものと考えられる。

Q2　金融商品取引業者等は、違法な損失補てん等、その申込み又は約束に該当しない利益の提供、その申込み又は約束を任意に行うことができるか。

1　特別の利益の提供

(1)　金融商品取引業者等は、違法な損失補てん等、その申込み又は約束に該当しない利益の提供、その申込み又は約束のうち、特別の利益の提供又はその約束に該当しないものを任意に行うことができるが、特別の利益の

提供又はその約束に該当するものを行うことができない。

　金融商品取引業者等又はその役員若しくは使用人は、金融商品取引契約につき、次の行為をすることができないためである（38⑧・業府令117Ⅰ③）。
　① 　顧客又はその指定した者に対し、特別の利益の提供を約する行為
　② 　第三者をして、顧客又はその指定した者に対し、特別の利益の提供を約させる行為
　③ 　顧客又は第三者に対し特別の利益を提供する行為
　④ 　第三者をして、顧客又は第三者に対し特別の利益を提供させる行為

2　金融商品取引契約

(1)　「金融商品取引契約」とは、顧客を相手方とし、又は顧客のために金融商品取引行為を行うことを内容とする契約をいう（34）。
　金融商品取引行為とは、法2条8項各号に掲げる行為のすべてをいう。
　有価証券等管理業務（28Ⅴ）に該当する行為は、損失補てん等を規制する各規定（法38条の2第2号、法39条1項、法41条の2第5号及び法42条の2第6号）の適用を受けないが、金融商品取引行為には該当するため、有価証券等管理業務（28Ⅴ）につき特別の利益を提供すること及びその約束をすることは、いずれも規制される。
　付随業務（35Ⅰ）、届出業務（同Ⅱ）又は承認業務（同Ⅳ）に該当する行為は、損失補てん等を規制する各規定の適用を受けず、かつ、金融商品取引行為にも該当しないことから、これらのいずれかに該当する行為につき(ⅰ)損失補てん等、その申込み若しくは約束をすること又は(ⅱ)特別の利益を提供すること若しくはその約束をすることは、いずれも規制されない。
　例えば、金融商品取引業者が顧客に対して経営相談（35Ⅰ⑫）に係る業務のみを提供しており、今後も当該顧客に対して経営相談に係る業務以外の業務を提供しない場合において、当該金融商品取引業者が当該顧客に対して経営相談料を無償にする等の利益を提供した場合、この利益は、「金融商品取引契約につき」提供された利益ではない。経営相談に係る業務は、法2条8項各号に掲げる行為ではなく、金融商品取引業者の付随業務であるためである。
(2)　「金融商品取引契約につき」とは、具体的な金融商品取引契約について

第1編　総　　論

という意味であり、今後締結する可能性がある抽象的な金融商品取引契約についてという意味ではない。

　例えば、金融商品取引業者が、現在取引関係にない者に対して、(i)金融商品取引契約の締結を条件として提供した利益は、「金融商品取引契約につき」提供された利益であるが、(ii)金融商品取引契約の締結を抽象的に期待して提供した利益は、「金融商品取引契約につき」提供された利益ではない。

3　特別の利益

　「特別の利益」とは、金融商品取引業における公正な競争の手段として提供することが許される利益の範囲を超えた利益をいう（逐条561頁）。

4　特別の利益の提供及びその約束

(1)　「提供」とは、金融商品取引業者等又はその役員若しくは使用人が、特別の利益を、顧客又は第三者が利用し得る状態に置くことをいう。 Q15
(2)　「約」するとは、約束することをいう。 Q18

5　特別の利益の提供に該当しない場合

(1)　社会通念上通常のサービスとして認められる利益の提供は、特別の利益の提供に該当しないため、業府令117条1項3号の規定により規制されない（逐条561頁）。

　どのようなサービスの提供が社会通念上通常のサービスに該当するかは、業府令117条1項3号の趣旨から判断するほかないが、業府令117条1項3号の趣旨は、(i)業者の健全性確保、(ii)業者間の公正な競争の確保、(iii)業者と顧客との紛争の回避、(iv)顧客間の公平な取扱いの確保等とされており、論者によって主張し、又は重視する趣旨が異なっている。

(2)　顧客に帰属すべき利益を、そのまま顧客に帰属させることは、特別の利益の提供に該当しない。

　例えば、金融商品取引業者が、顧客から証拠金を受け入れ、これを銀行に預金している場合において、当該預金に付された金利を当該顧客に対して支払うことは、特別の利益の提供に該当しないとされている（Q&A 394

頁 79)。

(3) 金銭消費貸借契約の金利型の実質的な転換を目的として、金融商品取引業者等と顧客との間で、顧客を固定金利の支払人とし、金融商品取引業者等を変動金利の支払人とする金利スワップ取引を行った場合において、変動金利の利率がいわゆるマイナス金利となったために顧客が負の変動金利を受け取る（すなわち、当該変動金利の絶対値を支払う）こととなったときに、金融商品取引業者等が当該金利の支払義務を免除することは、特別の利益の提供に該当しないものと考えられる（平成 28 年 4 月 18 日付「一般的な法令解釈に係る書面照会について」及びこれに対する同月 22 日付回答書参照。）。Q38

(4) 顧客ごとに異なる取扱いをすることは、取引額に応じた取扱いである等の合理的な理由がある場合は、取引条件の設定が不当でない限り、優遇した顧客に対する特別の利益の提供に該当しない。

例えば、(i)一定の料金表に基づいて顧客ごとに投資助言業務に関する報酬額を定めること（Q&A 394 頁 80）、(ii)取引額に応じて為替手数料を減額すること、(iii)取引額に応じて金利を上乗せすること（同 634 頁 11）、(iv)キャンペーン期間中に一定額以上の外貨預金を預けた顧客に対してのみ景品を提供し、又はキャッシュバックすること（同 635 頁 12）は、いずれも取引条件の設定が不当でない限り、特別の利益の提供に該当しないとされている。

これに対し、合理的な理由がないのに顧客ごとに異なる取扱いをすることは、利益の提供の方法を問わず特別の利益の提供に該当し得る。

このような取扱いは、提供した利益の額が高額とはいえない場合であっても、特別の利益の提供に該当することがある（顧客の会員区分の変更に伴い投資顧問契約に基づく報酬を一定期間無償とする旨の約束を「特別の利益の提供を約すること」としたものとして、平成 18 年 3 月 31 日東海財務局による行政処分事例、特定の顧客に対する 35 万 5,061 円の支払を「特別の利益の提供」としたものとして、平成 21 年 10 月 20 日東海財務局による行政処分事例がある。もっとも、これらの事例は、いずれも他に重大な違法行為があった事例であり、少額の利益の提供のみが行われた場合に、これをもって行政処分が行われるとは考え難い。）。

以上、本項目全般につき、金融商品取引法研究会『顧客との個別の取引

条件における特別の利益提供に関する問題』（日本証券経済研究所、2011）を参照。

第2章　金融商品取引業者等

> **Q3**　金融商品取引業者等とはなにか。

1　金融商品取引業者等

「金融商品取引業者等」とは、<u>金融商品取引業者</u>又は<u>登録金融機関</u>をいう (34)。

2　金融商品取引業者

(1) 「金融商品取引業者」とは、法29条の規定により内閣総理大臣の登録を受けた者をいう (2 Ⅸ)。

(2) 金融商品取引業者は、次のすべてを含む。

これらの金融商品取引業者は、みずからが行う金融商品取引業の種類に応じて、対応する損失補てん等の規制を受けることになる。

① 第一種金融商品取引業（28 Ⅰ）を行う金融商品取引業者（いわゆる証券会社及びFX会社等）**Q4**

② 第二種金融商品取引業（28 Ⅱ）を行う金融商品取引業者（信託受益権の売買、ファンドの自己募集等を行う金融商品取引業者等）**Q5**

③ 投資助言・代理業（28 Ⅲ）を行う金融商品取引業者（いわゆる投資一任業務を行わない投資顧問業者等）**Q6**

④ 投資運用業（28 Ⅳ）を行う金融商品取引業者（いわゆる投資一任業務を行う投資顧問業者等）**Q7**

3　登録金融機関

(1) 「登録金融機関」とは、法33条の2に規定する登録を受けた銀行、協同組織金融機関その他<u>政令で定める金融機関</u>をいう (2 Ⅺ)。金融機関は、(ⅰ)<u>書面取次ぎ行為</u>若しくは法33条2項各号に掲げる行為（いわゆる公共債の窓口販売、投資信託の窓口販売等）のいずれかを業として行おうとすると

き、又は(ii)投資助言・代理業（28Ⅲ）若しくは有価証券等管理業務（同Ⅴ）を行おうとするときは、この登録を受けなければならない。

　「書面取次ぎ行為」とは、顧客の書面による注文を受けてその計算において有価証券の売買又は有価証券関連デリバティブ取引を行うことをいい、当該注文に関する顧客に対する勧誘に基づき行われるもの及び当該金融機関が行う投資助言業務に関しその顧客から注文を受けて行われるものは除かれる（33Ⅱ）。すなわち、書面取次ぎ行為は、金融機関が受動的に受けた注文の執行として行う有価証券の売買又は有価証券関連デリバティブ取引である。

(2)　「政令で定める金融機関」とは、株式会社商工組合中央金庫、保険会社（外国保険会社等を含む。）、無尽会社、証券金融会社及び主としてコール資金の貸付け又はその貸借の媒介を業として行う者のうち<u>金融庁長官の指定するもの</u>をいう（令1の9）。

(3)　「金融庁長官の指定するもの」とは、上田八木短資株式会社、東京短資株式会社及びセントラル短資株式会社をいう（金融商品取引法施行令第一条の九第四号の規定に基づき、主としてコール資金の貸付け又はその貸借の媒介を業として行う者を指定する件（平成19年金融庁告示第52号））。

Q4　第一種金融商品取引業とはなにか。

1　第一種金融商品取引業

　「第一種金融商品取引業」とは、金融商品取引業のうち、次に掲げる行為のいずれかを業として行うことをいう（28Ⅰ）。 Q30・37

①　有価証券（法2条2項の規定により有価証券とみなされる同項各号に掲げる権利を除く。）についての次に掲げる行為（28Ⅰ①）

(ⅰ)　有価証券の売買（デリバティブ取引に該当するものを除く。以下同じ。）、市場デリバティブ取引（商品関連市場デリバティブ取引を除く。）又は外国市場デリバティブ取引（2Ⅷ①）

(ⅱ)　有価証券の売買、市場デリバティブ取引又は外国市場デリバティブ取引の<u>媒介</u>、<u>取次ぎ</u>（有価証券等清算取次ぎを除く。）又は<u>代理</u>（<u>私設取引システム</u>によるもの（2Ⅷ⑩）を除く。）（2Ⅷ②）

(iii) 取引所金融商品市場における有価証券の売買若しくは市場デリバティブ取引又は外国金融商品市場における有価証券の売買若しくは外国市場デリバティブ取引の委託の媒介、取次ぎ又は代理（2 Ⅷ③）
　　(iv) 有価証券等清算取次ぎ（2 Ⅷ⑤）
　　(v) 有価証券の売出し又は特定投資家向け売付け勧誘等（2 Ⅷ⑧）
　　(vi) 有価証券の募集若しくは売出しの取扱い又は私募若しくは特定投資家向け売付け勧誘等の取扱い（2 Ⅷ⑨）
　② 商品関連市場デリバティブ取引（2 Ⅷ①）についての次の行為（28 Ⅰ①の 2）
　　(i) 媒介、取次ぎ又は代理（2 Ⅷ②）
　　(ii) 取引の委託の媒介、取次ぎ（(iii)を除く。）又は代理（2 Ⅷ③）
　　(iii) 有価証券等清算取次ぎ（2 Ⅷ⑤）
　③ 店頭デリバティブ取引等又は店頭デリバティブ取引についての有価証券等清算取次ぎ（28 Ⅰ②）
　④ 次のいずれかに該当する行為（28 Ⅰ③）
　　(i) 幹事会社となる有価証券の元引受け（28 Ⅶ）のうち、みずから引き受ける金額が 100 億円（令 15・業府令 4）を超えるもの（28 Ⅰ③イ）
　　(ii) 有価証券の元引受けであって、(i)以外のもの（28 Ⅰ③ロ）
　　(iii) 有価証券の引受け（2 Ⅷ⑥）であって、有価証券の元引受け以外のもの（28 Ⅰ③ハ）
　⑤ 有価証券の売買又はその媒介、取次ぎ若しくは代理であって、私設取引システムによるもの（28 Ⅰ④）
　⑥ 有価証券等管理業務に該当する行為（28 Ⅰ⑤）　Q36

2　取引所金融商品市場、外国金融商品市場及び私設取引システム

(1) 「取引所金融商品市場」とは、金融商品取引所の開設する金融商品市場をいう（2 ⅩⅥ）。

　金融商品取引所とは、法 80 条 1 項の規定により内閣総理大臣の免許を受けて金融商品市場を開設する金融商品会員制法人（会員金融商品取引所）又は株式会社（株式会社金融商品取引所）をいう（2 ⅩⅥ）。

　例えば、株式会社東京証券取引所は、株式会社金融商品取引所であり、

同社が開設する市場第一部、市場第二部、マザーズ、JASDAQ 及び TOKYO PRO Market は、取引所金融商品市場に該当する。

(2) 「外国金融商品市場」とは、取引所金融商品市場に類似する市場で外国に所在するものをいう（2 Ⅷ③ロ）。

例えば、ニューヨーク証券取引所及び NASDAQ は、外国金融商品市場に該当する。

(3) 私設取引システム（PTS：Proprietary Trading System）とは、金融商品取引所でない者が、電子情報処理組織を使用して有価証券の売買又はその媒介、取次ぎ若しくは代理を行うために開設する代替市場をいう。

私設取引システムの語は、法に定義されていないが、「有価証券の売買又はその媒介、取次ぎ若しくは代理であって、電子情報処理組織を使用して、同時に多数の者を一方の当事者又は各当事者として次に掲げる売買価格の決定方法又はこれに類似する方法により行うもの……」（2 Ⅷ⑩）は、私設取引システムによる有価証券の売買又はその媒介、取次ぎ若しくは代理を指すものである。

令26条の2の2第7項は、私設取引システムを「法2条8項10号に掲げる行為……による有価証券の売買を行う市場をいう。」と定義し、業府令1条4項9号は、法2条8項10号に掲げる行為に係る業務を「私設取引システム運営業務」と定義している。

3　媒介、取次ぎ及び代理

(1) 「媒介」（2 Ⅷ②）とは、他人間の法律行為の成立に尽力することをいう。媒介者は、法律行為の当事者とならず、媒介行為によって成立する法律行為に基づく損益の帰属先ともならない。

(2) 「取次ぎ」（2 Ⅷ②）とは、自己の名をもって（＝自己が法律効果の帰属先となることを表示して）他人の計算において（＝他人を損益の帰属先として）法律行為を行うことをいう。

例えば、株式会社東京証券取引所の総合取引参加者である金融商品取引業者が、他人である顧客の委託注文に基づいて、株式会社東京証券取引所が開設する取引所金融商品市場において他人である顧客の計算において有価証券の売買を行うことは、有価証券の売買の取次ぎに該当する。

(3) 「代理」（2 Ⅷ②）とは、他人の名をもって（＝他人が法律効果の帰属先となることを表示して）他人の計算において（＝他人を損益の帰属先として）法律行為を行うことをいう。

(4) 「委託の媒介、取次ぎ又は代理」（2 Ⅷ③）とは、他人から受けた委託について行う媒介、取次ぎ又は代理をいう。

　例えば、株式会社東京証券取引所の総合取引参加者でない金融商品取引業者Ａは、他人である顧客の委託注文を受けた場合であっても、株式会社東京証券取引所が開設する取引所金融商品市場において、他人である顧客の計算において有価証券の売買を行うこと（すなわち、有価証券の売買の取次ぎ）ができない。この場合、金融商品取引業者Ａは、株式会社東京証券取引所の総合取引参加者である金融商品取引業者Ｂに対し、株式会社東京証券取引所が開設する取引所金融商品市場における有価証券の売買の委託の媒介、取次ぎ又は代理をし、金融商品取引業者Ｂは、この委託に基づいて、有価証券の売買の取次ぎをすることになる。

4　有価証券等清算取次ぎ

(1) 「有価証券等清算取次ぎ」とは、金融商品取引業者又は登録金融機関が金融商品取引清算機関（連携金融商品債務引受業務（156の20の16Ⅰ）を行う場合には、連携清算機関等（同）を含む。）又は外国金融商品取引清算機関の業務方法書の定めるところにより顧客の委託を受けてその計算において行う対象取引であって、対象取引に基づく債務を当該金融商品取引清算機関又は外国金融商品取引清算機関に負担させることを条件とし、かつ、次に掲げる要件のいずれかに該当するものをいう（2 ⅩⅧ）。

　① 当該顧客が当該金融商品取引業者又は登録金融機関を代理して成立させるものであること。

　② 当該顧客がその委託に際しあらかじめ当該対象取引に係る相手方その他内閣府令で定める事項（定義府令22）を特定するものであること。

(2) 「対象取引」とは、有価証券の売買若しくはデリバティブ取引又はこれらに付随し、若しくは関連する取引（令1の19）をいう（2 ⅩⅧ）。

　なお、取引に基づく債務の不履行による我が国の資本市場への影響が軽微なものとして金融庁長官が指定するものは、対象取引に含まれない（令

1の18の2・金融商品債務引受業の対象取引から除かれる取引及び貸借を指定する件（平成23年金融庁告示105号））。

5　有価証券の募集及び私募

(1)　「有価証券の募集」とは、<u>取得勧誘</u>のうち、当該取得勧誘が第一項有価証券に係るものである場合にあっては法2条3項1号及び2号に掲げる場合（すなわち、適格機関投資家私募、特定投資家私募及び少人数私募のいずれの要件も満たさない場合）、当該取得勧誘が第二項有価証券に係るものである場合にあっては法2条3項3号に掲げる場合（すなわち、私募の要件を満たさない場合）に該当するものをいう。

(2)　「取得勧誘」とは、新たに発行される有価証券の取得の申込みの勧誘（取得勧誘類似行為（定義府令9）を含む。）をいう。勧誘行為のうち、発行市場において行われるものは、取得勧誘であり、流通市場において行われるものは、売付け勧誘等である。

(3)　「有価証券の私募」とは、取得勧誘であって有価証券の募集に該当しないものをいう（2Ⅲ）。

(4)　「有価証券の募集の取扱い」とは、第三者が発行者のために行う取得勧誘のうち募集に該当するものをいい、「有価証券の私募の取扱い」とは、第三者が発行者のために行う取得勧誘のうち私募に該当するものをいう（2Ⅷ⑨）。

6　有価証券の売出し

(1)　「有価証券の売出し」とは、有価証券の<u>売付け勧誘等</u>のうち、当該売付け勧誘等が第一項有価証券に係るものである場合にあっては法2条4項1号及び2号に掲げる場合（いわゆる私募売出しの要件を満たさない場合）、当該売付け勧誘等が第二項有価証券に係るものである場合にあっては法2条4項3号に掲げる場合に該当するもの（取引所金融商品市場における有価証券の売買等（令1の7の3）を除く。）をいう（2Ⅳ）。

(2)　「売付け勧誘等」とは、既に発行された有価証券の売付けの申込み又はその買付けの申込みの勧誘（取得勧誘類似行為（定義府令9）及び法令又は所属団体の規則に基づいて行う情報の提供（同13の2）を除く。）をいう（2Ⅳ）。

「特定投資家向け売付け勧誘等」とは、第一項有価証券に係る売付け勧誘等であって、法2条4項2号ロに掲げる場合に該当するもの（取引所金融商品市場における有価証券の売買等に係るもの（令1の7の3）を除く。）をいう（2Ⅵ）。いわゆる特定投資家私売出しである。

7　有価証券の引受け

(1) 「有価証券の引受け」とは、有価証券の募集若しくは売出し又は私募若しくは特定投資家向け売付け勧誘等に際し、次に掲げるもののいずれかを行うことをいう（2Ⅷ⑥・Ⅵ・定義府令14の2）。

① 当該有価証券を取得させることを目的として当該有価証券の全部又は一部を取得すること（いわゆる買取引受）。

② 当該有価証券の全部又は一部につき他にこれを取得する者がない場合にその残部を取得することを内容とする契約をすること（いわゆる残額引受）。

③ 当該有価証券が新株予約権証券である場合（新株予約権付社債券、外国の者の発行する証券又は証書で新株予約権証券又は新株予約権付社債券の性質を有するもの、新投資口予約権証券、外国投資証券で新投資口予約権証券に類する証券のいずれかである場合も同様）において、当該新株予約権証券を取得した者が当該新株予約権証券の全部又は一部につき新株予約権（外国の者に対する権利で新株予約権の性質を有するもの、新投資口予約権、外国投資法人に対する権利で新投資口予約権の性質を有するものについても同様）を行使しないときに当該行使しない新株予約権に係る新株予約権証券を取得して自己又は第三者が当該新株予約権を行使することを内容とする契約をすること。

(2) 「有価証券の元引受け」とは、有価証券の引受けのうち、当該有価証券の発行者又は所有者（金融商品取引業者及び登録金融機関を除く。）を相手方とするものをいう（28Ⅶ）。

例えば、有価証券の所有者が当該有価証券の売出しをする場合において、幹事会社が所有者を相手方として行う引受けは、元引受けであり、幹事会社以外の金融商品取引業者が幹事会社を相手方として行う引受けは、元引受けに該当しない引受け（下引受けと呼ばれる場合がある。）となる。

第1編　総　　論

Q5　第二種金融商品取引業とはなにか。

1　第二種金融商品取引業

「第二種金融商品取引業」とは、金融商品取引業のうち、次に掲げる行為のいずれかを業として行うことをいう（28Ⅱ）。

① 次の有価証券の募集又は私募（28Ⅱ①・2Ⅷ⑦）
　(i)　委託者指図型投資信託の受益証券（2Ⅰ⑩・投信法2Ⅰ）
　(ii)　外国投資信託の受益証券（2Ⅰ⑩）
　(iii)　抵当証券（同⑯）
　(iv)　外国証券のうち抵当証券の性質を有するもの（同⑰・⑯）
　(v)　(i)若しくは(ii)に表示されるべき権利又は(iii)若しくは(iv)に掲げる有価証券のうち内閣府令で定めるものに表示されるべき権利であって、法2条2項の規定により有価証券とみなされるもの
　　　なお、内閣府令で定めるものに表示されるべき権利（2Ⅷ⑦ホ）は、定められていない。
　(vi)　集団投資スキーム持分又は外国集団投資スキーム持分（2Ⅱ⑤・⑥）
　Q22
　(vii)　受益証券発行信託の受益証券（2Ⅰ⑭）、外国証券で受益証券発行信託の受益証券の性質を有するもの（同⑰・⑭）、これらに表示されるべき権利で法2条2項の規定により有価証券とみなされるもの、一般信託受益権（2Ⅱ①）又は外国一般信託受益権（同②）（発行者がこれらの信託の受託者とされるものを除く。）であって、商品投資（商品ファンド法2Ⅰ）又は特定商品（同①）、競走用馬、映画、絵画若しくは鉱業権（令37Ⅰ②イ〜ホ）の取得（生産を含む。）をし、譲渡をし、使用をし、若しくは使用をさせることにより運用することを目的とするもの（令1の9の2）**Q23**
② 第二項有価証券についての次に掲げる行為（28Ⅱ②）
　(i)　有価証券の売買（デリバティブ取引に該当するものを除く。以下同じ。）、市場デリバティブ取引（商品関連市場デリバティブ取引を除く。）又は外国市場デリバティブ取引（私設取引システム（2Ⅷ⑩）による有価証券の売買を除く。）（2Ⅷ①）**Q4・30・37**

(ii) 有価証券の売買、市場デリバティブ取引又は外国市場デリバティブ取引の媒介、取次ぎ（有価証券等清算取次ぎを除く。）又は代理（私設取引システム（2 Ⅷ⑩）による有価証券の売買の媒介、取次ぎ又は代理を除く。）（2 Ⅷ②）

(iii) 取引所金融商品市場における有価証券の売買若しくは市場デリバティブ取引又は外国金融商品市場における有価証券の売買若しくは外国市場デリバティブ取引の委託の媒介、取次ぎ又は代理（2 Ⅷ③）

(iv) 有価証券等清算取次ぎ（2 Ⅷ⑤）

(v) 有価証券の売出し又は特定投資家向け売付け勧誘等（2 Ⅷ⑧）

(vi) 有価証券の募集若しくは売出しの取扱い又は私募若しくは特定投資家向け売付け勧誘等の取扱い（2 Ⅷ⑨）

③ ②(i)から(iv)までに掲げる行為（有価証券についての(i)(ii)(iii)(iv)、店頭デリバティブ取引についての(iv)及び商品関連市場デリバティブ取引についての(ii)(iii)(iv)を除く。）（28 Ⅱ③）

④ ①(i)若しくは(ii)又はこれらに表示されるべき権利であって法2条2項の規定により有価証券とみなされるものにつき募集又は私募を行った者による、当該有価証券の転売を目的としない買取り（28 Ⅱ④・2 Ⅷ⑱・令1の12）。

2 特定商品

「特定商品」とは、次のものをいう（商品ファンド法2Ⅰ①・商先法2Ⅰ）。

① 農産物、林産物、畜産物及び水産物並びにこれらを原料又は材料として製造し、又は加工した物品のうち、飲食物であるもの及び政令で定めるその他のもの（牛、豚、なたね等）（商先法2Ⅰ①・商先令1Ⅰ）

② 鉱業法（昭和25年法律第289号）3条1項に規定する鉱物その他政令で定める鉱物（リチウム鉱、ベリリウム鉱等）及びこれらを製錬し、又は精製することにより得られる物品（商先法2Ⅰ②・商先令1Ⅱ）

③ ①及び②のほか、国民経済上重要な原料又は材料であって、その価格の変動が著しいために先物取引に類似する取引の対象とされる蓋然性が高いもの（先物取引又は先物取引に類似する取引の対象とされているものを含む。）として政令で定める物品（商先法2Ⅰ③）。なお、政令で定

④ 電力（一定の期間における一定の電力を単位とする取引の対象となる電力に限る。）（商先法２Ⅰ④）

Q6 投資助言・代理業とはなにか。

1 投資助言・代理業
「投資助言・代理業」とは、次に掲げる行為のいずれかを業として行うことをいう（28Ⅲ）。①の行為に係る業務は、「投資助言業務」と定義されている（28Ⅵ）。
① 投資顧問契約を締結し、当該投資顧問契約に基づき、助言を行うこと（2Ⅷ⑪）
② 投資顧問契約又は投資一任契約の締結の代理又は媒介（同⑬）

2 投資顧問契約
(1) 「投資顧問契約」（2Ⅷ⑪）とは、当事者の一方が相手方に対して、有価証券（2Ⅰ・Ⅱ）の価値等又は金融商品の価値等の分析に基づく投資判断に関し、口頭、文書（新聞、雑誌、書籍その他不特定多数の者に販売することを目的として発行されるもので、不特定多数の者により随時に購入可能なものを除く。）その他の方法により助言を行うことを約し、相手方がそれに対し報酬を支払うことを約する契約をいう。

3 投資一任契約
(1) 「投資一任契約」とは、当事者の一方が、相手方から、金融商品の価値等の分析に基づく投資判断の全部又は一部を一任されるとともに、当該投資判断に基づき当該相手方のため投資を行うのに必要な権限を委任されることを内容とする契約をいう（2Ⅷ⑫ロ）。
(2) 登録投資法人（投信法2ⅩⅢ）と締結する資産の運用に係る委託契約（投信法188Ⅰ④）は、投資一任契約から除かれる。 Q7

Q7 投資運用業とはなにか。

1 投資運用業

「投資運用業」とは、次に掲げる行為のいずれかを業として行うことをいう。

① 投資法人の資産運用（2 Ⅷ⑫イ）
② 投資一任契約に基づく資産運用（同⑫ロ）
③ 投資信託又は外国投資信託の資産運用（同⑭）
④ ファンドの自己資産運用（同⑮）

2 投資法人の資産運用（2 Ⅷ⑫イ）

(1) 投資法人の資産運用は、<u>登録投資法人</u>（投信法2 ⅩⅢ）と資産の運用に係る委託契約（投信法188 Ⅰ④）を締結し、当該契約に基づき、金融商品の価値等の分析に基づく投資判断に基づいて有価証券又はデリバティブ取引に係る権利に対する投資として、金銭その他の財産の運用（その指図を含む。）を行うことである。

(2) 「登録投資法人」とは、<u>投資法人</u>のうち、投信法187条の登録を受けた者をいう（投信法2 ⅩⅢ）。

(3) 「投資法人」とは、資産を主として特定資産に対する投資として運用することを目的として、投信法に基づき設立された社団をいう（投信法2 ⅩⅡ）。

投資法人は、投信法187条の登録を受けなければ、資産の運用として有価証券の取得又は譲渡、有価証券の貸借等の行為を行うことができない（投信法187・193）。

3 投資一任契約に基づく資産運用（2 Ⅷ⑫ロ）

投資一任契約に基づく資産運用は、投資一任契約を締結し、当該契約に基づき、金融商品の価値等の分析に基づく投資判断に基づいて有価証券又はデリバティブ取引に係る権利に対する投資として、金銭その他の財産の運用（その指図を含む。）を行うことである。

4 投資信託又は外国投資信託の資産運用（2 Ⅷ⑭）

(1) 投資信託又は外国投資信託の資産運用とは、金融商品の価値等の分析に基づく投資判断に基づいて有価証券又はデリバティブ取引に係る権利に対する投資として、投資信託又は外国投資信託の受益証券に表示される権利（2Ⅰ⑩・令1の11）を有する者から拠出を受けた金銭その他の財産の運用を行うことをいう。

(2) 投資法人の資産運用（2Ⅷ⑫イ）又は投資一任契約に基づく資産運用（同⑫ロ）に該当する行為は、投資信託又は外国投資信託の資産運用（同⑭）から除かれる。

5 ファンドの自己資産運用（2 Ⅷ⑮）

(1) ファンドの自己資産運用とは、金融商品の価値等の分析に基づく投資判断に基づいて主として有価証券又はデリバティブ取引に係る権利に対する投資として、次に掲げる権利を有する者から出資又は拠出を受けた金銭その他の財産の運用を行うことをいう。
 (i) 受益証券発行信託（信託法185Ⅲ）の受益証券又は外国証券で受益証券発行信託の受益証券の性質を有するものに表示される権利
 (ii) 一般信託受益権（2Ⅱ①）又は外国一般信託受益権（同②） **Q23**
 (iii) 集団投資スキーム持分（2Ⅱ⑤）又は外国集団投資スキーム持分（同⑥） **Q22**

(2) 投資法人の資産運用（2Ⅷ⑫イ）、投資一任契約に基づく資産運用（同⑫ロ）、投資信託又は外国投資信託の資産運用（同⑭）のいずれかに該当する行為は、ファンドの自己資産運用（同⑮）から除かれる。

(3) 「主として」とは、運用資産の50パーセント超を、という意味である（Q&A 79頁190・191・80頁192）。したがって、有価証券又はデリバティブ取引で運用される運用資産の割合が常に50パーセント以下であるファンドの運用行為は、ここでいうファンドの自己資産運用（2Ⅷ⑮）に該当しない。

第3章　顧客、権利者及び第三者

> **Q8**　顧客とはなにか。

1　顧　客

(1)　「顧客」（38の2②・39Ⅰ～Ⅲ・41の2⑤）とは、次に掲げるすべてのものをいう（①から③までにつき、損失補てん規制Q&A 39頁）。

　①　金融商品取引業者等との間で取引関係を持つもの
　②　金融商品取引業者等との間で取引関係を持とうとするもの
　③　金融商品取引業者等との間で取引関係を持つよう、金融商品取引業者等より勧誘を受けたもの
　④　金融商品取引業者等との間で取引関係を持ったもの（損失補てん等の申込み、約束又は損失補てん等の時点において、取引関係が継続しているか否かを問わない。）
　⑤　<u>信託会社等</u>に対して<u>信託をする者</u>のうち、一定の要件を満たす者（有価証券売買取引等について行われる損失補てん等、その申込み及び約束に限る。）

(2)　(1)④は、事後の損失補てん等の申込み若しくは約束（39Ⅰ②）又は損失補てん等（同③）に対する規制に実効性を持たせる上で「顧客」として取り扱うべき者であり、実務上もそのように取り扱われている。

(3)　(1)⑤の「信託会社等」とは、信託会社又は兼営法1条1項の認可を受けた金融機関をいう。いわゆる信託銀行は、兼営法1条1項の認可を受けた金融機関である。

(4)　(1)①から⑤までのいずれかに該当する自然人、法人又は法人格を有さないもの（例えば、権利能力なき社団）は、すべて「顧客」に該当することになる（①から③までにつき、損失補てん規制Q&A 39頁・Q&A 410頁33）。

2 信託をする者

(1) 信託会社等が、信託契約に基づいて信託をする者の計算において、有価証券（2Ⅰ・Ⅱ）の売買又はデリバティブ取引を行う場合にあっては、当該信託をする者は、「顧客」に該当する（39Ⅰ①）。

この場合、信託会社等及び信託をする者は、いずれも「顧客」に該当することとされている（損失補てん規制Q&A 40頁参照）。

なお、投資助言・代理業又は投資運用業について行われる損失補てん等の申込み、約束及び損失補てん等については、このような信託をする者は、顧客とされていない。

(2) 「信託をする者」とは、自益信託の委託者兼受益者（当初受益者）をいう。

自益信託の当初受益者から委託者兼受益者の地位を譲り受けた者又は自益信託の当初受益者から受益権のみを譲り受けた者は、実質的に当初受益者と変わらないものの、「信託をする者」という文言の解釈上、これに含まれないと考えるのが自然であろう。

(3) 信託会社等が、信託契約に基づいて信託をする者の計算において、有価証券売買取引等のうち、有価証券の売買及びデリバティブ取引以外の取引行為を行う場合（例えば、信託会社等が発行市場において有価証券を取得する場合。発行市場における有価証券の取得は、有価証券の売買（2Ⅷ①）に該当しないとされている（Q&A 424頁1）。）、当該信託をする者は、「顧客」に該当しないと考えるほかない。

法39条1項1号は、信託をする者が顧客に含まれる場合を、「信託会社等が……有価証券の売買又はデリバティブ取引を行う場合」としており、「信託会社等が……有価証券売買取引等を行う場合」としていないためである。

Q9 第三者とはなにか。

1 金融商品取引業者等の働きかけを受ける第三者

(1) 金融商品取引業者等の働きかけを受けて損失補てん等、その申込み又は約束をする「第三者」（39Ⅰ・Ⅱ・41の2⑤・42の2⑥）とは、金融商品

取引業者等及び顧客以外の者をいう。金融商品取引業者等との資本的又は人的な関係は、「第三者」であることの要件ではない（本項目につき、損失補てん規制Q&A 35頁）。

(2) 金融商品取引業者等又はその顧客に該当する者は、すべて第三者に該当しないわけではなく、第三者に該当するか否かは、行われた取引ごとに判断される。

例えば、金融商品取引業者Aが有価証券Bの私募の取扱いを行い、顧客Cに有価証券Bを取得させた場合、金融商品取引業者A及び顧客Cは、有価証券Bの私募の取扱いについて第三者とならないが、金融商品取引業者Aとの間でこれと無関係の取引関係にある顧客Dは、金融商品取引業者Aの顧客であるものの、有価証券Bの私募の取扱いについて第三者となる。

2 顧客の働きかけを受ける第三者

(1) 顧客の働きかけを受けて損失補てん等の約束をし、又は財産上の利益を受ける「第三者」（39Ⅰ・Ⅱ・41の2⑤・42の2⑥）とは、金融商品取引業者等及び顧客以外の者をいうとされている。顧客との資本的又は人的な関係は、「第三者」であることの要件ではない（本項目につき、損失補てん規制Q&A 43頁）。

(2) 有価証券について顧客に損失が生じた場合、当該有価証券の発行者は、ここでいう「第三者」に該当する。例えば、社債券の発行者が、当該社債券の償還の期限において、資金不足のため当該社債券を償還しなかった場合、当該社債券につき取得勧誘を行った金融商品取引業者が当該社債券の発行者に償還の原資を提供する行為は、第三者に対する損失補てんとなる。

(3) 金融商品取引業者等又はその顧客に該当する者は、すべて第三者に該当しないわけではなく、第三者に該当するか否かは、行われた有価証券売買取引等ごとに判断される。

例えば、金融商品取引業者Aが有価証券Bの私募の取扱いを行い、顧客Cに有価証券Bを取得させた場合、金融商品取引業者A及び顧客Cは、有価証券Bの私募の取扱いについて第三者とならないが、金融商品取引業者Aとの間でこれと無関係の取引関係にある顧客Dは、金融商品取引業者Aの顧客であるものの、有価証券Bの私募の取扱いについて第三者となる。

第1編　総　　論

> **Q10**　権利者とはなにか。

1　権　利　者

(1)　「権利者」とは、金融商品取引業者等が行う業務の区分に応じて、次に掲げる者をいう（42 Ⅰ）。

　① 　金融商品取引業者等が行う業務が、投資法人の資産運用（2 Ⅷ⑫イ）を行う業務である場合

　金融商品取引業者等との間で、資産の運用に係る委任契約（投信法188 Ⅰ④）を締結した登録投資法人（投信法 2 ⅩⅢ）　**Q7**

　② 　金融商品取引業者等が行う業務が、投資一任契約に基づく資産運用（2 Ⅷ⑫ロ）を行う業務である場合

　金融商品取引業者等との間で、投資一任契約を締結した者　**Q6**

　③ 　金融商品取引業者等が行う業務が、投資信託又は外国投資信託の資産運用（2 Ⅷ⑭）を行う業務である場合

　投資信託又は外国投資信託の受益証券に表示される権利を有する者

　④ 　金融商品取引業者等が行う業務が、ファンドの自己資産運用（2 Ⅷ⑮）を行う業務である場合

　　　次のいずれかを有する者（すなわち、金融商品取引業者等が自己運用するファンドの出資者）

　　(i)　受益証券発行信託（信託法185 Ⅲ）の受益証券に表示される権利（2 Ⅷ⑮イ・Ⅰ⑭）

　　(ii)　外国証券で(i)の性質を有するものに表示される権利（2 Ⅷ⑮イ・Ⅰ⑰・⑭）

　　(iii)　一般信託受益権（2 Ⅷ⑮ロ・Ⅱ①）　**Q23**

　　(iv)　外国一般信託受益権（2 Ⅷ⑮ロ・Ⅱ②）　**Q23**

　　(v)　集団投資スキーム持分（2 Ⅷ⑮ハ・Ⅱ⑤）　**Q22**

　　(vi)　外国集団投資スキーム持分（2 Ⅷ⑮ハ・Ⅱ⑥）　**Q22**

(2)　(1)①から④までの業務は、いずれも投資運用業（28 Ⅳ）に該当する業務である。　**Q7**

2　権利者と顧客との関係

(1)　金融商品取引業者が行う業務が 1 (1)①又は②の業務である場合、権利者は、金融商品取引業者の契約の相手方となる。

このような権利者は、金融商品取引業者の顧客にも該当する（例えば、法38条の2第2号は、投資運用業に関して「顧客を勧誘するに際し、顧客に対して、損失の全部又は一部を補てんする旨を約束する行為」を規制している。）。

(2)　金融商品取引業者が行う業務が 1 (1)③又は④の業務である場合、権利者は、金融商品取引業者と直接的な契約関係にあるわけではない。

このような権利者は、金融商品取引業者の顧客には該当しない。

(3)　業府令118条2号における「顧客」は、投資助言業務に係る顧客であり、同号における「権利者」は、投資運用業に係る権利者であるというように、両者は区別されている（Q&A 436 頁 54）。

第4章　損失、利益及び財産上の利益

> **Q11**　損失とはなにか。

1　損　失
(1)　補てんが規制される「損失」（38の2②・39Ⅰ～Ⅳ・41の2⑤・42の2⑥）を定義する規定は、設けられていない。
(2)　「損失」とは、顧客に生じる実現損及び評価損の双方をいうものと考えられている（損失補てん規制Q&A 26～27頁・コンメ(2)337頁〔石田〕）。顧客に評価損が生じる取引は、時価又は実質価額を算定することができる取引に限られる。
(3)　例えば、顧客が金融商品取引業者の取得勧誘によって社債券（2Ⅰ⑤）又は社債券の性質を有する外国証券（同⑰）を取得した場合において、次の①又は②の事由が生じたときは実現損が、③の事由が生じたときは評価損が、それぞれ顧客に生じていることになる。
　①　社債要項（社債契約）の定めに従った償還又は利息の支払が行われなくなること。
　②　利息につき、所定の手続を経れば行われない源泉徴収が行われること（平成19年7月指摘事項36頁）。
　③　社債券又は外国証券の時価又は実質価額が低下すること。

2　損失が生じていない場合
(1)　補てんが規制される「損失」は、顧客に生じる実現損又は評価損であることから、顧客に実現損又は評価損が生じるおそれがあるものの、これらのいずれも生じていないような場合、「損失」は、生じていないこととなる。
(2)　例えば、顧客が金融商品取引業者の取得勧誘によって社債券（2Ⅰ⑤）を取得した場合において、次の①及び②の事由は、いずれも顧客に実現損

第4章 損失、利益及び財産上の利益

又は評価損を生じさせるおそれがあるものであるが、これらの事由が生じたことのみをもって顧客に損失が生じたものと評価することはできない。
① 社債券の発行会社につき、業務又は財産の状況が悪化すること。
② 社債券又はその発行会社の信用格付（2 XV）が低下すること。

Q12 利益とはなにか。

1 利　益
(1) 補足又は追加が規制される「利益」（39Ⅰ・Ⅱ・41の2⑤・42の2⑥）を定義する規定は、設けられていない。
(2) 「利益」とは、顧客に生じる実現益及び評価益の双方をいうものと考えられている（損失補てん規制Q&A 30頁）。顧客に評価益が生じる取引は、時価又は実質価額を算定することができる取引に限られる。

2 利益が生じていない場合
「利益」は、顧客に生じる実現益又は評価益であることから、顧客に実現益又は評価益が生じる見込みがあるものの、これらのいずれも生じていないような場合、「利益」は、生じていないこととなる。

Q13 財産上の利益とはなにか。

1 財産上の利益
(1) 「財産上の利益」（39Ⅰ・Ⅱ・Ⅳ・41の2⑤・42の2⑤）とは、経済的な取引の対象となり得る利益をいう（損失補てん規制Q&A 34頁）。
(2) 財産上の利益に該当するか否かは、経済的な取引の対象となり得る利益によって判断されるため、価格が僅少であること又は利益が即時に費消されるものであることは、いずれもある利益が財産上の利益に該当することを阻害する事実とはならない。
(3) 財産上の利益の提供のうち、社会的儀礼の範囲内で行われる行為に属するものは、法で規制される損失補てん等には該当しない（損失補てん規制Q&A 69頁）。

2　財産上の利益に該当するもの

次のようなものは、一般的に財産上の利益に該当することとされている（本項目につき、損失補てん規制Q&A 34頁・74頁参照）。

① 有体物又は無体物

金銭、動産、有価証券（2Ⅰ・Ⅱ）、いわゆる私法上の有価証券（為替手形、約束手形等）、不動産、債権、担保権等

② 財物又は財産上の権利を本来の価格よりも低価格で譲り受けること

金利の上乗せ（平成23年4月指摘事項7頁）等

③ 財物又は財産上の権利を本来の価格よりも高価格で譲り渡すこと

実質価額が社債の金額に満たない他社株転換社債（EB）を、顧客が金融商品取引業者等に社債の金額と同額の譲渡価額により譲り渡すこと等。

④ 利益が得られる蓋然性が高い財物又は財産上の権利を市場価格で譲り受けること

株価の上昇期において、新たに上場される株式、新株予約権又は新株予約権付社債の割当てを受けること等。このような割当てを受けることは、実質的にみて、実質価格の上昇分（評価益）の贈与を受けることに該当するためである（損失補てん規制Q&A 84頁）。

⑤ 出捐又は債務を免れること

債務免除（顧客が負担する債務の一部の免除か全部の免除かを問わず、顧客が負担する債務について金融商品取引業者等又は第三者が免責的債務引受をすることを含む。）を受けること、有償で受けるべきサービスの提供を無償で受けること、有償で利用すべき施設を無償で利用すること等

⑥ ①から⑤までに該当しないもの

融資、保証（顧客が保有する債権について金融商品取引業者等又は第三者が重畳的債務引受を受けることを含む。）、担保等の提供を受けること、経済的な取引の対象となり得る情報（営業上の秘密を含む。）

3　財産上の利益に該当しないもの

(1) 利益を生む蓋然性の低い情報は、財産上の利益に該当しないこととされている。

(2) 次のような情報は、一般的に利益を生む蓋然性が低く、財産上の利益

第4章　損失、利益及び財産上の利益

に該当しないこととされている（損失補てん規制 Q&A 74・76 頁）。
　① 会社についての未公開情報
　② 有望銘柄に関する情報
(3) いわゆる上場会社又はその関連会社についての未公開情報のうち、(i)会社の主力商品につき引当金を大きく上回る金額のリコールが行われる旨の情報、(ii)債務超過の会社において、これを解消するに足りる金額の第三者割当増資が行われる旨の情報等は、利益を生む蓋然性が低いとはいえず、財産上の利益に該当するものと考えられる。
(4) 利益を生む蓋然性の低い情報が有償で提供されている場合において、当該情報の提供を無償で受けることは、財産上の利益に該当する。

Q14 弁護士の紹介を受けることは、財産上の利益に該当するか。

1　弁護士の紹介

(1) 「財産上の利益」（39 Ⅰ・Ⅱ・Ⅳ・41 の 2 ⑤・42 の 2 ⑥）とは、経済的な取引の対象となり得る利益をいう（損失補てん規制 Q&A 34 頁）。**Q13**
(2) 次のような場合、弁護士の紹介を受けることは、財産上の利益に該当し、金融商品取引業者等又は第三者が顧客又は第三者に対して弁護士を紹介することは、財産上の利益の提供に該当するとの指摘がある（損失補てん規制 Q&A 72 頁）。
　① 弁護士が、金融商品取引業者等の紹介があることを理由として、金融商品取引業者等の顧客に対して請求する報酬（着手金、成功報酬等）を減額する場合
　② 一般人からの依頼を受けてない専門的な知識又は経験を有する弁護士が、金融商品取引業者等より要請を受けた場合に限り、金融商品取引業者等の顧客である一般人の依頼を受けて当該顧客のために事件を処理する場合

　もっとも、①の場合で、弁護士が既存のクライアントから紹介を受けた新規のクライアントに対して一律に報酬額を減額しているときに、金融商品取引業者等が顧客に対して弁護士を紹介することは、財産上の利益の提供に該当するといえるか疑義がある。

2 弁護士の紹介が想定される場合

(1) 金融商品取引業者等は、実質的に1つの事故（39Ⅲ）により多数の顧客に損失を生じさせた場合で、これらの顧客に対して損失補てんをするときは、時間及び費用を軽減する観点から、調停（業府令119Ⅰ③）又は弁護士の関与によって和解を成立させること（同⑧）等により、事故の確認（39Ⅲ・Ⅴ）を回避することがある。

(2) これらの手続をとる場合、顧客は、みずからを代理する弁護士を選任する必要があるが（文言上、調停を申し立てる場合は弁護士の選任を強制されていないが、事実上手続を代行する弁護士が必要となる。）、顧客が個人である場合、顧客がみずから弁護士を選定することは、一般的に困難である。

このような場合に、金融商品取引業者は、顧客に対し、当該顧客を代理する弁護士を紹介することになる。

(3) 金融商品取引業者等が顧客に対して紹介する弁護士は、顧問弁護士等の金融商品取引業者等と取引関係のある者であってはならない。弁護士は、金融商品取引業者等及び顧客の双方を代理することができず（弁護士法25①・弁護士職務基本規程27①・28③）、金融商品取引業者等と取引関係のある弁護士は、当該金融商品取引業者等を相手方とする事件の処理をすることができないためである（弁護士職務基本規程28②）。

(4) 金融商品取引業者等の紹介により顧客の代理人となった弁護士が、顧客が負担すべき弁護士報酬等を金融商品取引業者等より受領することは、事件の受任前又は事件の処理後であれば差し支えないが（最判昭和36年12月20日刑集15巻11号1902頁）、事件の処理中は違法又は不適切な行為とされる可能性がある（弁護士法26・弁護士職務基本規程53）。

第5章　提供、申込み及び約束

Q15 提供とはなにか。

1　提　　供

「提供」（39Ⅰ～Ⅳ・41の2⑤・42の2⑥）とは、金融商品取引業者等又は第三者が、財産上の利益を、顧客（投資運用業に関する提供（42の2⑥）については、権利者）又は第三者が利用し得る状態に置くことをいう。

2　提供の成立

(1)　提供は、財産上の利益を顧客又は第三者が利用し得る状態に置いたときに成立する。

(2)　提供は、金融商品取引業者等又は第三者が財産上の利益を顧客又は第三者が利用し得る状態に置いた場合には、次のいずれにおいても成立する（本項目につき、損失補てん規制Q&A 34頁）。

　① 　提供があったことを、その相手方である顧客又は第三者が認識したものの、当該顧客又は当該第三者がこれを受け取らなかったとき
　② 　提供の相手方である顧客又は第三者が、提供の趣旨が損失補てん等であることを理解しなかったとき

(3)　金融商品取引業者等が、第三者に対して、顧客に財産上の利益を提供するよう働きかけたものの、第三者がこれに応じなかった場合は、金融商品取引業者等による提供又は第三者による提供は、いずれも成立していない。

第1編　総　　論

> **Q16** 社会的儀礼の範囲内で行われる財産上の利益の提供は、違法な損失補てん等に該当するか。

1　社会的儀礼の範囲内で行われる財産上の利益の提供

(1)　社会的儀礼の範囲内で行われる財産上の利益の提供は、違法な損失補てん等に該当しない（損失補てん規制Q&A 69頁）。

(2)　財産上の利益の提供が社会的儀礼の範囲内で行われていると認められるためには、次の①及び②を満たす必要がある（損失補てん規制Q&A 68頁）。

　① 社会的儀礼として行われること。
　② 提供される財産上の利益の額が高額でない（社会的儀礼の限度を超えない）こと。

(3)　社会的儀礼の範囲内で行われる財産上の利益の提供の典型的な例は、接待及び冠婚葬祭等における贈答品である。

2　接　　待

(1)　次のような接待は、財産上の利益に該当するものの、このような接待の提供は、(i)通常の社交の範囲内の費用等で、(ii)単に社交のために行われる限り、違法な損失補てん等に該当しないとされている（損失補てん規制Q&A 70頁）。

　① 毎年恒例の忘年会に招くこと
　② 毎年恒例の新年会に招くこと
　③ 人事異動時の接待
　④ 契約締結時の接待

(2)　もっとも、(1)(ii)の条件を満たす接待は、「補てん……するため」「補足するため」「追加するため」といった目的を欠く接待であり、そもそも違法な損失補てん等に該当しないことから、(1)(i)の条件を満たす接待は、(1)(ii)の「単に」という条件を満たさない場合であっても、社会的儀礼として行われるものである限り、違法な損失補てん等に該当しないものと考えるべきであろう。

　なお、冠婚葬祭等における贈答品の提供については、社会的儀礼として行われるものであることから、通常の社会的儀礼の範囲内で行われる限り

第 5 章　提供、申込み及び約束

(すなわち、(1)(i)の条件を満たす限り)、損失補てん又は利益保証の目的によって行われる場合であっても規制される損失補てん等に該当しないとされている（損失補てん規制 Q&A 68 頁）。

3　冠婚葬祭等における贈答品の提供
(1)　贈答品は、財産上の利益に該当するものの、次のような冠婚葬祭等における贈答品の提供は、社会的儀礼として行われるものであることから、通常の社会的儀礼の範囲内で行われる限り、規制される損失補てん等に該当しないとされている。
　①　中元・歳暮の贈答品
　②　結婚式の祝い金・引出物
　③　葬式での香典・香典返し
　④　出産祝い
　⑤　入学祝い

(2)　通常の社会的儀礼の範囲内で行われる贈答品の提供は、これが損失補てん又は利益保証の目的によって行われる場合であっても、規制される損失補てん等に該当しないこととされている。

(3)　贈答品の提供が通常の社会的儀礼の範囲内で行われるとは、贈答品の価額が高額でないことをいう（損失補てん規制 Q&A 68 頁）。

　例えば、中元又は歳暮として、一般の顧客に対しては廉価なタオルを贈呈し、損失を被った顧客に対してのみ高級ウイスキーを贈呈する行為は、顧客に対する謝罪の意思に基づくものであっても、高級ウイスキーの価額が社会的儀礼の範囲内で行われるものと認められる限度に留まっている限り、規制される損失補てん等に該当しないとされている（損失補てん規制 Q&A 69 頁）。

Q17　申込みとはなにか。

1　申　込　み
(1)　「申込み」（39 Ⅰ①・②）は、意思の通知である。
　財産上の利益を提供する旨の「約束」（38 の 2 ②・39 Ⅰ①・②）の成立要

件である申込みは、意思表示であり、意思の通知である「申込み」とは性質が異なる。

　もっとも、意思の通知である「申込み」及び意思表示である申込みは、一つの行為によって行うことができる。Q18

(2)　「申込み」の内容は、みずから又は第三者が、顧客又は第三者に対して、損失補てん等として財産上の利益を提供する旨である。

(3)　申込みを行う者は、金融商品取引業者等又は金融商品取引業者等より申込みをするよう働きかけを受けた第三者である。

　金融商品取引業者等の働きかけを受けていない第三者が顧客又はその指定した者に対して行う財産上の利益を提供する旨の意思の通知は、法39条1項又は2項により規制される申込みに該当しない。

(4)　申込みの相手方は、顧客又はその指定した者である。

　顧客の指定した者に該当しない第三者に対して行う財産上の利益を提供する旨の意思の通知は、当該第三者が顧客若しくはその指定した者の代理人又は使者と評価できる場合を除き、申込み（39 I ①・②）に該当しない。

2　申込みの成立

(1)　申込みは、金融商品取引業者等の一方的な行為であり、顧客がこれを認識しなくても成立する。

(2)　申込みは、申込みがあったことを顧客が認識した場合で、顧客がこれを断ったとき又は申込みの趣旨が損失補てん等の申込みであることを理解しなかったときであっても成立する（本項目につき、損失補てん規制 Q&A 33頁）。

(3)　金融商品取引業者等が、第三者に対して、顧客に財産上の利益の提供の申込みをするよう働きかけたものの、第三者がこれに応じなかった場合は、申込みは、金融商品取引業者等及び第三者のいずれについても成立していない。

Q18 約束とはなにか。

1 約束
(1) 「約束」（38の2②・39Ⅰ①・②・Ⅱ～Ⅳ）は、契約である。
(2) 契約の内容は、約束を規制する条文によって異なる。

　法39条の約束（39Ⅰ①・②・Ⅱ～Ⅳ）は、金融商品取引業者等又は第三者が、顧客又は第三者に対して、損失補てん等として財産上の利益を提供する旨を内容とする。

　法38条の2第2号の約束（38の2②）は、金融商品取引業者等が、顧客に対して、損失の全部又は一部を補てんする旨を内容とする。

　いわゆる証券不祥事において問題視された「握り」は、損失補てん等の約束である。

2 約束の当事者
(1) 約束（39Ⅰ①・②・Ⅱ～Ⅳ）の当事者は、金融商品取引業者等又は金融商品取引業者等より約束をするよう働きかけを受けた第三者と、顧客又はその指定した者である。
(2) 約束（38の2②）の当事者は、金融商品取引業者等と顧客である。

3 約束の成立
(1) 約束は、これを内容とする申込み（契約をしようとする意思をもって行う意思表示をいう。意思の通知である「申込み」（39Ⅰ①・②）とは異なる。）及び承諾（申込みに対して応諾し、申込みどおりの合意をしようとする意思表示をいう。）によって成立し、書面によることを要しない（本項目につき、損失補てん規制Q&A 32～33頁）。 Q17
(2) 約束の成立要件である申込みは、金融商品取引業者等（若しくは金融商品取引業者等より約束をするよう働きかけを受けた第三者）又は顧客（若しくはその指定した者）のいずれが行っても差し支えない。
(3) 金融商品取引業者等が、第三者に対して、顧客との間で財産上の利益の提供の約束をするよう働きかけたものの、第三者がこれに応じなかった場合は、約束は、金融商品取引業者等及び第三者のいずれについても成立

していない。
(4)　取引開始に先立ち、顧客及び金融商品取引業者が「取引において生じる損失の上限は、X万円とし、それ以上の損失が生じた場合には、金融商品取引業者がこれを負担する。」との合意をすることは、事前の損失補てんの約束に該当する（平成19年7月指摘事項37頁）。

4　努力目標の設定

金融商品取引業者等と顧客との間における「顧客に年率Xパーセントの利益が生ずるよう努力する」との合意（①）は、このような目標が達成されない場合に金融商品取引業者等が顧客に対して補償に係る債務を負わず、顧客が金融商品取引業者等に対して補償に係る債権を取得しないことが確保されている限り、「約束」に該当しないとされている（損失補てん規制Q&A 77頁）。

これに対して、この合意とあわせて「利益が不足する場合は、当該不足額につき補償する。」といった合意（②）がある場合は、①及び②の合意は、あわせて損失の補てん及び利益の補足の約束（39Ⅰ①）となる。

Q19　第三者に……させる行為とはどのような行為か。

1　第三者に……させる行為（39Ⅰ）

(1)　法39条1項における「第三者に……させる行為」とは、第三者をして、損失補てん等の申込み若しくは約束をさせ、又は損失補てん等をさせる、金融商品取引業者等の主体的な行為（働きかけ）をいう。
(2)　「第三者に……させる行為」が行われたものと評価するためには、金融商品取引業者等によるこのような行為があるのみでは足りず、(i)金融商品取引業者等によるこのような行為があり、(ii)第三者による損失補てん等、その申込み又は約束があり、かつ、(iii)(i)の行為と(ii)との間に因果関係があることが必要となる。
(3)　例えば、金融商品取引業者が、みずから取得勧誘を行った株券（2Ⅰ⑨）の時価が取得勧誘の時点と比較して下落した場合において、損失補てんを目的として、その関連会社に依頼し、顧客に対して財産上の利益を提供さ

せる行為は、「有価証券売買取引等につき、当該有価証券等について生じた顧客の損失の全部若しくは一部を補てん……するため、当該顧客……に対し、財産上の利益を……第三者に提供させる行為」（39 Ⅰ③）に該当する（本項目につき、損失補てん規制 Q&A 35 頁）。

2　第三者に……させる行為（39 Ⅱ）
(1)　法 39 条 2 項における「第三者に……させる行為」とは、第三者をして、損失補てん等の約束をさせ、又は損失補てん等に係る財産上の利益を受けさせる、顧客の主体的な行為（働きかけ）をいう。
(2)　「第三者に……させる行為」が行われたものと評価するためには、顧客によるこのような行為があるのみでは足りず、(i)顧客によるこのような行為があり、(ii)第三者による損失補てん等の約束又は損失補てん等に係る財産上の利益を受ける行為があり、かつ、(iii)(i)の行為と(ii)の行為との間に因果関係があることが必要となる。
(3)　例えば、顧客が、金融商品取引業者に対して損失補てんを要求した上、第三者に依頼し、金融商品取引業者より損失補てんを目的として提供される財産上の利益を受けさせる行為は、「有価証券売買取引等につき、金融商品取引業者等……から……第三者に当該財産上の利益を受けさせる行為」（39 Ⅱ③）に該当する（本項目につき、損失補てん規制 Q&A 43・44 頁）。

3　第三者に……させる行為（41 の 2 ⑤・42 の 2 ⑥）
(1)　法 41 条の 2 第 5 号又は法 42 条の 2 第 6 号における「第三者に……させる行為」とは、第三者をして、損失補てん等をさせる、金融商品取引業者等の主体的な行為をいう。
(2)　「第三者に……させる行為」が行われたものと評価するためには、金融商品取引業者等によるこのような行為があるのみでは足りず、(i)金融商品取引業者等によるこのような行為があり、(ii)第三者による損失補てん等、その申込み又は約束があり、かつ、(iii)(i)の行為と(ii)との間に因果関係があることが必要となる。

第 2 編

有価証券売買取引等に関する損失補てん等の規制

第1章 総　　論

> **Q20** 有価証券売買取引等に関する損失補てん等の規制は、どのように整理されているか。

1　法39条の規定

有価証券売買取引等に関する損失補てん等の規制は、法39条に規定されている。同条は、金融商品取引業者等及びその顧客の双方の行為を規制する。

2　法39条1項及び2項

(1) 法39条1項及び2項は、有価証券売買取引等に関して、損失補てん等に関する行為を行うことを規制する。

(2) 法39条1項は、金融商品取引業者等が、有価証券売買取引等に関して、顧客又は第三者に対し、次の行為を行うことを規制する。

　① 事前に損失補てん等をする旨の申込み又は約束をすること（39Ⅰ①）。
　② 事後に損失補てん等をする旨の申込み又は約束をすること（同②）。
　③ 損失補てん等をすること（同③）。
　④ ①から③までのいずれかを第三者にさせること（同①～③）。

(3) 法39条2項は、金融商品取引業者等の顧客が、有価証券売買取引等に関して、金融商品取引業者等に対してみずから要求し、又は第三者に要求させた上、次の行為を行うことを規制する。

　① 事前に金融商品取引業者等又は第三者を相手方として、損失補てん等に係る財産上の利益を受ける旨の約束をすること（39Ⅱ①）。
　② 事後に金融商品取引業者等又は第三者を相手方として、損失補てん等に係る財産上の利益を受ける旨の約束をすること（同②）。
　③ 金融商品取引業者等又は第三者から、損失補てん等に係る財産上の

利益を受けること（同③）。
④　①から③までのいずれかを第三者にさせること（同①〜③）。

3　法39条3項から5項まで

(1)　法39条3項から5項までは、損失補てん等に関する行為を行うことが規制されない場合について規定する。

(2)　法39条3項は、次の事項につき規定する。
　①　事前に損失補てん等をする旨の申込み又は約束をすること（39Ⅰ①）は、事故による損失を補てんするために行われる場合に、同条1項の適用を受けないこと。
　②　事後に損失補てん等をする旨の申込み、約束又は損失補てん等（39Ⅰ②・③）は、事故による損失を補てんするために行われる場合で、あらかじめ内閣総理大臣の確認を受けていることその他の法定の除外事由（39Ⅲ・業府令119Ⅰ）があるときに、同条1項の適用を受けないこと。

(3)　法39条4項は、次の行為が、事故による損失を補てんするために行われる場合に、同条2項の適用を受けない旨を規定する。
　①　顧客又は第三者による要求により、事前に損失補てん等に係る財産上の利益を受ける旨の約束をすること（39Ⅱ①）。
　②　顧客又は第三者による要求により、事後に損失補てん等に係る財産上の利益を受ける旨の約束をすること（39Ⅱ②）。
　③　顧客又は第三者による要求により、損失補てん等に係る財産上の利益を受けること（39Ⅱ③）。

(4)　法39条5項は、法39条3項の規定に基づき内閣総理大臣の確認を受ける場合には確認を受けようとする事実その他の事項を記載した申請書に必要な書類を添えて内閣総理大臣に提出しなければならない旨を規定する。

第2章　法39条1項の規制

❖ 第1節　規制の対象となる者

Q21 法39条1項は、誰の行為を規制しているか。

1　行為を規制される者

法39条1項の規定により行為を規制される者は、次に掲げる者である。②から⑥までに掲げる者は、これらの者が金融商品取引業者とみなされる場合において法39条1項の適用を受けることとなる（②につき法63条11項、③から⑤につき法65条の5第2項、⑥につき法65条の5第4項）。

① 金融商品取引業者等（34）**Q3**
② 特例業務届出者（63Ⅴ）**Q22**
③ 信託会社（管理型信託会社（信託業法2Ⅳ）を除く。）（信託業法2Ⅱ）**Q23**
④ 外国信託会社（管理型外国信託会社（信託業法2Ⅶ）を除く。）（信託業法2Ⅵ）**Q24**
⑤ 登録自己信託業者 **Q25**
⑥ 独立行政法人住宅金融支援機構

2　金融商品取引業者等以外の者への準用

(1)　金融商品仲介業者
① 法39条1項、3項及び5項の規定は、金融商品仲介業者に、2項及び4項の規定は、金融商品仲介業者の顧客に、それぞれ準用される（66の15）。**Q122**
② 「金融商品仲介業者」とは、法66条の規定により内閣総理大臣の登録を受けた者をいう（2ⅩⅡ）。この登録を受けた者は、法29条の規定にかかわらず、金融商品仲介業を行うことができる（66）。

③ 「金融商品仲介業」とは、第一種金融商品取引業（28Ⅰ）若しくは投資運用業（同Ⅳ）を行う金融商品取引業者又は登録金融機関の委託を受けて、次に掲げる行為（投資運用業を行う者が行う(iv)を除く。）のいずれかを当該金融商品取引業者又は登録金融機関のために行う業務をいう（2 ⅩⅠ）。

(i) 有価証券の売買の媒介（私設取引システムによるもの（2 Ⅷ⑩）を除く。）

(ii) 取引所金融商品市場における有価証券の売買又は市場デリバティブ取引、外国金融商品市場における有価証券の売買又は外国市場デリバティブ取引の委託の媒介（2 Ⅷ③）

(iii) 有価証券の募集若しくは売出しの取扱い又は私募若しくは特定投資家向け売付け勧誘等の取扱い（2 Ⅷ⑨）

(iv) 投資顧問契約又は投資一任契約の締結の媒介（2 Ⅷ⑬）

(2) 特定目的会社、特定譲渡人及び原委託者

(i)特定目的会社（流動化法2Ⅲ）が行う資産対応証券（同2 ⅩⅠ）の募集等（同207）及び(ii)特定譲渡人（同208）が行う資産対応証券の募集等の取扱いは、いずれも金融商品取引業に該当する行為ではないが、投資家保護を徹底する目的から（解説244頁）、これらを行う特定目的会社及び特定譲渡人については、法39条の規定を含む行為規制が準用される（同209Ⅰ）。原委託者（同224）が行う受益証券（同2 ⅩⅤ）の募集等についても同様である（同286Ⅰ）。

(3) 特定預金等契約等

金融商品取引契約以外の契約のうち、市場リスクにより損失が生ずるおそれがあるものの一部（例えば、特定預金等契約（銀行法13の4等）、特定貯金等契約（農協法11の5等）、特定保険契約（保険業法300の2）、特定共済契約（農協法11の27等）及び特定信託契約（信託業法24の2））については、利用者保護の観点から、金融商品取引業者に対する行為規制の規定が準用される（解説61頁）。

Q22 特例業務届出者とはなにか。

1 特例業務届出者

(1) 「特例業務届出者」とは、法63条2項の規定による届出をした者をいう。なお、法63条の2第3項の規定により適格機関投資家等特例業務（63Ⅱ）を廃止した旨の届出をした者は、特例業務届出者から除かれる（63Ⅴ）。

(2) 特例業務届出者は、法29条の規定による登録を受けずに適格機関投資家等特例業務を行うことができ、適格機関投資家等特例業務を行う場合においては金融商品取引業者とみなされ（63ⅩⅠ）、法39条1項、3項及び5項の適用を受ける。

特例業務届出者は、適格機関投資家等特例業務以外の業務を行う場合においては金融商品取引業者とみなされないことから、このような業務を行う場合には、法39条1項、3項及び5項の適用を受けない。

2 適格機関投資家等特例業務

(1) 適格機関投資家等特例業務

「適格機関投資家等特例業務」とは、次に掲げる行為のいずれかを業として行うことをいい、投資者の保護に支障を生ずるおそれがあるものとして内閣府令で定めるものは、適格機関投資家等特例業務から除かれる。これらのうち、①の行為を業として行うことは、第二種金融商品取引業（28Ⅱ①・2Ⅷ⑦）に、②の行為を業として行うことは、投資運用業（28Ⅳ③・2Ⅷ⑮）に、それぞれ該当するものである。

① 適格機関投資家等を相手方として行う集団投資スキーム持分（2Ⅱ⑤）又は外国集団投資スキーム持分（同⑥）に係る私募（63Ⅰ①・令17の12Ⅳ）

② 集団投資スキーム持分又は外国集団投資スキーム持分（同一の出資対象事業に係る当該権利を有する者が適格機関投資家等のみであるものに限る。）を有する適格機関投資家等から出資され、又は拠出された金銭等（令17の12Ⅴ・1の3）を、金融商品の価値等の分析に基づく投資判断に基づいて主として有価証券又はデリバティブ取引に係る権利に対する投資として運用すること（63Ⅰ②・2Ⅷ⑮）

第2章　法39条1項の規制

(2) 適格機関投資家等

「適格機関投資家等」とは、適格機関投資家（2Ⅲ①・定義府令10Ⅰ）及び一定の要件を満たす49名以下の適格機関投資家以外の者（63Ⅰ①・令17の12Ⅰ～Ⅲ・業府令233の2～233の4）をいう。

適格機関投資家以外の者との間で一定の取引がある者は、適格機関投資家等に該当する者であっても、(1)①の私募の相手方又は(1)②の出資者若しくは拠出者となり得ない（63Ⅰ①・業府令235）。

(3) 投資者の保護に支障を生ずるおそれがあるものとして内閣府令で定めるもの

法63条1項1号における「投資者の保護に支障を生ずるおそれがあるものとして内閣府令で定めるもの」とは、次に掲げる要件のいずれかに該当するものをいう（業府令234の2Ⅰ）。

① 集団投資スキーム持分（2Ⅱ⑤）又は外国集団投資スキーム持分（同⑥）を有することとなる適格機関投資家の全てが投資事業有限責任組合（LPS法2Ⅱ）であること（取引の状況その他の事情から合理的に判断して、投資事業有限責任組合契約に基づき当該投資事業有限責任組合契約の相手方のために運用を行う金銭その他の財産の総額から借入金の額を控除した金額が5億円以上であると見込まれるものを除く。）。

② 集団投資スキーム持分（2Ⅱ⑤）又は外国集団投資スキーム持分（同⑥）を有することとなる者が出資又は拠出をする金銭その他の財産の総額に占める当該権利に対して、特例業務届出者と密接な関係を有する者（業府令233の2Ⅰ②～⑥）又は投資に関する事項について知識及び経験を有する者（業府令233の3）（適格機関投資家、適格機関投資家以外の者で政令で定めるもの（令17の12Ⅰ①～⑤・⑦～⑮）、特例業務届出者の役員、使用人及び親会社等を除く。）が出資又は拠出をする金銭その他の財産の総額の割合が、2分の1以上であること。

法63条1項2号における「投資者の保護に支障を生ずるおそれがあるものとして内閣府令で定めるもの」とは、次に掲げる要件のいずれかに該当するものをいう（業府令234の2Ⅱ）。

① 集団投資スキーム持分（2Ⅱ⑤）又は外国集団投資スキーム持分（同

⑥）を有する適格機関投資家の全てが投資事業有限責任組合（LPS法2Ⅱ）であること（取引の状況その他の事情から合理的に判断して、投資事業有限責任組合契約に基づき当該投資事業有限責任組合契約の相手方のために運用を行う金銭その他の財産の総額から借入金の額を控除した金額が5億円以上であると見込まれるものを除く。）。
② 集団投資スキーム持分（2Ⅱ⑤）又は外国集団投資スキーム持分（同⑥）を有する者が出資又は拠出をする金銭その他の財産の総額に占める当該権利に対して、特例業務届出者と密接な関係を有する者（業府令233の2Ⅰ②～⑥）又は投資に関する事項について知識及び経験を有する者（業府令233の3）（適格機関投資家、適格機関投資家以外の者で政令で定めるもの（令17の12Ⅰ①～⑤・⑦～⑮）、特例業務届出者の役員、使用人及び親会社等を除く。）が出資又は拠出をする金銭その他の財産の総額の割合が、2分の1以上であること。

3　集団投資スキーム持分及び外国集団投資スキーム持分

(1)　集団投資スキーム持分

集団投資スキーム持分とは、次の条件をすべて満たす権利をいう。

① 　組合契約（民667Ⅰ）、匿名組合契約（商535）、投資事業有限責任組合契約（LPS法3Ⅰ）又は有限責任事業組合契約（LLP法3Ⅰ）に基づく権利、社団法人の社員権その他の権利（外国の法令に基づくものを除く。）であること。

② 　<u>出資対象事業から生ずる収益の配当</u>又は当該出資対象事業に係る財産の分配を受けることができる権利であること。

　なお、「出資対象事業」とは、<u>出資者が出資又は拠出をした金銭又はこれに類するもの</u>を充てて行う事業をいい、「出資者」とは、①の権利を有する者をいう（2Ⅱ⑤）。

　「金銭に類するもの」とは、次のものをいう（令1の3・定義府令5）。

(ⅰ)　有価証券（2Ⅰ・Ⅱ）

(ⅱ)　為替手形

(ⅲ)　約束手形（(ⅰ)に該当するものを除く。）

(ⅳ)　一般信託受益権、外国一般信託受益権、集団投資スキーム持分又

は外国集団投資スキーム持分を有する者から出資又は拠出を受けた金銭又は(i)から(iii)までの全部を充てて取得した競争用馬
③　次のいずれにも該当しないこと。
(i)　出資対象事業に係る業務執行がすべての出資者の同意を得て行われるものであること（すべての出資者の同意を要しない旨の合意がされている場合において、当該業務執行の決定についてすべての出資者が同意をするか否かの意思を表示してその執行が行われるものであることを含む。）（2Ⅱ⑤イ・令1の3の2①）。
(ii)　出資者のすべてが出資対象事業に常時従事すること（2Ⅱ⑤イ・令1の3の2②）。
(iii)　出資者のすべてが特に専門的な能力であって出資対象事業の継続の上で欠くことができないものを発揮して当該出資対象事業に従事すること（2Ⅱ⑤イ・令1の3の2②）。
(iv)　出資者がその出資又は拠出の額を超えて収益の配当又は出資対象事業に係る財産の分配を受けることがないことを内容とする当該出資者の権利（2Ⅱ⑤ロ）
(v)　保険契約、共済契約又は不動産特定共同事業契約（不特法2Ⅳ）のうち一定の条件を満たすものに基づく権利（2Ⅱ⑤ハ）
(vi)　有価証券とみなさなくても公益又は出資者の保護のため支障を生ずることがないと認められる権利（令1の3の3・定義府令6・7）
④　法2条1項各号に掲げる有価証券に表示される権利及び同条2項（5号を除く。）の規定により有価証券とみなされる権利でないこと。

集団投資スキーム持分の語は、法律上の語ではなく、法2条2項5号に掲げる権利の通称である。

(2)　外国集団投資スキーム持分

外国集団投資スキーム持分とは、外国の法令に基づく権利であって、集団投資スキーム持分に類するものをいう。

外国集団投資スキーム持分の語は、法律上の語ではなく、法2条2項6号に掲げる権利の通称である。

第2編　有価証券売買取引等に関する損失補てん等の規制

Q23　信託会社とはなにか。

1　信託会社

(1)　「信託会社」とは、信託業法3条の内閣総理大臣の免許又は7条1項の内閣総理大臣の登録を受けた者をいう（信託業法2Ⅱ）。

　信託業法3条の免許は、信託業を営むための免許であり、7条1項の登録は、信託業法3条の免許を得ずに管理型信託業を営むための登録である。

　信託業法7条1項の登録を受けた者は、管理型信託会社と定義されている（信託業法2Ⅳ）。

(2)　「信託業」とは、信託の引受けを行う営業をいう（信託業法2Ⅰ）。弁護士がその行う弁護士業務に必要な費用に充てる目的で依頼者から金銭の預託を受ける行為等、委託者及び受益者の保護のため支障を生ずることがないと認められるものは、信託業から除かれる（信託業令1の2）。

　信託の引受けとは、受託者となるべき者が委託者となるべき者に対して行う、受託者となる旨の意思表示をいう。

(3)　「管理型信託業」とは、次のいずれかに該当する信託のみの引受けを行う営業をいう（信託業法2Ⅲ）。

①　委託者又は委託者から指図の権限の委託を受けた者のみの指図により信託財産の管理又は処分（当該信託の目的の達成のために必要な行為を含む。）が行われる信託

　なお、委託者又は委託者から指図の権限の委託を受けた者が、受託者の役員等の受託者と密接な関係を有する者（信託業令2・信託業則4）である場合は、これに該当しない。

②　信託財産につき保存行為又は財産の性質を変えない範囲内の利用行為若しくは改良行為のみが行われる信託

(4)　管理型信託会社を除く信託会社は、法29条の規定による登録（金融商品取引業の登録）を受けずに信託受益権の販売等を業として行うことができ（65の5Ⅰ）、信託受益権の販売等を業として行う場合においては金融商品取引業者とみなされ（65の5Ⅱ）、法39条の適用を受ける。独立行政法人住宅金融支援機構（独立行政法人住宅金融支援機構法（平成17年法律第82号）3）が信託受益権の販売等を業として行う場合（同13Ⅰ②）においても

同様である（65の5Ⅲ・Ⅳ）。

(5) 「信託受益権の販売等」とは、<u>一般信託受益権</u>（2Ⅱ①）又は<u>外国一般信託受益権</u>（同②）についての次の行為をいう。

① 売買（デリバティブ取引に該当するものを除く。）又はその代理若しくは媒介（65の5Ⅰ①）

② 売出し又は特定投資家向け売付け勧誘等（2Ⅷ⑧）

③ 募集若しくは売出しの取扱い又は私募若しくは特定投資家向け売付け勧誘等の取扱い（2Ⅷ⑨）

2　一般信託受益権及び外国一般信託受益権

(1) 一般信託受益権及び外国一般信託受益権の語は、法律上の語ではなく、証券取引法等の一部を改正する法律（平成18年法律第65号）によって新たに有価証券とみなされることとなった法2条2項1号又は2号に掲げる信託の受益権の通称である。

(2) 一般信託受益権とは、信託の受益権のうち、次の有価証券に表示されるべきものを除くものをいう（2Ⅱ①）。

① 投資信託の受益証券（2Ⅰ⑩）

② 貸付信託の受益証券（同⑫）

③ 特定目的信託（流動化法2ⅩⅢ）の受益証券（同⑬）

④ 受益証券発行信託（信託法185Ⅲ）の受益証券（同⑭）

(3) 外国一般信託受益権とは、外国の者に対する権利で一般信託受益権の性質を有するものをいう。次の有価証券に表示されるべきものに該当するものは、外国一般信託受益権から除かれる（2Ⅱ②）。

① 外国投資信託の受益証券（2Ⅰ⑩）

② <u>外国証券</u>（同⑰）

③ <u>外国貸付債権信託受益証券等</u>（同⑱）

3　外国証券

(1) 外国証券とは、外国又は外国の者の発行する証券又は証書で法2条1項1号から第9号まで又は12号から16号までに掲げる証券又は証書の性質を有するもの（18号に掲げるものを除く。）をいう（2Ⅰ⑰）。外国証券の語

は、法律上の語ではなく、法2条1項17号に掲げる証券又は証書の通称である。
(2) 法2条1項1号から第9号まで又は12号から16号までに掲げる証券又は証書は、次の有価証券である。
① 国債証券（2Ⅰ①）
② 地方債証券（2Ⅰ②）
③ 特別の法律により法人の発行する債券（④及び⑪を除く。）（2Ⅰ③）
④ 特定社債券（2Ⅰ④・流動化法2Ⅶ）
⑤ 社債券（相互会社の社債券を含む。）（2Ⅰ⑤）
⑥ 特別の法律により設立された法人の発行する出資証券（⑦、⑧並びに投資証券、新投資口予約権証券、投資法人債券及び外国投資証券（2Ⅰ⑪）を除く。）（2Ⅰ⑥）
⑦ 優先出資法に規定する優先出資証券（2Ⅰ⑦）
⑧ 流動化法に規定する優先出資証券又は新優先出資引受権を表示する証券（2Ⅰ⑧・流動化法2Ⅸ）
⑨ 株券又は新株予約権証券（2Ⅰ⑨）
⑩ 貸付信託の受益証券（2Ⅰ⑫）
⑪ 特定目的信託（流動化法2ⅩⅢ）の受益証券（2Ⅰ⑬）
⑫ 受益証券発行信託（信託法185Ⅲ）の受益証券（2Ⅰ⑭）
⑬ コマーシャル・ペーパー（2Ⅰ⑮・定義府令2）
⑭ 抵当証券（2Ⅰ⑯）

4 外国貸付債権信託受益証券等

外国貸付債権信託受益証券等とは、外国の者の発行する証券又は証書で銀行業を営む者その他の金銭の貸付けを業として行う者の貸付債権を信託する信託の受益権又はこれに類する権利を表示するものをいう（2Ⅰ⑱・定義府令3）。

Q24 外国信託会社とはなにか。

1 外国信託会社

「外国信託会社」とは、信託業法53条1項の内閣総理大臣の免許又は54条1項の内閣総理大臣の登録を受けた者をいう（信託業法2Ⅵ）。

信託業法53条1項の免許は、外国信託業者が国内において信託業を営むための免許であり、54条1項の登録は、外国信託業者が国内において信託業法53条1項の免許を得ずに管理型信託業を営むための登録である。

信託業法54条1項の登録を受けた者は、管理型外国信託会社と定義されている（信託業法2Ⅶ）。

2 外国信託会社に対する損失補てん等の規制

管理型外国信託会社を除く外国信託会社は、法29条の規定による登録を受けずに信託受益権の売買等を業として行うことができ（65の5Ⅰ）、信託受益権の売買等を業として行う場合においては金融商品取引業者とみなされ（65の5Ⅱ）、法39条1項、3項及び5項の適用を受ける。

Q25 登録自己信託業者とはなにか。

1 登録自己信託業者

(1) 登録自己信託業者とは、信託業法50条の2第1項の登録を受けた者をいう。

登録自己信託業者の語は、法律上の語ではなく、このような登録を受けた者の通称である。

(2) いわゆる自己信託（信託法3③）は、信託の引受けを行う営業ではないため信託業（信託業法2Ⅰ）に該当しないが、自己信託の受益権を多数の者が取得することができる場合（信託業令15の2Ⅰ・Ⅱ）には、信託に先立って登録を受けることを含む登録制度（信託業法50の2）に服することとなる。

2　登録自己信託業者に対する損失補てん等の規制

　登録自己信託業者は、法29条の規定による登録を受けずに信託受益権の売買等を業として行うことができ（65の5Ⅰ）、信託受益権の売買等を業として行う場合においては金融商品取引業者とみなされ（65の5Ⅱ）、法39条1項、3項及び5項の適用を受ける。

> **Q26**　金融商品取引業者等が、他の金融商品取引業者等が行った有価証券売買取引等につき、損失補てん等、その申込み又は約束をすることは、法39条1項により規制されるか。

1　他の金融商品取引業者等が行った有価証券売買取引等に係る規制

(1)　金融商品取引業者等が、他の金融商品取引業者等が行い、みずから行っていない有価証券売買取引等につき、損失補てん等、その申込み又は約束をすることは、法39条1項により規制されない。

　法39条1項は、金融商品取引業者等が、みずから行った有価証券売買取引等につき、(i)損失補てん等の申込みをすること、(ii)損失補てん等の約束をすること、(iii)損失補てん等をすること及び(iv)第三者に(i)から(iv)までのいずれかをさせることを規制しているが、他の金融商品取引業者等が行った有価証券売買取引等につき(i)から(iv)までの行為を行うことは、同項により規制されていないためである。

(2)　例えば、金融商品取引業者A及び金融商品取引業者Bが、いずれも顧客Cとの間で有価証券売買取引等を行い、それぞれ有価証券a及び有価証券bにつき損失を生じさせた場合、Aがbについて生じた損失を補てんするために財産上の利益をCに提供することは、法39条1項により規制されない（損失補てん規制Q&A 80頁）。もっとも、このような利益の提供は、態様によっては「特別の利益の提供」（38⑧・業府令117Ⅰ③）に該当する場合がある。**Q2**

2　裁判例（東京地判平成23年4月13日刊行物未登載）

(1)　東京地判平成23年4月13日刊行物未登載の事案は、次のとおりである。

① 原告（X）は、A社より、投資事業組合の出資持分を譲り受けた。
② 第2種金融商品取引業者である被告（Y）は、①の譲渡につき、媒介行為を行っていない。
③ Xは、Yとの間で、①の出資持分をXがYに譲り渡し、YがXに譲渡代金を支払う旨の合意をした。
④ Yの代表取締役であったY1は、③の合意に基づくYの債務の支払を、Yと連帯して保証した。
⑤ Xは、③の合意に基づきYに対して譲渡代金の支払を、④に基づきY1に対して保証債務の履行を、それぞれ求めた。
⑥ Y及びY1は、⑤の請求に応じることが法39条1項3号及び2項3号に該当すると主張して、請求に応じなかった。

(2) 同裁判例は、「本件売買契約1及び2は、金融商品取引業者が媒介行為を行ったと認められないから、法39条1項3号、2項3号は適用されないというべきである。Yらは、Y1がXとA間の契約の媒介行為を行った場合にも、Y1は証券会社の役職員であったから、法39条1項3号、2項3号が適用されると主張するが、本件は、そもそも金融商品取引業者が媒介行為を行ったとは認められない事例であり、法39条1項3号、2項3号が適用される余地はない。Yらが指摘する解釈は、金融商品取引業者である会社が媒介行為をした場合において、その役職員や外務員が損失補てん行為をする場合を想定した議論というべきであり、本件には妥当しない。」として、金融商品取引業者が有価証券売買取引等（裁判例の事例では、出資持分（2Ⅱ⑤）について行う有価証券の売買の媒介（2Ⅷ②）がこれに該当する。）を行っていない場合において、法39条1項の適用を受けないとしている。

❖ 第2節　規制の対象となる行為

Q27　法39条1項は、どのような行為を規制しているか。

1　規制される行為

　法39条1項は、「金融商品取引業者等は、次に掲げる行為をしてはならない。」として、次の行為を掲げている。

① 有価証券売買取引等につき、当該有価証券等について顧客に損失が生ずることとなり、又はあらかじめ定めた額の利益が生じないこととなった場合には自己又は第三者がその全部又は一部を補てんし、又は補足するため当該顧客又は第三者に財産上の利益を提供する旨を、当該顧客又はその指定した者に対し、申し込み、若しくは約束し、又は第三者に申し込ませ、若しくは約束させる行為（39Ⅰ①）
② 有価証券売買取引等につき、自己又は第三者が当該有価証券等について生じた顧客の損失の全部若しくは一部を補てんし、又はこれらについて生じた顧客の利益に追加するため当該顧客又は第三者に財産上の利益を提供する旨を、当該顧客又はその指定した者に対し、申し込み、若しくは約束し、又は第三者に申し込ませ、若しくは約束させる行為（同②）
③ 有価証券売買取引等につき、当該有価証券等について生じた顧客の損失の全部若しくは一部を補てんし、又はこれらについて生じた顧客の利益に追加するため、当該顧客又は第三者に対し、財産上の利益を提供し、又は第三者に提供させる行為（同③）

2 事前の損失補てん等の申込み又は約束

(1) 1①は、顧客に損失が生ずることとなり、又はあらかじめ定めた額の利益が生じないこととなる時点に先立って行われる(i)損失補てん等の申込み又は約束（事前の損失補てん等の申込み又は約束）及び(ii)第三者に(i)をさせることである。

(2) 損失補てん等の申込み又は約束は、顧客に対して有価証券売買取引等を行うよう勧誘するのに際して行われたものであっても、勧誘後に行われたものであっても良い（38の2②との対比）。

3 事後の損失補てん等の申込み又は約束

1②は、顧客に損失が生ずることとなり、又はあらかじめ定めた額の利益が生じないこととなる時点又はそれ以降に行われる(i)損失補てん等の申込み又は約束（事後の損失補てん等の申込み又は約束）及び(ii)第三者に(i)をさせることである。

第2章　法39条1項の規制

4　損失補てん等

1③は、顧客に損失が生ずることとなり、又はあらかじめ定めた額の利益が生じないこととなる時点又はそれ以降に行われる(i)損失補てん等及び(ii)第三者に(i)をさせることである。

したがって、顧客に損失が生ずることとなり、又はあらかじめ定めた額の利益が生じないこととなる時点に先立って顧客に対して財産上の利益を提供する行為は、1③に該当しない。

> **Q28**　スポンサーレターの交付及びスポンサー契約の締結並びにスポンサーによる補償は、それぞれ規制される損失補てん等の申込み及び約束（39 I ①）並びに損失補てん（同③）に該当するか。

1　スポンサーレターの交付及びスポンサー契約の締結

(1)　スポンサーレターとは、所定の事由が生じた場合で、これにより名宛人に損害が生じたときに、これを補償することを内容とする書面をいう。スポンサー契約とは、所定の事由が生じた場合で、これにより一方の当事者に損害が生じたときに、他方の当事者がこれを補償することを内容とする契約をいう。スポンサーレター又はスポンサー契約により補償債務を負う者は、スポンサーと呼ばれる。スポンサーレター、スポンサー契約及びスポンサーは、いずれも法律上の語ではない。

(2)　流動化取引において、特別目的会社は、流動化取引の一環としてみずから発行する有価証券に係る支払を確保することを目的として、流動化取引によって資金調達をする者（このような者をオリジネーターという。）その他の者をスポンサーとして、スポンサーレターを受領し、又はスポンサー契約を締結することがある。

金融商品取引業者等がスポンサーをしてこれらの行為を行わせることは、それぞれ事前の損失補てん等の申込み又はその約束（39 I ①）に該当する場合がある（スポンサーレターにつき、Q&A 404頁6）。

(3)　法39条1項は、金融商品取引業者等の行為を規制するものであるため、金融商品取引業者等が関与しない取引には適用されない。

例えば、特別目的会社が、いわゆる自己募集の方法により社債券（2 I ⑤）

を発行し、オリジネーターより譲り受けた資産をみずから管理及び処分する場合、スポンサーによるスポンサーレターの交付又はスポンサー契約の締結は、事前の損失補てん等の申込み又は約束に該当しない。

2 スポンサーによる補償

(1) 金融商品取引業者等が第三者であるスポンサーをしてスポンサーレターを交付させ、又はスポンサー契約を締結させることが事前の損失補てん等の申込み又は約束（39Ⅰ①）に該当する場合、スポンサーレター又はスポンサー契約に基づいて補償をさせることは、損失補てん（同③）に該当する。

この場合、金融商品取引業者等は、事故の確認を要しない場合（業府令119Ⅰ）を除き、事故の確認（39Ⅲ・Ⅴ）を経てスポンサーをして補償をさせることになる。

(2) 法39条1項は、金融商品取引業者等の行為を規制するものであるため、金融商品取引業者等が関与しない取引には適用されない。

例えば、特別目的会社が、いわゆる自己募集の方法により社債券（2Ⅰ⑤）を発行し、オリジネーターより譲り受けた資産をみずから管理及び処分する場合、スポンサーがスポンサーレター又はスポンサー契約に基づいて補償をすることは、損失補てんに該当しない。

Q29 店頭デリバティブ取引等のうち、金融商品取引業から除かれるものについて、金融商品取引業者がする損失補てん等は、法39条1項の規定により規制されるか。

1 金融商品取引業に該当しない店頭デリバティブ取引等についてする損失補てん等

(1) 店頭デリバティブ取引等（2Ⅷ④）のうち、金融商品取引業（2Ⅷ）から除かれるものについて、金融商品取引業者がする損失補てん等は、法39条1項の規定により規制されない。

これらの行為を業として行うことは、第一種金融商品取引業を行う金融商品取引業者については付随業務（35Ⅰ）に該当するが、法39条1項の規

定は、付随業務については適用されないためである（Q&A 39頁21）。 Q4

(2) 店頭デリバティブ取引等のうち、金融商品取引業から除かれるものについて、登録金融機関を含む金融機関がする損失補てん等は、法39条1項の規定により規制されない。

金融機関（33Ⅰ）は、金融商品取引業から除かれる行為（2Ⅷ・令1の8の6・定義府令15・16）を業として行うにあたり、登録（33の2）を受ける必要がなく（Q&A 39頁22～24）、法39条1項の規定は、このような行為については適用されないためである。

2 店頭デリバティブ取引等のうち、金融商品取引業に該当しないもの

(1) 店頭デリバティブ等のうち、金融商品取引業に該当しないものは、次のいずれかに該当する者を相手方として店頭デリバティブ取引を行い、又は当該者のために店頭デリバティブ取引の媒介、取次ぎ若しくは代理を行う行為である（令1の8の6②）。 Q37

　① デリバティブ取引に関する専門的知識及び経験を有すると認められる者として内閣府令で定める者（令1の8の6②イ）
　② 資本金の額が内閣府令で定める金額以上の株式会社（令1の8の6②ロ）

(2) 有価証券関連店頭デリバティブ取引（28Ⅷ④）は、ここでいう「店頭デリバティブ取引」から除かれ、金融商品取引業に該当する。

有価証券関連店頭デリバティブ取引以外の店頭デリバティブ取引のうち(1)の要件を満たすものが金融商品取引業から除かれる理由は、(i)このような取引は、投資目的ではなくリスク管理等の目的で行われる場合があること、(ii)いわゆるプロの投資家がこれを行う場合において、投資者保護の必要性は、乏しいといえることである。

有価証券関連店頭デリバティブ取引が金融商品取引業から除かれない理由は、このような取引について特例を設けることは、市場の公正性及び透明性確保の観点から問題があるためであるとされている（Q&A 51頁79～80）。

また、有価証券等清算取次ぎ（2ⅩⅩⅦ）は、ここでいう「取次ぎ」から除かれる。

さらに、電子店頭デリバティブ取引等業務に該当する行為は、ここでいう「店頭デリバティブ取引」及び「店頭デリバティブ取引の媒介、取次ぎ若しくは代理」から除かれる。

「電子店頭デリバティブ取引等業務」とは、店頭デリバティブ取引等の業務の用に供する電子情報処理組織を使用して、特定店頭デリバティブ取引（40の7Ⅰ）又はその媒介、取次ぎ（有価証券等清算取次ぎを除く。）若しくは代理を業として行うことをいう（60の14Ⅰ）。

(3) 「内閣府令で定める者」とは、次の者をいう（定義府令15Ⅰ）。
① 第一種金融商品取引業を行う金融商品取引業者（第一種少額電子募集取扱業者（29の4の2Ⅸ）を除く。）又は登録金融機関
② 適格機関投資家（定義府令10Ⅰ）（適格機関投資家の届出を金融庁長官に行った外国の事業者（同㉕）を除く。）
③ 外国の法令上①又は②に掲げる者に相当する者
④ ①から③までに掲げる者のほか、金融庁長官が指定する者
「金融庁長官が指定する者」は、適格機関投資家に該当する者を定める件（大蔵省告示第69号）により指定された者であり、平成29年8月28日現在において、複数の農業協同組合及び漁業協同組合連合会がこの指定を受けている。

(4) 「内閣府令で定める金額」は、10億円である（定義府令15Ⅱ）。

❖ 第3節　有価証券売買取引等

第1款　有価証券売買取引等

Q30 有価証券売買取引等（39Ⅰ①）とはなにか。

1　有価証券売買取引等

「有価証券売買取引等」とは、有価証券の売買その他の取引又はデリバティブ取引をいう（39Ⅰ①）。買戻価格があらかじめ定められている買戻条件付売買その他の政令で定める取引は、有価証券売買取引等から除かれる。

2　有価証券の売買その他の取引

(1)　法39条1項1号における「有価証券の売買その他の取引」を定義する規定は、設けられていない。

(2)　「有価証券の売買その他の取引」のうち、「有価証券の売買」(2Ⅷ①)は、自己の計算において行う有価証券の売買(民555)をいう。

　他人の計算において行う有価証券の売買は、「有価証券の売買の取次ぎ」(2Ⅷ②・⑩)に該当するため、「有価証券の売買」(2Ⅷ①)に該当しない。

　「有価証券の売買」(2Ⅷ①)は、取引所における取引か店頭における取引かを問わず、売買の目的を問わない(コンメ(1)139頁〔松尾〕)。

(3)　デリバティブ取引に該当する有価証券の売買は、「有価証券の売買」に含まれない(2Ⅷ①)。デリバティブ取引に該当する有価証券の売買とは、次の取引をいう。

　①　売買の当事者が将来の一定の時期において有価証券及びその対価の授受を約する売買であって、当該売買の目的となっている有価証券の転売又は買戻しをしたときは差金の授受によって決済することができる取引のうち、金融商品市場において、金融商品市場を開設する者の定める基準及び方法に従い行われるもの(いわゆる先物取引)(2XXI①)

　②　売買の当事者が将来の一定の時期において有価証券及びその対価の授受を約する売買であって、当該売買の目的となっている有価証券の売戻し又は買戻しをしたときは差金の授受によって決済することができる取引のうち、金融商品市場及び外国金融商品市場によらないで行われるもの(いわゆる先渡取引)(2XXI①)

　③　売買の当事者が将来の一定の時期において有価証券及びその対価の授受を約する売買であって、当該売買の当事者がその売買契約を解除する行為をしたときは差金の授受によって決済することができる取引のうち、金融商品市場及び外国金融商品市場によらないで行われるもの(いわゆる先渡取引)(2XXI①・令1の16)

(4)　「その他の取引」は、法2条8項各号に掲げる取引行為のうち、有価証券の移転又は取得に係るものをいうと考えられている(Q&A320頁4・340頁24・25)。

　例えば、次に掲げる行為は、いずれも「有価証券の売買その他の取引」

のうち「その他の取引」に含まれるものと考えられている（①につきQ&A 320頁4、②につきQ&A 340頁24・25、③のうち金融商品取引業者等と有価証券の発行者とによる元引受契約（21Ⅳ）の締結につきQ&A 308頁209、④につきQ&A 320頁4）。

① 有価証券の売買の媒介、取次ぎ又は代理（2 Ⅷ②）
② 取引所金融商品市場又は外国金融商品市場における有価証券の売買の委託の媒介、取次ぎ又は代理（同③）
③ 有価証券の引受け（同⑥）
④ 有価証券の募集、私募又は売出しの取扱い（同⑨）

3　有価証券売買取引等から除かれる取引

金融商品取引業者等が資金調達のために行う現先取引は、「有価証券売買取引等」から除かれる（39 Ⅰ①）。

Q31　有価証券売買取引等から除かれる取引は、どのような取引か。

1　現先取引

(1)　「買戻価格があらかじめ定められている買戻条件付売買その他の政令で定める取引」は、「有価証券売買取引等」から除かれる（39 Ⅰ①）。

(2)　「政令で定める取引」は、次の条件をすべて満たす取引であり、①及び②の条件を満たす取引は、「債券等の買戻条件付売買」と定義されている（令16の5）。

① 有価証券に係る買戻条件付売買であること。
② 買戻価格があらかじめ定められていること。
③ 金融商品取引業者等がもっぱら自己の資金調達のために行うものであること。

(3)　(2)①は、一般的に現先取引と呼ばれる取引である。現先取引は、買戻条件付の売渡し（この取引は、スタート取引と呼ばれる。）及び買戻条件に基づく買戻し（この取引は、エンド取引と呼ばれる。）によって構成されるが、(2)③の条件から、金融商品取引業者等は、スタート取引における売手となり、エンド取引における買手となる必要がある。

2　買戻条件付売買の対象となる有価証券

(1)　買戻条件付売買の対象となる有価証券は、次のいずれかであることを要する（令16の5）。新株予約権付社債券は、買戻条件付売買の対象となる有価証券から除かれる。

　①　国債証券（2Ⅰ①）
　②　地方債証券（2Ⅰ②）
　③　特別の法律により法人の発行する債券（④並びに投資証券、新投資口予約権証券、投資法人債券及び外国投資証券（2Ⅰ⑪）を除く。）（2Ⅰ③）
　④　特定社債券（2Ⅰ④・流動化法2Ⅶ）
　⑤　社債券（相互会社の社債券を含む。）（2Ⅰ⑤）
　⑥　コマーシャル・ペーパー（2Ⅰ⑮・定義府令2）
　⑦　外国証券のうち、①から⑥までの性質を有するもの
　⑧　外国譲渡性預金証書

(2)　外国譲渡性預金証書とは、譲渡性預金（払戻しについて期限の定めがある預金で、指名債権でないものをいう。）の預金証書のうち、外国法人が発行するものをいう（令1①）。

　指名債権とは、債権譲渡における分類で、証券的債権（証券に化体された債権）でない一般の債権をいう。

(3)　(1)①から⑧までの有価証券に表示されるべき権利は、買戻条件付売買の対象となる。

3　金融商品取引業者等がもっぱら自己の資金調達のために行うものであること

(1)　「自己の資金調達」は、金融商品取引業者等の資金調達を意味する。金融商品取引業者等以外の第三者の資金調達は、これに該当しない。

　例えば、次のような取引（いわゆる、とばし取引）は、「自己の資金調達のために行うもの」に該当しない（東京高判平成10年4月27日判タ989号136頁等）。

　①　金融商品取引業者Xは、株式会社Yの決算対策を目的として、Yが保有する有価証券Aを、相場価格を大きく上回る価格nにより、株式会社Zに買い取らせた。

② Xは、①にあたり、Zとの間で次の事項を約束した。
　（ⅰ）Xは、一定期間経過後にAを買い取るか、第三者に買い取らせる。
　（ⅱ）（ⅰ）の買取り価格は、nを大きく上回る価格n＋1とする。
(2)　「自己の資金調達」は、金融商品取引業者等が他の債券等の買戻条件付売買の相手方となることにより不足することとなる資金を調達することを含む（39Ⅰ①）。

　一般的に、金融商品取引業者等が自己の資金調達のために行う現先取引は、自己現先と呼ばれ、金融商品取引業者等が他の債券等の買戻条件付売買の相手方となることにより不足することとなる資金を調達するために行う現先取引は、委託現先と呼ばれる。

4　現先取引（令16の5）が有価証券売買取引等（39Ⅰ①）から除かれる根拠

　金融商品取引業者等が資金調達のために行う現先取引が有価証券売買取引等から除かれる根拠については、次のとおり説明されている。①の説明については、循環論法であるとの批判がある（黒沼（2002）194頁）。
　①　買戻価格があらかじめ定められた取引は、確定利回りの取引であり、確定利回りの取引では、顧客は損失を被ることがなく、損失補てん等も起こらないため（松田63頁）。
　②　買戻価格があらかじめ定められた有価証券に係る買戻条件付売買は、価格変動のヘッジ又は短期の資金調達方法として広く行われており、市場の価格形成機能を害さないため（損失補てん規制Q&A 82頁・高崎秀雄「証券取引法等の一部を改正する法律について」法律のひろば44巻11号27頁）。

Q32　債券等の買戻条件付売買（令16の5）において、スタート取引における売渡価格及びエンド取引における買戻価格につき制限はあるか。

1　スタート取引における売渡価格及びエンド取引における買戻価格の制限

(1)　債券等の買戻条件付売買（令16の5）は、(ⅰ)有価証券に係る買戻条件

付売買であること及び(ii)買戻価格があらかじめ定められていることのみを要件としており、スタート取引における売渡価格及びエンド取引における買戻価格につき、制限は設けられていない。 Q31

(2) もっとも、債券等の買戻条件付売買が有価証券売買取引等から除かれるためには、(1)(i)及び(ii)に加え、(iii)金融商品取引業者等がもっぱら自己の資金調達のために行うものであることとの要件を満たす必要がある（令16の5）。

(iii)の要件を満たすためには、買戻価格は、売渡価格に金利相当額（資金調達に必要な金利相当額）を加えた金額であることを要する。買戻価格が売渡価格と金利相当額との合計金額よりも著しく高額である場合、(iii)の要件は、満たされないことになる（損失補てん規制Q&A 83頁）。

2 現先取引基本契約書における取扱い

現先取引基本契約書は、当事者間で別段の合意がない限り、売渡価格を基礎として、経過利息、約定期間及び現先レートにより買戻価格を算出するものとしている（現先取引基本契約書3 X）。

経過利息は、取引の対象となる債券等の適用利率から客観的に算出され（同2⑧）、現先レートは、当事者が個別の取引ごとに定める（同2⑩）。すなわち、現先レートは、実質的に、売手が買手に対して支払う手数料の料率となる。

この方法によって買戻価格を算出する場合、現先レートが資金調達に必要な水準であれば、買戻価格は、売渡価格と比較して資金調達に必要な金利相当額を加えた金額となり、現先レートが市場の水準と比較して著しく高い料率であれば、買戻価格は、売渡価格と比較して著しく高額となる。

> **Q33** 債券等の買戻条件付売買（令16の5）において、売手が買手より買い戻すべき有価証券は、売手が買手に売り渡した有価証券そのものであることを要するか。

1 買い戻すべき有価証券

債券等の買戻条件付売買において、売手が買手より買い戻すべき有価証

券は、売手が買手に売り渡した有価証券そのものであることを要しない。

売手が買手より買い戻す有価証券は、売手が買手に売り渡した有価証券と同種、同量の有価証券であれば足りる。

2　買戻条件付売買

(1)　損失補てん等の規制（39Ⅰ）の適用を受けない債券等の買戻条件付売買（令16の5）は、有価証券に係る買戻条件付売買であって、買戻価格があらかじめ定められているものであるが、買戻条件付売買の意義は、これを定義する規定が設けられていないことから、解釈によって定めることになる。 Q31

(2)　ここでいう買戻条件付売買は、解釈上、現先取引であると考えられている（松田63頁）。有価証券の現先取引は、売買の目的たる有価証券と同種、同量の有価証券を将来の所定期日に所定の価額で買い戻すこと又は売り戻すことを内容とする特約付の有価証券の売買であり、売手が買手に売り渡した有価証券そのものを買い戻すこと又は売り戻すことを内容とするものではない。

(3)　第一種金融商品取引業を行う金融商品取引業者は、いわゆる金融先物取引の業者の一部等を除くほか、ほぼすべて日本証券業協会の会員となっている（平成29年8月28日現在）。

日本証券業協会の会員である者は、次の有価証券又はこれらのいずれかに表示されるべき権利につき現先取引を行うが（条件付売買規則6）、②、③のうち②に類するもの及び④は、債券等の買戻条件付売買（令16の5）の対象とならない。

① 法2条1項1号から5号まで又は15号に掲げる有価証券（新株予約権付社債券を除く。） Q23
② 投資法人債券（2Ⅰ⑪）
③ 外国証券であって①又は②の性質を有するもの
④ 外国貸付債権信託受益証券等（2Ⅰ⑱） Q23
⑤ 外国譲渡性預金証書（令1①） Q31

(4)　条件付売買規則1条は、現先取引を「売買の目的たる債券等と同種、同量の債券等を将来の所定期日（所定の方法により決定される期日を含む。）

第2章　法39条1項の規制

に所定の価額（所定の計算方法により算出される価額を含む。）で買い戻すこと又は売り戻すことを内容とする特約付の債券等の売買」と定義している。ここでいう「同種、同量」とは、発行者、回号、種類、券面額、数量及び課税条件が同一であることをいう（条件付売買規則3⑩）。

これにより、債券等の買戻条件付売買において、売手が買手より買い戻す有価証券は、売手が買手に売り渡した有価証券そのものであることを要せず、売手が買手に売り渡した有価証券と発行者、回号、種類、券面額、数量及び課税条件が同一である有価証券であれば足りることになる。

> **Q34** 有価証券に係る買戻条件付売買であって、買戻価格があらかじめ定められていないものの、買戻日を定めることにより買戻価格を定めることができるものは、有価証券売買取引等（39 I ①）に該当するか。

1　有価証券売買取引等への該当性

有価証券に係る買戻条件付売買であって、買戻価格があらかじめ定められていないものの、買戻日を定めることにより買戻価格を定めることができるものは、有価証券売買取引等（39 I ①）に該当するものと考えられる。

このような取引は、有価証券売買取引等である有価証券の売買（2 Ⅷ①）に該当し、かつ、有価証券売買取引等から除かれる取引である「債券等の買戻条件付売買」（令16の5）に該当しないためである。 Q31

2　債券等の買戻条件付売買への該当性

(1)　債券等の買戻条件付売買（令16の5）は、買戻価格があらかじめ定められていることを要する。すなわち、債券等の買戻条件付売買は、現先取引のうち、オープンエンド取引でないものをいう。そのため、有価証券に係る買戻条件付売買であって、買戻価格があらかじめ定められていないものの、買戻日を定めることにより買戻価格を定めることができるものは、債券等の買戻条件付売買の要件を満たさない。

(2)　有価証券に係る買戻条件付売買は、いわゆる現先取引であると考えられている（松田63頁）。現先取引において、買戻価格（＝エンド売買金額）

は、次の方法によって定められる。通常の現先取引において用いられる方法は、経過利息を買戻金額と区別して扱う①の方法である（現先取引基本契約書2⑧・3Ⅸ・Ⅹ参照）。経過利息を買戻金額に含める②の方法を用いる現先取引は、通常の現先取引との対比上、利含み現先取引と呼ばれる。

① 買戻しの対象となる有価証券1単位あたりの買戻金額（＝エンド売買単価）に、買戻しの実行日（＝エンド取引受渡日）における当該有価証券1単位あたりの経過利息（＝経過利子）相当額を加え、当該有価証券の数量の値を乗ずる方法

② 買戻しの対象となる有価証券1単位あたりの買戻金額（＝エンド利含み売買単価）に、買戻しの対象となる有価証券の数量の値を乗ずる方法

利含み現先取引においては、両当事者は、契約締結時においてエンド取引受渡日を定めず、売手又は買手のいずれかがその後に指定するエンド取引受渡日に終了すべきこととする合意をすることができる。このような取引は、オープンエンド取引と呼ばれる。

(3) オープンエンド取引においては、エンド利含み売買単価は、次の①及び②の金額の和によって求められることから、買戻価格は、エンド取引受渡日を指定することによって定められることになる。

① 買戻しの対象となる有価証券1単位あたりの売渡し金額（＝スタート利含み売買単価）

② スタート利含み売買単価に、当事者が合意した料率（＝現先レート）を乗じて得られた金額に、売渡しの実行日（＝スタート取引受渡日）の翌日からエンド取引受渡日までの期間の実日数（＝約定期間）を365（当事者の合意がある場合は360）で除した値を乗じて得られた金額

Q35 有価証券の貸借取引は、有価証券売買取引等に該当するか。

1 有価証券売買取引等への該当性

(1) 有価証券の貸借取引は、有価証券売買取引等に該当しない。

有価証券売買取引等は、法2条8項各号に掲げる取引行為のうち、有価証券の移転又は取得に係るものであるが、有価証券の貸借取引は、これら

のいずれにも該当しないためである。

(2) 「有価証券の貸借」は、第一種金融商品取引業を行う金融商品取引業者が金融商品取引業のほかに業として行うことができる付随業務の１つであるが（35 Ⅰ①）、付随業務は、「有価証券売買取引等」に該当しないものと考えられている（逐条解説574頁）。

2　レポ取引

(1)　Repo は、Repurchase Agreement（（有価証券の）買戻条件付売買）を意味するものであるが、わが国においては、（有価証券の）買戻条件付売買は、現先取引と呼ばれ、レポ取引は、（有価証券の）消費貸借取引を意味するものとされている。レポ取引のうち、有価証券の貸主（貸出者）が有価証券の借主（借入者）に対して有価証券を貸し付け、借入者が貸出者に対して有価証券の返還債務の担保として現預金（担保金）を交付する取引（貸借取引基本契約書5・6参照）は、現担レポと呼ばれる。

(2)　貸出者は、現担レポによって資金調達を図ることができる。貸出者は、受領した担保金につき借入者に対して金利を支払う必要があるが、貸借の対象となる有価証券が返還されるまでの間、受領した担保金を任意の方法によって使用することができるためである。したがって、有価証券の保有者は、現先取引と現担レポとのいずれを選択した場合であっても、当該有価証券を利用して資金調達を図ることができることになる。

　現先取引と現担レポとは、経済的な効果に差異を生じないが、法的には売買と（諾成的）消費貸借という異なる法形式をとることから、法39条1項の適用において異なる取扱いを受ける。前者は、債券等の買戻条件付売買（令16の5）に該当する場合に限り法39条1項の適用を免れ、後者は、有価証券売買取引等（39Ⅰ）に該当しないことにより常に法39条1項の適用を免れる。

(3)　第一種金融商品取引業を行う金融商品取引業者は、いわゆる金融先物取引業者の一部等を除くほか、ほぼすべて日本証券業協会の会員となっている（平成29年8月28日現在）。日本証券業協会の会員である者は、次の有価証券又はこれらのいずれかに表示されるべき権利につき貸借取引（債券貸借取引）を行う（債券空売り貸借規則6）。

① 国債証券（2 I①）
② 地方債証券（同②）
③ 特別の法律により法人の発行する債券（④、⑥並びに投資証券、新投資口予約権証券及び外国投資証券（2 I⑪）を除く。）（同③）
④ 特定社債券（2 I④・流動化法2Ⅶ）
⑤ 社債券（相互会社の社債券を含む。）（2 I⑤）ただし、新株予約権付社債券を除く。
⑥ 投資法人債券（同⑪）
⑦ 外国証券のうち、①から⑥までの性質を有するもの

(4) 債券空売り貸借規則3条2号は、債券貸借取引を「当事者の一方（貸出者）が、他方（借入者）に債券を貸し出し、当事者間で合意された期間を経た後、借入者が貸出者に当該銘柄と同種、同量の債券を返済する債券の消費貸借取引」と定義している。ここでいう「同種、同量」の意義は、明らかでないが、現先取引と同様に考えれば、発行者、回号、種類、券面額、数量及び課税条件が同一であることをいうことになる（条件付売買規則3⑩参照）。

Q36 有価証券等管理業務は、有価証券売買取引等に該当するか。

1 有価証券等管理業務の有価証券売買取引等への該当性

有価証券等管理業務は、有価証券売買取引等に該当しない（Q&A 403頁3）。

有価証券売買取引等は、法2条8項各号に掲げる取引行為のうち、有価証券の移転又は取得に係るものをいうが、有価証券等管理業務に係る行為は、法2条8項16号又は17号に掲げる行為に該当するものの、有価証券の移転又は取得に係る取引行為ではないとされているためである（Q&A 403頁3）。

2 有価証券等管理業務

(1) 「有価証券等管理業務」とは、第一種金融商品取引業に係る業務のうち、次に掲げる行為に係る業務をいう（28Ⅴ・I⑤・2Ⅷ⑯・⑰）。**Q4**

① 法2条8項1号から10号までに掲げる行為に関して、顧客から金銭又は証券若しくは証書（2Ⅰ）の預託を受けること。

② 商品関連市場デリバティブ取引について、法2条8項2号、3号又は5号に掲げる行為を行う場合に、これらの行為に関して、顧客から商品（2ⅩⅩⅣ③の2）又は寄託された商品に関して発行された証券若しくは証書の預託を受けること。

③ 社債等（社振法2Ⅰ）の振替を行うために口座の開設を受けて社債等の振替を行うこと。

(2) 有価証券の保護預りは、有価証券の売買の媒介、取次ぎ又は代理（2Ⅷ②・⑩）、有価証券の引受け（同⑥）、有価証券の募集又は私募の取扱い（同⑨）等に関して行われるものである限り、(1)①に含まれる。

金融商品取引業者がみずから行う市場デリバティブ取引（2Ⅷ①）等に関して顧客から保証金を受領する行為は、(1)①に含まれる。

3 社債等（社振法2Ⅰ）

(1) 「社債等」（社振法2Ⅰ）とは、次のものをいう。これらは、いずれも有価証券そのものに限られず、有価証券に表示されるべき権利を含む（高橋・尾崎32頁参照）。

① 社債（社振法2Ⅰ①・⑤・⑭）

② 国債（同②）

③ 地方債（同③）

④ 投信法に規定する投資法人債（同④）、投資信託又は外国投資信託の受益権（同⑧）、投資口（同⑮）、新投資口予約権（同⑰の2）

⑤ 特定社債（流動化法2Ⅶ・社振法2Ⅰ⑥・⑲・⑳）、特定目的信託（流動化法2ⅩⅢ）の受益権（社振法2Ⅰ⑩）、優先出資（同⑰）、新優先出資の引受権（同⑱）

⑥ 特別の法律により法人の発行する債券に表示されるべき権利（新株予約権付社債以外の社債、投資法人債及び特定社債を除く。）（同⑦）

⑦ 貸付信託の受益権（同⑨）

⑧ 受益証券発行信託（信託法185Ⅲ）の受益権（同⑩の2）

⑨ 外国又は外国法人の発行する債券（新株予約権付社債券の性質を有す

るものを除く。）に表示されるべき権利（同⑪）
⑩　株式（同⑫）、新株予約権（同⑬）
⑪　優先出資法に規定する優先出資（同⑯）
(2)　これらのほか、学校法人債又は外国法人が発行する譲渡性預金のうち政令で定めるものが社債等に含まれるが（社振法2Ⅰ㉑・令1）、「政令で定めるもの」は、平成29年8月28日現在において存在しない。

第2款　有価証券等

Q37　有価証券等とはなにか。

1　有価証券等
「有価証券等」とは、有価証券又はデリバティブ取引をいう（39Ⅰ①）。

2　有価証券
(1)　「有価証券」とは、次に掲げるものをいう（Q&A 398頁95）。いわゆる私法上の有価証券のうち、①又は②に該当しないものは、ここでいう「有価証券」に該当しない。
　①　有価証券として法2条1項各号に掲げられた証券又は証書
　②　法2条2項の規定により有価証券とみなされる権利
②の権利は、一般的に、みなし有価証券と呼ばれる。
(2)　みなし有価証券は、次の3つに分けられる。
　①　法2条2項前段の規定により有価証券とみなされる「有価証券表示権利」
　②　法2条2項中段の規定により有価証券とみなされる「特定電子記録債権」
　③　法2条2項後段の規定により有価証券とみなされる同項各号に掲げる権利

これらのうち、(1)①、(2)①及び(2)②は、あわせて「第一項有価証券」と定義されており、(2)③は、「第二項有価証券」と定義されている（2Ⅲ）。平成29年8月28日現在において、特定電子記録債権は、存在しないことか

ら、第一項有価証券は、(1)①及び(2)①となる。

3 デリバティブ取引

(1) 「デリバティブ取引」とは、<u>市場デリバティブ取引</u>、<u>店頭デリバティブ取引又は外国市場デリバティブ取引</u>をいう（2 XX）。

(2) 「市場デリバティブ取引」（2 XXI）とは、金融商品市場において、金融商品市場を開設する者の定める基準及び方法に従って行う取引のうち、いわゆる先物取引（同①）、指標先物取引（同②）、オプション取引（同③）、スワップ取引（同④）、商品スワップ取引（④の2）及びクレジット・デリバティブ取引（同⑤）をいう。

　市場デリバティブ取引のうち、金融商品（商品（2 XXIV③の2）に限る。）又は金融指標（商品（2 XXIV③の2）の価格及びこれに基づいて算出した数値に限る。）に係るものは、「商品関連市場デリバティブ取引」と定義されている（2 Ⅷ①）。

　例えば、株式会社東京商品取引所が開設する金融商品市場において行われる商品先物取引は、商品関連市場デリバティブ取引に該当する。

(3) 「店頭デリバティブ取引」（2 XXII）とは、金融商品市場及び外国金融商品市場によらないで行う取引のうち、いわゆる先渡取引（同①）、指標先渡取引（同②）、オプション取引（同③）、指標オプション取引（同④）、スワップ取引（同⑤）及びクレジット・デリバティブ取引（同⑥）をいう。

　店頭デリバティブ取引又はその媒介、取次ぎ（有価証券等清算取次ぎを除く。）若しくは代理は、あわせて「店頭デリバティブ取引等」と定義されている（2 Ⅷ④）。

　いわゆる仕組預金に組み込まれた通貨の売買に係るオプション取引（令1の15①）、保険業及び保険業から除かれる保険行為（同②）、保証契約（債務の内容を問わない。）の締結（同③）及び債務（貸付けに係る債務に限る。）不履行に基づく損害の補てん契約の締結は、いずれも店頭デリバティブ取引に含まれない。また、商品を参照資産とし、又は商品に係る指標を参照指標とする取引（いわゆる商品デリバティブ取引）は、店頭デリバティブ取引に含まれない。

(4) 「外国市場デリバティブ取引」とは、外国金融商品市場において行う取

引であって、市場デリバティブ取引と類似の取引をいう（2⑬）。いわゆる商品デリバティブ取引は、外国市場デリバティブ取引に含まれない。

第4節　損失補てん等の目的

> **Q38**　補てん……するため（39Ⅰ・Ⅲ・Ⅳ）とはなにか。

1　補てん……するため

(1)　「補てん……するため」（39Ⅰ・Ⅲ・Ⅳ）とは、有価証券売買取引等につき、当該有価証券等について顧客に生じた損失を埋め合わせようとする意思を有することをいう（損失補てん規制Q&A 30頁）。このような意思があるか否かは、客観的行為又は行為の状況から判断される（松尾435頁）。

　これに対して、「補てん……するため」とは、損失を埋め合わせようとする意思を有することではなく、行為が客観的に損失補てんと認められることをいうとする見解もあるが（黒沼（2016）504頁）、客観的行為から意思を認定する場合と、客観的行為から損失補てんと認められる行為を認定する場合とで、事実認定に実質的な差異はないと思われる。

(2)　有価証券売買取引等につき、当該有価証券等について顧客に生じた損失を埋め合わせようとする意思は、他の目的と並存していても差し支えなく、「補てん……するため」との要件は、このような埋め合わせの意思があれば満たされる（松尾435頁）。

(3)　埋め合わせようとする意思の対象となる損失は、有価証券売買取引等につき、当該有価証券等について顧客に生じた損失であることを要する。そのため、有価証券売買取引等と無関係の損失のみを埋め合わせようとする意思を有することは、「補てん……するため」の要件を満たさない（損失補てん規制Q&A 31頁）。

2　補てん……するために該当しない場合

　次の場合、有価証券売買取引等につき、当該有価証券等について顧客に生じた損失を埋め合わせようとする意思は、否定される（すなわち、「補てん……するため」との要件は、満たされない。）と考えられている。

① 顧客の苦情等への迅速・公平かつ適切な対処にあたり、適切な対応をとる場合（指針Ⅲ-2-5-1参照）
② 正当な事業再生支援目的がある場合
③ 通常の業務の目的で行った金利スワップ取引によって顧客に生じた損失のうち、マイナス金利政策に基づいて生じたものを、顧客に負担させない場合
④ 事業ファンドの運用資産について、通常必要とされる管理又は処分を行う場合（松尾435頁）
⑤ 顧客が参加した競技会において、入賞者となった顧客に対して賞品を提供する場合

3　正当な事業再生支援目的がある場合

(1) 銀行が、特定認証紛争解決手続において、次の①及び②の事項を含む事業再生計画について他の銀行と合意し、これに基づいてデリバティブ取引による損失に係る債権を放棄することは、(i)事業再生計画の内容が公正かつ妥当で経済的合理性を有すること及び(ii)債権者間の実質的衡平性が確保されていることを条件として、「補てん……するため」との目的を欠くものと考えられる（平成25年1月23日付「一般的な法令解釈に係る書面照会について」及びこれに対する同月25日付回答書参照）。

① 各銀行は、事業者より、所定の金額（当該銀行が事業者に対して有する債権の額が当該金額に満たない場合は、当該債権の額）につき弁済を受ける。
② ①のほか、各銀行は、事業者に対して有する債権の額から①により当該銀行が弁済を受ける金額を減じた額に、所定の料率を乗じた金額につき弁済を受ける。

(2) (1)の事例は、デリバティブ取引による損失に係る債権の発生につき銀行に責任がないこと（すなわち、放棄により補てんされる損失（債務）が事故（39Ⅲ・業府令118①）によって生じた損失ではないこと）を前提としている。

そのため、(1)を踏まえれば、同様の債権放棄は、(1)(i)及び(ii)の条件を満たす限り、特定認証紛争解決手続によらなくても可能と考えられる。なお、「特定認証紛争解決手続」とは、認証紛争解決手続（ADR法2③）であって、

特定認証紛争解決事業者が事業再生に係る紛争について行うものをいい（産競法2⑯）、「特定認証紛争解決事業者」とは、認証紛争解決事業者（ADR法2④）であって、産競法51条1項の認定を受けたものをいう（産競法2⑮）。

(3) (1)の事例において、デリバティブ取引による損失に係る債権の発生につき銀行に責任がある場合（すなわち、放棄により補てんされる損失（＝事業者が負担したデリバティブ取引による損失に係る債務）が事故（39Ⅲ・業府令118①）によって生じた損失である場合）、登録金融機関である銀行は、(1)(i)及び(ii)の条件が満たされるか否かを問わず、事故の確認を受けることなく債権を放棄することができると考えられる。

業府令119条1項7号は、事故の確認をすることなく損失補てんをすることができる場合として、認証紛争解決事業者（ADR法2④）が行う認証紛争解決手続（同③）による和解が成立している場合を掲げているためである。

4　通常の業務の目的で行った金利スワップ取引によって顧客に生じた損失のうち、マイナス金利政策に基づいて生じたものを、顧客に負担させない場合

次の①及び②の取引につき、顧客が負の変動金利を受け取る（すなわち、当該変動金利の絶対値を支払う）こととなった場合に、金融商品取引業者等が当該金利の支払義務を免除することは、「補てん……するため」との目的を欠くものと考えられる（平成28年4月18日付「一般的な法令解釈に係る書面照会について」及びこれに対する同月22日付回答書参照）。

① 顧客は、金融商品取引業者等を含む複数の者との間で変動金利建の（諾成的）金銭消費貸借契約を締結し、これに基づき借入をする。この金銭消費貸借契約は、適用利率の値が負となった場合において、貸付人が顧客に対して利息の支払をする義務を負わない旨が定められている。

② 顧客は、①の金銭消費貸借契約の金利型を、実質的に変動金利から固定金利に変換することを目的として、金融商品取引業者等との間で、顧客を固定金利の支払人とし、金融商品取引業者等を変動金利の支払

人とする金利スワップ取引を行う。

取引の合成による金利型の変換の方法は、表2のとおりである。

[表2：取引の合成による金利型の変換の方法]

取引	利息の支払（⇒：変動金利　→：固定金利）
金銭消費貸借契約（①）	顧客　⇒　貸付人
金利スワップ取引（②）	金融商品取引業者等　⇒　顧客[*1] 金融商品取引業者等　←　顧客[*1]
合成後の取引（①＋②）	金融商品取引業者等　⇒　顧客　⇒　貸付人[*2] 金融商品取引業者等　←　顧客

[*1]：想定元本額は、金銭消費貸借契約の元本額と同額とする。
[*2]：金融商品取引業者等が顧客に支払う利息と、顧客が貸付人に支払う利息が同一となるので、顧客は、実質的に変動金利建の利息の支払（⇒）をしないこととなる。

5　事業ファンドの運用資産について、通常必要とされる管理又は処分を行う場合

(1)　いわゆる事業ファンド（有価証券又はデリバティブ取引に対する投資として運用される金銭その他の財産の割合が、常に50パーセント以下であるファンドをいう。）の運用行為は、投資助言・代理業（28Ⅲ）又は投資運用業（同Ⅳ）のいずれにも該当しない。

したがって、事業ファンドの運用者は、当該ファンドの運用行為につき、法38条の2第2号、法41条の2第5号又は法42条の2第6号の適用を受けることはない。

(2)　事業ファンドの運用者は、特例業務届出者（63Ⅴ）として同ファンドの出資持分につき取得勧誘を行った場合、法39条1項の適用を受ける。

もっとも、事業ファンドの出資者である顧客に損失が生じている場合であっても、事業ファンドの運用者が、同ファンドの運用によって同ファンドに利益を生じさせることは、通常必要とされる管理又は処分に留まる限り、「補てん……するため」の行為であるとは認められない。

6 顧客が参加した競技会において、入賞者となった顧客に対して賞品を提供する場合

顧客が参加した競技会において、入賞者となった顧客に対して賞品を提供する場合は、確実に顧客に対して賞品が提供されるわけではないことを根拠として、「補てん……するため」との要件を満たさないこととされる（損失補てん規制 Q&A 79 頁）。

したがって、(i)あらかじめ顧客を入賞者とすることが定められている場合、(ii)顧客以外の者は入賞を必ず辞退する場合等においては、「補てん……するため」との要件は、満たされる可能性がある。

Q39 補足……するため（39 Ⅰ①）とはなにか。

1 補足……するため

(1) 「補足……するため」（39 Ⅰ①）とは、有価証券売買取引等につき、当該有価証券等について、あらかじめ利益の額を定めた場合で、当該額の利益が生じないときに、あらかじめ定めた利益の額と現実に生じた利益の額との差額を埋め合わせようとする意思を有することをいう（損失補てん規制 Q&A 30 頁）。このような意思があるか否かは、客観的行為又は行為の状況から判断される（松尾 435 頁）。

(2) あらかじめ定めた利益の額と現実に生じた利益の額との差額を埋め合わせようとする意思は、他の目的と並存していても差し支えない（松尾 435 頁）。

例えば、損失又は利益のいずれが生ずるかを問わず、あらかじめ定めた利益の額を提供しようとする場合、補足の意思は、補てんの意思と並存することになるが、このような場合、「補足……するため」との要件は、満たされることになる。

(3) 埋め合わせようとする意思の対象となる利益の差額は、有価証券売買取引等につき、当該有価証券等について顧客に生じた利益の差額であることを要する。そのため、有価証券売買取引等と無関係の利益の差額のみを埋め合わせようとする意思を有することは、「補足……するため」の要件を満たさない（損失補てん規制 Q&A 31 頁）。

第 2 章　法 39 条 1 項の規制

2　補足……するために該当しない場合

あらかじめ定めた利益の額と現実に生じた利益の額との差額を埋め合わせようとする意思が否定される場合は、損失を埋め合わせようとする意思が否定される場合と同様である。 Q38

Q40　追加……するため（39 Ⅰ ② ・ ③）とはなにか。

1　追加……するため

(1)　「追加……するため」（39 Ⅰ ② ・ ③）とは、有価証券売買取引等につき、当該有価証券等について、あらかじめ利益の額を定めていない場合に、現実に生じた利益の額を増加させようとする意思を有することをいう（損失補てん規制 Q&A 30 頁）。このような意思があるか否かは、客観的行為又は行為の状況から判断される（松尾 435 頁）。

(2)　現実に生じた利益の額を増加させようとする意思は、他の目的と並存していても差し支えない（松尾 435 頁）。

(3)　増加させようとする意思の対象となる利益は、有価証券売買取引等につき、当該有価証券等について顧客に生じた利益であることを要する。そのため、有価証券売買取引等と無関係の利益のみを増加させようとする意思を有することは、「追加……するため」の要件を満たさない（損失補てん規制 Q&A 31 頁）。

2　追加……するために該当しない場合

現実に生じた利益の額を増加させようとする意思が否定される場合は、損失を埋め合わせようとする意思が否定される場合と同様である。 Q38

第3章　法39条2項の規制

❖ 第1節　規制の対象となる者

> **Q41**　法39条2項は、誰の行為を規制しているか。

1　行為を規制される者

法39条2項の規定により行為を規制される者は、次に掲げる者の顧客である。

- ①　金融商品取引業者等　**Q3**
- ②　特例業務届出者　**Q22**
- ③　信託会社、外国信託会社又は登録自己信託業者　**Q22〜25**
- ④　独立行政法人住宅金融支援機構
- ⑤　金融商品仲介業者　**Q21**

2　特例業務届出者、信託の受託者及び独立行政法人住宅金融支援機構の顧客

特例業務届出者は、適格機関投資家等特例業務を行う場合においては金融商品取引業者とみなされ（63 XI）、信託会社、外国信託会社又は登録自己信託業者（信託業法50条の2第1項の登録を受けた者）は、法65条の5第1項の規定により信託受益権の売買等を業として行う場合においては金融商品取引業者とみなされ（65の5 II）、独立行政法人住宅金融支援機構は、信託受益権の販売を行う場合においては金融商品取引業者とみなされることから（65の5 IV）、これらの場合における特例業務届出者、信託会社、外国信託会社、登録自己信託業者又は独立行政法人住宅金融支援機構の顧客は、それぞれ(i)損失補てん等の約束をすること、(ii)損失補てん等に係る財産上の利益を受けること及び(iii)第三者に(i)又は(ii)をさせることを、法39条2項によって規制される。

3　金融商品仲介業者の顧客

　金融商品仲介業者の顧客は、法66条の15において準用する法39条2項の規定によって、損失補てん等の約束及び損失補てん等に係る財産上の利益を受けることを規制される。

❖ 第2節　規制の対象となる行為

第1款　総　　論

Q42　法39条2項は、どのような行為を規制しているか。

1　規制される行為
(1)　法39条2項は、「金融商品取引業者等の顧客は、次に掲げる行為をしてはならない。」として、次の行為を掲げている。
　①　有価証券売買取引等につき、金融商品取引業者等又は第三者との間で、法39条1項1号の約束をし、又は第三者に当該約束をさせる行為（当該約束が自己がし、又は第三者にさせた要求による場合に限る。）(39Ⅱ①)
　②　有価証券売買取引等につき、金融商品取引業者等又は第三者との間で、法39条1項2号の約束をし、又は第三者に当該約束をさせる行為（当該約束が自己がし、又は第三者にさせた要求による場合に限る。）(39Ⅱ②)
　③　有価証券売買取引等につき、金融商品取引業者等又は第三者から、法39条1項3号の提供に係る財産上の利益を受け、又は第三者に当該財産上の利益を受けさせる行為（①又は②の約束による場合であって当該約束が自己がし、又は第三者にさせた要求によるとき及び当該財産上の利益の提供が自己がし、又は第三者にさせた要求による場合に限る。）(39Ⅱ③)

(2)　「財産上の利益を受け」るとは、法形式を問わず、財産上の利益が顧客又は第三者に実質的に帰属することをいう（コンメ(4)614頁〔行澤〕）。

　財産上の利益の提供（39Ⅰ①～③）は、財産上の利益を、顧客又は第三者

が利用し得る状態に置くことであるため、提供があれば、ただちに「財産上の利益を受け」たことになるわけではない。

2　事前の損失補てん等の約束

　法39条1項1号の約束は、有価証券売買取引等につき、当該有価証券等について顧客に損失が生ずることとなり、又はあらかじめ定めた額の利益が生じないこととなった場合には金融商品取引業者等又は第三者がその全部又は一部を補てんし、又は補足するため当該顧客又は第三者に財産上の利益を提供する旨の約束（事前の損失補てん等の約束）である。

　この約束は、金融商品取引業者等が顧客に対して有価証券売買取引等を行うよう勧誘するのに際して行われたものであっても、勧誘後に行われたものであっても良い（38の2②参照）。

3　事後の損失補てん等の約束

　法39条1項2号の約束は、有価証券売買取引等につき、金融商品取引業者等又は第三者が当該有価証券等について生じた顧客の損失の全部若しくは一部を補てんし、又はこれらについて生じた顧客の利益に追加するため当該顧客又は第三者に財産上の利益を提供する旨の約束（事後の損失補てん等の約束）である。

4　損失補てん等

(1)　法39条1項3号の提供は、有価証券売買取引等につき、当該有価証券等について生じた顧客の損失の全部若しくは一部を補てんし、又はこれらについて生じた顧客の利益に追加するため、当該顧客又は第三者に対し、金融商品取引業者等が行い、又は第三者に行わせる財産上の利益の提供である。

(2)　顧客に損失が生ずることとなり、又はあらかじめ定めた額の利益が生じないこととなる時点に先立って顧客に対して財産上の利益を提供する行為は、法39条1項3号の提供に該当しない。

第2款　要　　求

Q43　要求とはなにか。

1　要　　求

「要求」(39Ⅱ) とは、相手方に対して一定の行為を求めることをいい、具体的には、(i)損失補てん等を行う意思を金融商品取引業者等に生じさせようとする意思をもって、(ii)損失補てん等を行う意思を持つよう、金融商品取引業者等に対して伝えることをいう。

2　要求の当事者

(1)　要求をする者は、金融商品取引業者等の顧客又は金融商品取引業者等の顧客より働きかけを受けた第三者である。

(2)　要求の相手方は、法文上明らかでないが、金融商品取引業者等であると考えられる。法39条2項は、金融商品取引業者等による違法行為をその顧客が助長することを規制することを目的とする規定であるためである。

(3)　顧客より働きかけを受けていない第三者が、顧客に損失補てんするよう金融商品取引業者等に対して要求した場合であっても、この要求は、法39条2項各号の要求に該当しない（損失補てん規制Q&A 113頁）。

3　要求の方法

(1)　要求の方法は、限定されておらず、文書による方法又は口頭による方法であっても、これら以外の方法であっても差し支えない。

(2)　要求の表現方法は、限定されておらず、明示の方法であっても黙示の方法であっても良い。例えば、沈黙したままで、一般的に相手方に要求している旨が伝わるような行動又は態度をとることは、これらの行動又は態度が作為であるか不作為であるかを問わず、要求に該当する（本項目につき、松田64頁・損失補てん規制Q&A 41頁）。

第2編　有価証券売買取引等に関する損失補てん等の規制

> **Q44** 金融商品取引業者等の顧客が、要求をすることなく損失補てん等に係る財産上の利益を受ける行為は、法39条2項によって規制されるか。

1　要求をすることなく損失補てん等に係る財産上の利益を受ける行為

　金融商品取引業者等の顧客が、要求をすることなく損失補てん等に係る財産上の利益を受ける行為は、法39条2項によって規制されない。

　法39条2項は、金融商品取引業者等の顧客が、みずから金融商品取引業者等に要求すること又は第三者にこのような要求をさせることを、規制の要件としているためである。**Q42**

2　損失補てん等を目的として行われていることを知っている場合

　金融商品取引業者等の顧客が、要求をすることなく損失補てん等に係る財産上の利益を受ける行為は、財産上の利益の提供が損失補てん又は利益保証を目的として行われていることを金融商品取引業者等の顧客が認識している場合であっても、法39条2項によって規制されない（松田64頁）。

> **Q45** 金融商品取引業者等の顧客が、金融商品取引業者等に対して損失補てん等又はその約束を要求したものの、金融商品取引業者等がこれらの行為を行わない場合、このような要求は、法39条2項の規定に違反するか。

1　損失補てん等又はその約束が行われない場合

　金融商品取引業者等の顧客が、金融商品取引業者等に対して損失補てん等又はその約束を要求したものの、金融商品取引業者等がこれらの行為を行わない場合、このような要求は、法39条2項の規定に違反しない。

　法39条2項は、要求そのものを規制するものではなく、要求と因果関係のある損失補てん等の約束又は損失補てん等に係る財産上の利益を受ける行為を規制の対象としているためである（松田64頁）。

2　要求に基づかず損失補てん等又はその約束が行われる場合

　金融商品取引業者等の顧客が、みずから又は第三者をして金融商品取引業者等に対して要求をしたものの、金融商品取引業者等又は第三者が、要求にかかわりなく損失補てん等又はその約束をした場合、このような要求は、法39条2項の規定に違反しないものと考えられる。この場合、損失補てん等又はその約束は、金融商品取引業者等に対する要求との間に因果関係を有さないためである。

　例えば、次のような場合、②及び③は、いずれも法39条2項の規定に違反しない。

①　金融商品取引業者Xは、顧客Yの要求を受けずに、顧客Yに生じた損失を補てんする目的で、当該損失の一部に相当する額の金銭を顧客Yに対して提供した。

②　顧客Yは、①の金銭を受領した。

③　顧客Yは、金融商品取引業者Xに対して、損失のうち、①及び②によって補てんされていない部分も補てんするよう要求した。

④　金融商品取引業者Xは、③の要求に応じなかった。

第4章 事　　故

❖ 第1節 事　　故

> **Q46**　事故（39 Ⅲ）とはなにか。

1　事　　故

(1)　事故とは、金融商品取引業者等又はその役員若しくは使用人の違法又は不当な行為であって当該金融商品取引業者等とその顧客との間において争いの原因となるものとして内閣府令で定めるものをいう。

　「内閣府令で定めるもの」とは、業府令118条1号又は2号に定めるものをいう。

　事故は、過失によって行われることが明文によって定められているもの（業府令118①ハ・②イ）を除き、故意又は過失によって行われた行為であるか、無過失によって行われた行為であるかを問わない。

(2)　業府令118条1号に定める事故は、有価証券売買取引等（39 Ⅰ①）に係る事故である。法39条3項及び4項における事故は、有価証券売買取引等に係る事故であるから、業府令118条1号に定める事故であり、業府令118条2号に定める事故を含まない。

(3)　業府令118条2号に定める事故は、投資助言業務（28 Ⅵ）又は投資運用業（同Ⅳ）に係る事故である。法41条の2第5号及び42条の2第6号における事故は、投資助言業務又は投資運用業に係る事故であるから、業府令118条2号に定める事故であり、業府令118条1号に定める事故を含まない。

2　有価証券売買取引等（39 Ⅰ①）に係る事故

(1)　有価証券売買取引等（39 Ⅰ①）に係る事故は、有価証券売買取引等（有価証券等清算取次ぎを除く。）につき、金融商品取引業者等の代表者等が、当

第4章 事　　故

該金融商品取引業者等の業務に関し、次に掲げる行為を行うことにより顧客に損失を及ぼしたものである（業府令118①）。
① 顧客の注文の内容について確認しないで、当該顧客の計算により有価証券売買取引等（有価証券等清算取次ぎを除く。）を行うこと（同イ）。
② 次に掲げるものについて顧客を誤認させるような勧誘をすること（同ロ）。
　(i) 有価証券等の性質
　(ii) 取引の条件
　(iii) 金融商品の価格若しくはオプションの対価の額の騰貴若しくは下落
　(iv) 金融商品市場において、金融商品市場を開設する者の定める基準及び方法に従い行う指標先物取引（2 ⅩⅩⅡ②）（これに類似する外国市場デリバティブ取引を含む。）の約定数値又は現実数値の上昇又は低下
　(v) 金融商品市場及び外国金融商品市場によらないで行う指数先渡取引（2 ⅩⅫ②）の約定数値又は現実数値の上昇又は低下
　(vi) 金融商品市場において、金融商品市場を開設する者の定める基準及び方法に従い行うスワップ取引（2 ⅩⅫ④・④の2）に係る金融指標の上昇若しくは低下又は金融商品の価格の騰貴若しくは下落
　(vii) 金融商品市場及び外国金融商品市場によらないで行うスワップ取引（2 ⅩⅫ⑤）に係る金融指標の上昇若しくは低下又は金融商品の価格の騰貴若しくは下落
　(viii) クレジット・デリバティブ取引（2 ⅩⅪ⑤・ⅩⅫ⑥）のクレジット・イベントの発生の有無
③ 顧客の注文の執行において、過失により事務処理を誤ること（同ハ）。
④ 電子情報処理組織の異常により、顧客の注文の執行を誤ること（同ニ）。
⑤ その他法令に違反する行為を行うこと（同ホ）。
(2) 「代表者等」とは、代表者、代理人、使用人その他の従業者をいう（業府令118①）。
(3) クレジット・イベントは、法律上の語ではなく、クレジット・デリバティブ取引において保証（プロテクション）の売り手が保証の買い手に対し

て金銭を支払う原因となる事由の通称である。法令上クレジット・イベントとして想定されている事由は、次の事由である。
　①　法人の信用状態に係る事由（2 ㉟⑤イ・㉟⑥イ）
　②　法人でない者の信用状態に係る事由（令1の13）
　③　債務者の経営再建又は支援を図ることを目的として行われる金利の減免、利息の支払猶予、元本の返済猶予、債権放棄その他の債務者に有利となる取決め（令1の13・定義府令20）
　④　外国政府、外国の地方公共団体その他これらに準ずる者により実施される次に掲げるもの（令1の14②・定義府令21）
　　（ⅰ）　為替取引の制限又は禁止
　　（ⅱ）　私人の債務の支払の猶予又は免除について講ずる措置
　　（ⅲ）　その債務に係る債務不履行宣言
(4)　事故（業府令118①）は、「顧客に損失を及ぼしたもの」に限定されており、第三者に損失を及ぼしたものは、これに含まれない。
　法39条1項は、顧客の損失を補てんする目的で、顧客又は第三者に対して財産上の利益を提供することを規制しており、第三者の損失を補てんする目的で、第三者に対して財産上の利益を提供することは、同項において規制されていないためである。

3　投資助言業務（28 Ⅵ）又は投資運用業（同Ⅳ）に係る事故

(1)　投資助言業務（28 Ⅵ）又は投資運用業（同Ⅳ）に係る事故は、投資助言業務又は投資運用業に関し、次に掲げる行為を行うことにより顧客又は権利者に損失を及ぼしたものである（業府令118②）。
　①　過失又は電子情報処理組織の異常により事務処理を誤ること（同イ）。
　②　任務を怠ること（同ロ）。
　③　その他法令又は投資顧問契約若しくは法42条の3第1項各号に掲げる契約その他の法律行為に違反する行為を行うこと（同ハ）。
(2)　法42条の3第1項各号に掲げる契約その他の法律行為
　「法42条の3第1項各号に掲げる契約その他の法律行為」とは、次の契約その他の法律行為をいう。

① 法2条8項12号イ又はロに掲げる契約（42の3Ⅰ①）
② 法2条8項14号に規定する有価証券に表示される権利に係る契約（同②）
③ 法2条8項15号イからハまでに掲げる権利に係る契約その他の法律行為（同③）

(3) 法2条8項12号イ又はロに掲げる契約

法2条8項12号イに掲げる契約（42の3Ⅰ①）とは、資産の運用に係る委託契約（投信法188Ⅰ④）をいい、法2条8項12号ロに掲げる契約とは、投資一任契約をいう。

(4) 法2条8項14号に規定する有価証券に表示される権利に係る契約
① 法2条8項14号に規定する有価証券に表示される権利に係る契約（42の3Ⅰ②）とは、投資信託契約（投信法3・47Ⅰ）又は外国投資信託に係る類似の契約をいう。
② 「投資信託契約」（投信法3・47Ⅰ）は、委託者指図型投資信託の投資信託契約及び委託者非指図型投資信託の投資信託契約である。

「委託者指図型投資信託」とは、信託財産を委託者の指図に基づいて主として有価証券、不動産その他の特定資産（投信令3）に対する投資として運用することを目的とする信託であって、投信法に基づき設定され、かつ、その受益権を分割して複数の者に取得させることを目的とするものをいう（投信法2Ⅰ）。

「委託者非指図型投資信託」とは、一個の信託約款に基づいて、受託者が複数の委託者との間に締結する信託契約により受け入れた金銭を、合同して、委託者の指図に基づかず主として特定資産に対する投資として運用することを目的とする信託であって、投信法に基づき設定されるものをいう（投信法2Ⅱ）。
③ 「外国投資信託」とは、外国において外国の法令に基づいて設定された信託で、投資信託に類するものをいう（投信法2ⅩⅩⅣ）。

(5) 法2条8項15号イからハまでに掲げる権利に係る契約

法2条8項15号イからハまでに掲げる権利に係る契約その他の法律行為（42の3Ⅰ③）とは、次の契約その他の法律行為をいう。
① 受益証券発行信託（信託法185Ⅲ）の信託契約（2Ⅰ⑭・Ⅷ⑮イ）

② 外国証券で受益証券発行信託の受益証券の性質を有するものに係る①類似の契約（2Ⅰ⑰・Ⅷ⑮イ）
③ 一般信託受益権に係る信託契約（2Ⅱ①・Ⅷ⑮ロ）
④ 外国一般信託受益権に係る契約（2Ⅱ②・Ⅷ⑮ロ）
⑤ 集団投資スキーム持分に係る契約その他の法律行為（2Ⅱ⑤・Ⅷ⑮ハ）
⑥ 外国集団投資スキーム持分に係る契約その他の法律行為（2Ⅱ⑥・Ⅷ⑮ハ）

(6) 事故（業府令118②）は、「顧客又は権利者に損失を及ぼしたもの」に限定されており、第三者に損失を及ぼしたものは、これに含まれない。

　法41条の2第5号及び法42条の2第6号は、顧客又は権利者の損失を補てんする目的で、顧客若しくは第三者又は権利者若しくは第三者に対して財産上の利益を提供することを規制しており、第三者の損失を補てんする目的で、第三者に対して財産上の利益を提供することは、これらの各規定において規制されていないためである（Q&A 436頁54）。

> **Q47** 業府令118条1号及び2号の規定は、それぞれどのような金融商品取引業者等に適用されるか。

1　業府令118条1号と2号との関係

(1) 業府令118条1号は、有価証券売買取引等（39Ⅰ①）に関する事故を定めており、業府令118条2号は、投資助言業務（28Ⅵ）又は投資運用業（同Ⅳ）に関する事故を定めている（Q&A 436頁52）。

(2) 法39条は、有価証券売買取引等に関する損失補てん等を規制するものであるため、法39条3項及び4項における事故は、業府令118条1号に定めるものであり、同条2号に定めるものを含まない。

(3) 投資助言業務に関する損失補てん等の規制（41の2⑤）及び投資運用業に関する損失補てん等の規制（42の2⑥）における事故は、業府令118条2号に定めるものであり、同条1号に定めるものを含まない。

2　業府令118条1号が適用される金融商品取引業者等

　業府令118条1号は、有価証券売買取引等（39Ⅰ①）に関する事故を定

第 4 章 事　　故

めるものであるため、第一種金融商品取引業（28Ⅰ）又は第二種金融商品取引業（同Ⅱ）を行う金融商品取引業者等（34）に適用され、これらのいずれも行わない金融商品取引業者等（すなわち、投資助言・代理業（28Ⅲ）又は投資運用業（同Ⅳ）のみを行う金融商品取引業者等）には適用されない（Q&A 436 頁 53）。 Q4・5

3　業府令 118 条 2 号が適用される金融商品取引業者等

業府令 118 条 2 号は、投資助言業務（28Ⅵ）又は投資運用業（同Ⅳ）に関する事故を定めるものであるため、これらのいずれかを行う金融商品取引業者等に適用され、これらのいずれも行わない金融商品取引業者等には適用されない（Q&A 436 頁 53）。 Q6・7

> **Q48**　顧客の注文の内容について確認しないで、当該顧客の計算により有価証券売買取引等を行うこと（業府令 118 ①イ）とはなにか。

1　顧客の注文の内容について確認しないで、当該顧客の計算により有価証券売買取引等を行うこと

「顧客の注文の内容について確認しないで、当該顧客の計算により有価証券売買取引等を行うこと」（業府令 118 ①イ）とは、顧客から注文を受けるにあたり、売買の別、銘柄、数量又は価格といった、有価証券売買取引等において重要な要素となる項目について、確認せず、又は不十分な確認をした上、当該顧客を損益の帰属先として当該顧客の本来の注文内容とは異なる有価証券売買取引等を行うことをいう（損失補てん規制 Q&A 49 頁）。

2　いわゆる無断売買との関係

(1)　いわゆる無断売買（＝顧客の同意を得ずに、当該顧客の計算により有価証券売買取引等を行うこと）は、原則として「顧客の注文の内容について確認しないで、当該顧客の計算により有価証券売買取引等を行うこと」に該当しない。

無断売買による損失は、顧客が追認した場合を除き、原則として顧客に帰属しないためである。

(2) 証券会社の従業員が、顧客の注文がないのに顧客の取引口座を利用して株式等の無断売買をする等した事例につき、最判平成4年2月28日裁判集民164号113頁は、「証券会社の従業員が顧客の注文に基づかずに顧客の信用取引口座を利用して有価証券の売買をし、その結果生じた手数料、利息、売買差損などに相当する金員を顧客の信用取引口座から引き落とす旨の会計上の処理がされたとしても、右無断売買の効果は顧客に帰属せず、右処理は顧客が証券会社に対して有する委託証拠金、売買差益金などの返還請求権に何らの影響を及ぼすものではないから、顧客に右金員相当の損害が生じたものということはできない。」としている。

Q49 顧客を誤認させるような勧誘をすること（業府令118①ロ）とはなにか。

1 誤認させるような勧誘

(1) 「誤認させるような勧誘」（業府令118①ロ）とは、真実であるが顧客が他の意味に解するような表現を用いた勧誘をいう。

「誤解を生ぜしめるべき表示」（業府令117Ⅰ②）に該当するか否かは、一般人が他の意味に解するような表示であるか否かによって判断されるが（コンメ(2)303頁〔梅本・野崎〕）、「誤認させるような」に該当するか否かは、顧客の知識、投資経験等に照らして顧客が他の意味に解するような表現か否かによって判断される（逐条577頁）。

(2) 業府令118条1項1号ロは、金融商品取引業者等の代表者、代理人、使用人その他の従業者が、次のいずれかについて顧客に誤認させるような勧誘をすることにより顧客に損失を及ぼすことを、事故（39Ⅲ）の一類型としている。

① 有価証券等の性質
② 取引の条件
③ 金融商品の価格若しくはオプションの対価の額の騰貴若しくは下落等

2　有価証券等の性質

(1)　「有価証券等（法39条1項1号に規定する有価証券等をいう。）の性質」について顧客を誤認させるような勧誘をすること（業府令118①ロ(1)）とは、有価証券又はデリバティブ取引の性質について顧客を誤認させるような勧誘をすることをいう。条文の整理上、ここでいう「性質」は、有価証券等に内在する条件以外の取引条件（同(2)）及び有価証券等の価格変動（同(3)）を含まないことになる。

(2)　例えば、次のような行為は、有価証券の性質について顧客を誤認させるような勧誘をすることに該当する（損失補てん規制Q&A 50頁）。

① 　新株予約権の行使をしなければ株式を取得することができない旨を顧客に説明せず、ワラント（＝新株予約権付社債）を呆有し続けるだけで利益が得られるとの誤解を生ずるような説明をして、ワラントの取得勧誘をすること。

② 　元本が保証されていない旨を記載した資料を交付せず、一定の利回りが保証されているとの誤解を生ずるような説明をして、元本が保証されていない受益証券（投信法2Ⅶ）又は投資証券（同XV）の取得勧誘をすること。

また、行政処分事例における「金融商品取引契約の締結又はその勧誘に関して……重要な事項につき誤解を生ぜしめるべき表示をする行為」（業府令117Ⅰ②）の認定の状況に照らすと、次のような行為は、有価証券の性質について顧客を誤認させるような勧誘をすることに該当するものと考えられる。

③ 　転売制限が付されている旨を顧客に対して説明せず、任意の方法によって少人数私募債を売却することができるとの誤解を生ずるような説明をして、転売制限が付された少人数私募債の取得勧誘をすること。

④ 　調達コスト（＝利率及び販売手数料の料率）の高さが発行者の財務状態又は支払能力に及ぼす影響を一切顧客に説明せず、利息の支払期限及び償還の期限において約定どおりの利息の支払及び償還を確実に受けることができるとの誤解を生ずるような説明をして、資金調達コストが発行者の支払能力に対して著しく高い社債の取得勧誘をすること。

⑤ 　発行者が支払停止、支払不能又は債務超過の状態にある旨を顧客に

説明せず、利息の支払期限及び償還の期限において約定どおりの利息の支払及び償還を確実に受けることができるとの誤解を生ずるような説明をして、支払停止、支払不能又は債務超過の状態にある会社が発行者である社債の取得勧誘をすること。
⑥　発行者が負担する負債の額と発行者が受け入れた出資の額との関係を顧客に説明せず、利息の支払及び償還が出資金によってすべて担保されているとの誤解を生ずるような説明をして、負担する負債の額に対して著しく少額の出資しか受け入れていない会社が発行者である社債の取得勧誘をすること。

3　取引の条件

(1)　「取引の条件」について顧客を誤認させるような勧誘をすること（業府令118①ロ(2)）とは、有価証券又はデリバティブ取引の性質以外の取引の条件について顧客を誤認させるような勧誘をすることをいう。
(2)　例えば、次のような行為は、取引の条件について顧客を誤認させるような勧誘をすることに該当する（損失補てん規制Q&A 50頁参照）。
　①　貸株料（＝金融商品取引業者がみずから保有する株式を顧客に対して貸し付ける場合に、顧客が金融商品取引業者に対して支払う手数料）又は逆日歩（＝金融商品取引業者が第三者から借り入れた株式を顧客に対して貸し付ける場合に、金融商品取引業者が第三者に対して支払う借入の手数料）を負担しなければならない場合があることを顧客に説明せず、これらを負担せずに売建玉（＝信用売りをして返済買いをしていない状態）を維持することができるとの誤解を生ずるような説明をして、株式の信用売りを勧誘すること。
　②　金融商品取引業者の内部規程等によって指値注文の有効期間が定められている場合に、このような規程があることを顧客に説明せず、指値注文が無期限に有効であるとの誤解を生ずるような説明をして、株式の指値注文を勧誘すること。

4　金融商品の価格若しくはオプションの対価の額の騰貴若しくは下落等

(1)　「金融商品の価格若しくはオプションの対価の額の騰貴若しくは下落、

法2条21項2号に掲げる取引（これに類似する外国市場デリバティブ取引を含む。）若しくは同条22項2号に掲げる取引の約定数値若しくは現実数値の上昇若しくは低下、同条21項4号若しくは4号の2若しくは同条22項5号に掲げる取引の当該取引に係る金融指標の上昇若しくは低下若しくは金融商品の価格の騰貴若しくは下落又は同条21項5号若しくは同条22項6号に掲げる取引の同条21項5号イ若しくはロ若しくは同条22項6号イ若しくはロに掲げる事由の発生の有無」について顧客を誤認させるような勧誘をすること（業府令118①ロ(3)）とは、次の事項について顧客を誤認させるような勧誘をすることをいう。

① 金融商品の価格若しくはオプションの対価の額の騰貴若しくは下落
② 金融商品市場において、金融商品市場を開設する者の定める基準及び方法に従い行う指標先物取引（2 ⅩⅪ②）（これに類似する外国市場デリバティブ取引を含む。）の約定数値又は現実数値の上昇又は低下
③ 金融商品市場及び外国金融商品市場によらないで行う指数先渡取引（2 ⅩⅫ②）の約定数値又は現実数値の上昇又は低下
④ 金融商品市場において、金融商品市場を開設する者の定める基準及び方法に従い行うスワップ取引（2 ⅩⅪ④・④の2）に係る金融指標の上昇若しくは低下又は金融商品の価格の騰貴若しくは下落
⑤ 金融商品市場及び外国金融商品市場によらないで行うスワップ取引（2 ⅩⅫ⑤）に係る金融指標の上昇若しくは低下又は金融商品の価格の騰貴若しくは下落
⑥ クレジット・デリバティブ取引（2 ⅩⅪ⑤・ⅩⅫ⑥）のクレジット・イベントの発生の有無

(2) 例えば、株価上昇の原因となる情報が、真偽が明らかでない噂話等である場合に、この情報の真偽が明らかでない旨を顧客に説明せず、この情報が真実であるとの誤解を生ずるような説明をして、株式の買い注文を勧誘することは、「金融商品の価格……の騰貴」について顧客を誤認させるような勧誘をすることに該当する。

これに対し、株価上昇の原因となる情報が、真偽が明らかでない噂話等である場合に、この情報を元に「値下がりしません」「値上がり確実です」といった説明をして、株式の買い注文を勧誘することは、顧客を誤認さ

る行為ではなく、「顧客に対し、不確実な事項について断定的判断を提供し……金融商品取引契約の締結の勧誘をする行為」(38②)であるから、「その他法令に違反する行為を行うこと。」(業府令118①ホ)に該当する(このような行為が「金融商品の価格……の騰貴」について顧客を誤認させるような勧誘をすることに該当するとするものとして、損失補てん規制 Q&A 51 頁)。

> **Q50** 顧客の注文の執行において、過失により事務処理を誤ること(業府令118①ハ)とはなにか。

1 顧客の注文の執行において、過失により事務処理を誤ること

(1) 「顧客の注文の執行において、過失により事務処理を誤ること」(業府令118①ハ)とは、金融商品取引業者等の代表者等が、顧客の注文を受けてからこれを執行するまでの間に過失によって事務処理を誤り、顧客の期待に沿わない取引を執行することをいう(損失補てん規制 Q&A 52 頁)。

(2) 「顧客の注文の執行において」とは、金融商品取引業者等が顧客から注文を受けてからこれを執行するまでの間に、という意味である(逐条577頁)。

2 故意に顧客の注文と異なる取引を執行する場合

(1) 金融商品取引業者等の代表者等が、顧客の注文を受けてからこれを執行するまでの間に故意に顧客の期待に沿わない取引を執行することは、顧客の注文を執行しない点において「金融商品取引契約に基づく金融商品取引行為を行うことその他の当該金融商品取引契約に基づく債務の全部又は一部の履行を拒否し、又は不当に遅延させる行為」(業府令117Ⅰ⑤)に該当し、顧客の期待に沿わない取引を執行する点において「あらかじめ顧客の同意を得ずに、当該顧客の計算により有価証券の売買その他の取引又はデリバティブ取引等(有価証券等清算取次ぎを除く。)をする行為」(業府令117Ⅰ⑪)に該当するものであり、「顧客の注文の執行において、過失により事務処理を誤ること」には該当しないものと考えられる。

(2) 金融商品取引業者等の代表者等が、顧客の注文を受けてからこれを執行するまでの間に故意に顧客の期待に沿わない取引を執行する行為が、い

わゆる無断売買に該当する場合、この取引による損失は、顧客が追認した場合を除き、原則として顧客に帰属しないこととなる。 Q48

> **Q51** 電子情報処理組織の異常により、顧客の注文の執行を誤ること（業府令118①ニ）とはなにか。

1 電子情報処理組織の異常により、顧客の注文の執行を誤ること

(1) 「電子情報処理組織の異常により、顧客の注文の執行を誤ること」（業府令118①ニ）とは、金融商品取引業者等の代表者等が、顧客の注文を執行する際に、電子情報処理組織の異常により顧客の期待に沿わない取引を執行することをいう（逐条577頁）。

(2) 「電子情報処理組織」は、明文によって定義されていないが、ハードウェア、ソフトウェア、個別のプログラム及び通信回線等を含むコンピューターシステムをいうとされている（平成14年8月21日金融庁「証券会社の行為規制等に関する内閣府令等の一部を改正する内閣府令（案）に対するパブリックコメントの結果について」）。

(3) 電子情報処理組織に生じた異常は、業府令117条1項5号及び11号との関係から、金融商品取引業者等の代表者等の故意又は過失によらずに生じたものである必要があると考えられる。

(4) 例えば、外的要因より通信回線に障害が生じ、注文の執行が通常行われるべき速度で行われないこと、プログラムの設計上の誤りにより誤発注が生じることは、いずれも「電子情報処理組織の異常により、顧客の注文の執行を誤ること」に含まれる（同上）。

2 故意又は過失により電子情報処理組織に異常が生じた場合

(1) 金融商品取引業者等の代表者等の故意により電子情報処理組織に異常が生じ、これにより顧客の注文の執行を誤ることは、「金融商品取引契約に基づく金融商品取引行為を行うことその他の当該金融商品取引契約に基づく債務の全部又は一部の履行を拒否し、又は不当に遅延させる行為」（業府令117Ⅰ⑤）又は「あらかじめ顧客の同意を得ずに、当該顧客の計算により有価証券の売買その他の取引又はデリバティブ取引等（有価証券等清算取次

ぎを除く。)をする行為」(業府令117Ⅰ⑪)に該当するものであり、「電子情報処理組織の異常により、顧客の注文の執行を誤ること」(業府令118①ニ)に該当しないものと考えられる。

(2) 金融商品取引業者等の代表者等の過失により電子情報処理組織に異常が生じ、これにより顧客の注文の執行を誤ることは、「顧客の注文の執行において、過失により事務処理を誤ること」(業府令118①ハ)に該当するものであり、「電子情報処理組織の異常により、顧客の注文の執行を誤ること」(業府令118①ニ)に該当しないものと考えられる。 **Q50**

Q52 その他法令に違反する行為を行うこと(業府令118①ホ)とはなにか。

1 その他法令に違反する行為を行うこと

(1) 「その他法令に違反する行為を行うこと」(業府令118①ホ)とは、法令に違反する行為のうち業府令118条1号イからニに掲げるものを除くものを行うことをいう。

(2) 「法令」は、法令全般をいい、金融商品取引に関連する法令に限られない。また、「法令」は、公法と私法の双方を含み、その違反につき罰則が設けられているか否かを問わない。

したがって、「法令に違反する行為」は、顧客に損失をおよぼすような法令違反行為の全般を含むことになる(Q&A 403頁5)。

(3) 例えば、次の行為は、いずれも「法令に違反する行為」に該当する(本項目につき、損失補てん規制Q&A 53頁)。

① 顧客を欺いて財物を交付させる行為(刑246Ⅰ)
② 自己の占有する顧客の物を横領する行為(刑252Ⅰ)
③ 善良な管理者の注意をもって、委任事務を処理する義務(民644)を怠る行為
④ 契約上の義務を怠る行為

2 法令に違反する行為に該当しない行為

(1) 損失補てん等、その申込み及び約束並びに損失補てん等に係る財産上の利益を受けることを規制する法39条の目的から、「法令に違反する行為」

第4章 事　故

は、次の行為を含まないものと考えられている（①から④までにつき、損失補てん規制Q&A 54頁）。
① 事前に損失補てん等の申込み又は約束をすること（39Ⅰ①）。
② 事後に損失補てん等の申込み又は約束をすること（同②）。
③ 事前に損失補てん等に係る財産上の利益を受ける旨の約束をすること（39Ⅱ①）。
④ 事後に損失補てん等に係る財産上の利益を受ける旨の約束をすること（同②）。
⑤ 損失補てん等をすること（39Ⅰ③）。
⑥ 損失補てん等に係る財産上の利益を受けること（39Ⅱ③）。
⑦ 損失補てん等の約束（適法なものを除く。）を履行しないこと。

(2) ⑦に関連して、最判平成15年4月18日民集57巻4号366頁（利回りを保証する契約が旧証券取引法によって規制される前の時点で締結され、これが規制された後の時点で顧客が証券会社に対して契約の履行を求めたところ、証券会社これを履行しなかった事例）は、「（旧）証券取引法42条の2第3項は、利益提供が……事故による損失の全部又は一部を補てんするために行われる場合には同条1項の規定を適用しないとするが、法において規制した損失保証等を内容とする契約の不履行が法令に違反する行為として規制解除の事由になるというのは背理であるから（同契約の）……不履行が……事故に該当しないことは明らかである。」とする。

なお、同判例は、利回りを保証する契約の有効性については、「法律行為が公序に反することを目的とするものであるとして無効になるかどうかは、法律行為がされた時点の公序に照らして判断すべきである。」とし、これが締結された時点において「公序に反し無効であると解することはできない……」ため、有効であったとしている。

Q53 過失又は電子情報処理組織の異常により事務処理を誤ること（業府令118②イ）とはなにか。

1　過失又は電子情報処理組織の異常により事務処理を誤ること

(1) 「過失又は電子情報処理組織の異常により事務処理を誤ること」（業府

令118②イ）とは、金融商品取引業者等の代表者等が、過失により事務処理を誤ること及び過失によらない電子情報処理組織の異常により事務処理を誤ることをいう。

(2) 事務処理を誤る時期は、顧客の注文を受けてからこれを執行するまでの間であることを要しない（業府令118①ハとの対比）。 Q50

(3) 誤る対象となる事務処理は、顧客の注文の執行に限定されない（業府令118①ハ・ニとの対比）。

2 故意に事務処理を誤る場合

金融商品取引業者等の代表者等が、投資助言業務又は投資運用業に関し、故意に事務処理を誤ること及び故意に電子情報処理組織に異常を生じさせて事務処理を誤ることは、「金融商品取引契約に基づく金融商品取引行為を行うことその他の当該金融商品取引契約に基づく債務の全部又は一部の履行を拒否し、又は不当に遅延させる行為」（業府令117Ⅰ⑤）に該当するため、「任務を怠ること」（業府令118②ロ）又は「その他法令又は投資顧問契約若しくは法42条の3第1項各号に掲げる契約その他の法律行為に違反する行為を行うこと」（同ハ）に該当するが、「過失又は電子情報処理組織の異常により事務処理を誤ること」には該当しないものと考えられる。
Q54・55

3 過失により電子情報処理組織の異常を生じさせる場合

金融商品取引業者等の代表者等の過失により電子情報処理組織に異常が生じ、これにより顧客の注文の執行を誤ることは、「過失により事務処理を誤ること」に該当し、「電子情報処理組織の異常により事務処理を誤ること」には該当しないものと考えられる。

Q54 任務を怠ること（業府令118②ロ）とはなにか。

1 任務を怠ること

(1) 「任務を怠ること」（業府令118②ロ）とは、金融商品取引業者等が履行すべき義務を履行しないことをいう。

第4章　事　故

(2)　金融商品取引業者等が履行すべき義務の根拠は、法令又は法律行為に限定されない。
(3)　「怠る」との文言から、「任務を怠ること」は、金融商品取引業者等がその責によらない事由により履行すべき義務を履行しないこと及び正当な理由により履行すべき義務を履行しないことをいずれも含まないものと考えられる。

2　任務を怠ることの例

　例えば、金融商品取引業者等が、顧客の指示に基づいて行為を行う義務を負う場合に、正当な理由がないのに顧客の指示に従わないことは、「その他法令又は投資顧問契約若しくは法42条の3第1項各号に掲げる契約その他の法律行為に違反する行為を行うこと」（業府令118②ハ）には該当せず、「任務を怠ること」に該当する（Q&A 437頁56）。**Q55**

> **Q55**　その他法令又は投資顧問契約若しくは法42条の3第1項各号に掲げる契約その他の法律行為に違反する行為を行うこと（業府令118②ハ）とはなにか。

1　その他法令又は投資顧問契約若しくは法42条の3第1項各号に掲げる契約その他の法律行為に違反する行為を行うこと

(1)　その他法令……に違反する行為
　① 「その他法令……に違反する行為」とは、法令に違反する行為のうち業府令118条2号イ又はロに掲げるものを除くものを行うことをいう。
　② 「法令」は、法令全般をいい、金融商品取引に関連する法令に限られない（損失補てん規制Q&A 53頁参照）。したがって、「法令……に違反する行為」は、顧客又は権利者に損失をおよぼすような法令違反行為の全般を含むことになる（Q&A 403頁5）。
　③ 「任務を怠ること」（業府令118②ロ）及び「投資顧問契約若しくは法42条の3第1項各号に掲げる契約その他の法律行為に違反する行為」（同ハ）が別途定められていることから、「その他法令……に違反する

101

行為」(業府令118②ハ)は、「法令に違反する行為」(同①ホ)と異なり、次のような行為を含まないものと考えられる。
 (i) 善良な管理者の注意をもって、委任事務を処理する義務(民644)を怠る行為
 (ii) 契約上の義務を怠る行為

(2) 投資顧問契約若しくは法42条の3第1項各号に掲げる契約
 ① 投資顧問契約とは、法2条8項11号に規定する投資顧問契約をいう。
 ② 法42条の3第1項各号に掲げる契約は、(i)資産の運用に係る委任契約(投信法188Ⅰ④)又は投資一任契約(42の3Ⅰ①・2Ⅷ⑫)、(ii)投資信託契約(投信法3・47Ⅰ)又は外国投資信託に係る類似の契約(42の3Ⅰ②)及び(iii)信託契約等(42の3Ⅰ③)である。Q46

2 約款に違反する行為

　投資顧問契約、法42条の3第1項各号に掲げる契約その他の法律行為が約款を使用する契約である場合、この約款に違反する行為は、「その他法令又は投資顧問契約若しくは法42条の3第1項各号に掲げる契約その他の法律行為に違反する行為」に該当する(Q&A 437頁55)。
　契約の当事者は、双方が約款によらない旨の意思を表示せずに契約したときは、反証がない限り、約款による意思をもって契約したものと推定されるためである(普通保険約款につき、大判大正4年12月24日民録21輯2182頁)。

3 口頭による指図

　投資助言業務(28Ⅵ)の顧客又は投資運用業(同Ⅳ)の権利者が、金融商品取引業者等に対して、口頭(電話等音声によるもの一般を含む。)による指図をした場合で、指図を受けた金融商品取引業者等が当該指図に従わないことは、「法42条の3第1項各号に掲げる契約その他の法律行為に違反する行為」に該当しない。
　「法42条の3第1項各号に掲げる契約その他の法律行為」(業府令118②

ハ）は、投資一任契約、投資信託契約（投資信託約款）等を想定したものであり、顧客又は権利者の口頭による指図を想定したものではないためである（Q&A 437 頁 56）。

このような指図に違反する行為は、「任務を怠ること」（業府令 118 ②ロ）に該当する可能性がある。 Q54

❖ 第 2 節　事故の確認等

> **Q56** 事故による損失の補てんは、法 39 条 1 項又は 2 項の適用を受けるか。

1　法 39 条 1 項各号の行為

(1)　次の①から③までに掲げる行為のうち、①の行為は、事故による損失の全部又は一部を補てんするために行うものである場合には、法 39 条 1 項の適用を受けない（39 Ⅲ）。

②及び③の行為は、事故による損失の全部又は一部を補てんするために行うものである場合で、補てんに係る損失が事故に起因するものであることにつき、金融商品取引業者等があらかじめ内閣総理大臣の確認を受けている場合（39 Ⅲ・Ⅴ）又は事故の確認を要しない場合（業府令 119 Ⅰ）には、法 39 条 1 項の適用を受けない（39 Ⅲ）。

①　有価証券売買取引等につき、当該有価証券等について顧客に損失が生ずることとなった場合には自己又は第三者がその全部又は一部を補てんするため当該顧客又は第三者に財産上の利益を提供する旨を、当該顧客又はその指定した者に対し、申し込み、若しくは約束し、又は第三者に申し込ませ、若しくは約束させる行為

②　有価証券売買取引等につき、自己又は第三者が当該有価証券等について生じた顧客の損失の全部若しくは一部を補てんするため当該顧客又は第三者に財産上の利益を提供する旨を、当該顧客又はその指定した者に対し、申し込み、若しくは約束し、又は第三者に申し込ませ、若しくは約束させる行為

③　有価証券売買取引等につき、当該有価証券等について生じた顧客の損失の全部若しくは一部を補てんするため、当該顧客又は第三者に対

し、財産上の利益を提供し、又は第三者に提供させる行為

　すなわち、事前の損失補てんの申込み及び約束（39ⅠⒶ）は、事故による損失の補てんを目的とするものであれば無条件に行うことができ、事後の損失補てんの申込み及び約束（同②）並びに損失補てんは、事故による損失の補てんを目的とし、かつ、内閣総理大臣の確認を受けている場合（39Ⅲ・Ⅴ）又は事故の確認を要しない場合（業府令119Ⅰ）において行うことができる。

⑵　内閣総理大臣の確認を受けている場合（39Ⅲ・Ⅴ）又は事故の確認を要しない場合（業府令119Ⅰ）において行うことができる行為は、事故による損失の「補てん」であり、利益の補足又は追加は、いずれも行うことができない。

　内閣総理大臣の確認を受けている場合（39Ⅲ・Ⅴ）及び事故の確認を要しない場合（業府令119Ⅰ）の例外規定は、損害賠償を可能にすることを目的とする規定であるためである（逐条579頁）。

⑶　事故が生じた場合で、顧客に生じた利益の額が、事故がない場合に生じるべきであった利益の額を下回るときは、顧客は、これらの利益の額の差額につき「損失」を被っていることから、当該金額につき利益を追加するためにこれらの行為を行うことは、「事故による損失の全部又は一部を補てんするために行うもの」に該当する（平成19年7月指摘事項38頁参照）。このような行為は、逸失利益の「追加」であるものの、生じないこととなった利益の「補てん」として取り扱われることになる。

2　法39条2項各号の行為

　次の①から③までに掲げる行為のうち、①及び②の約束は、事故による損失の全部又は一部を補てんする旨の約束である場合には、顧客又は第三者による要求に基づくものであっても法39条2項の適用を受けない（39Ⅳ）。

　③の財産上の利益を受ける行為は、事故による損失の全部又は一部を補てんするため提供されたものである場合には、顧客又は第三者による要求に基づくものであっても法39条2項の適用を受けない（39Ⅳ）。

①　有価証券売買取引等につき、金融商品取引業者等又は第三者との間

で、法39条1項1号の約束をし、又は第三者に当該約束をさせる行為
② 有価証券売買取引等につき、金融商品取引業者等又は第三者との間で、法39条1項2号の約束をし、又は第三者に当該約束をさせる行為
③ 有価証券売買取引等につき、金融商品取引業者等又は第三者から、法39条1項3号の提供に係る財産上の利益を受け、又は第三者に当該財産上の利益を受けさせる行為

すなわち、事前の損失補てんの約束（39Ⅱ①）、事後の損失補てんの約束（同②）及び損失補てんに係る財産上の利益を受けることは、事故による損失の補てんを目的とするものであれば無条件に行うことができる。内閣総理大臣の確認を受けている場合（39Ⅲ・Ⅴ）又は事故の確認を要しない場合（業府令119Ⅰ）に該当することは、いずれも必要ない。

Q57 事故の確認は、どのように行われるか。

1 事故の確認の手続

(1) 事故の確認は、原則として次の方法によって行う（39Ⅲ・業府令120）。
① 金融商品取引業者等は、確認申請書（及びその添付書類）を作成する。
② 金融商品取引業者等は、確認申請書（及びその添付書類）を財務局長に提出する。**Q58・59**
③ 財務局長等は、確認申請書（及びその添付書類）に基づき、事故を確認する。
④ 財務局長等は、金融商品取引業者等に対し確認の結果を通知する。

(2) 確認申請書及び添付書類は、現実に提出する必要があり、これらの書面に記載すべき事項を金融商品取引業者等の社内で記録及び保存する方法をもって提出に代えることは認められない（Q&A 411頁36）。

(3) 事故の確認に係る標準処理期間は、次に掲げる期間を除き、確認に関する申請が事務所に到達した日から1ヶ月間である（業府令329）。
① 当該申請を補正するために要する期間
② 当該申請をした者が当該申請の内容を変更するために要する期間
③ 当該申請をした者が当該申請に係る審査に必要と認められる資料を追加するために要する期間

2　確認を受けようとする者が一般社団法人金融先物業協会の会員である場合

　一般社団法人金融先物業協会の会員が、金融先物取引業（金先協定款2の2⑤）に係る事故につき確認を申請する場合、事故の確認は、次の方法によって行う（39Ⅲ・業府令120・金先協事故確認規則2・4～6）。

　① 　金融商品取引業者等は、確認申請書（及びその添付書類）を作成する。
　② 　金融商品取引業者等は、確認申請書（及びその添付書類）を一般社団法人金融先物業協会に提出する。
　③ 　一般社団法人金融先物業協会は、確認申請書（及びその添付書類）に基づき、確認申請書に記載された行為の内容が事故に該当するものであるか否かを審査する。
　④ 　一般社団法人金融先物業協会は、③の審査の結果、確認申請書に記載された行為の内容が事故に該当するものであると認めたときは、確認申請書（及びその添付書類）を財務局長等に提出する。
　⑤ 　財務局長等は、確認申請書（及びその添付書類）に基づき、事故を確認する。
　⑥ 　財務局長等は、一般社団法人金融先物業協会に対し確認の結果を通知する。
　⑦ 　一般社団法人金融先物業協会は、金融商品取引業者等に対し確認の結果を通知する。

3　確認を受けようとする者が日本証券業協会の会員である場合

　日本証券業協会の会員が、有価証券の売買その他の取引等（日証協定款3⑧）に係る事故につき確認を申請する場合、事故の確認は、次の方法によって行う（39Ⅲ・業府令120・日証協事故確認規則4～7）。

　① 　金融商品取引業者等は、確認申請書（及びその添付書類）を作成する。
　② 　金融商品取引業者等は、確認申請書（及びその添付書類）を日本証券業協会に提出する。
　③ 　日本証券業協会は、確認申請書（及びその添付書類）に基づき、確認申請書に記載された行為の内容が事故に該当するものであるか否かを審査する。

第 4 章 事　　故

④　日本証券業協会は、③の審査の結果、確認申請書に記載された行為の内容が事故に該当するものであると認めたときは、確認申請書を財務局長等に提出する。
⑤　財務局長等は、確認申請書に基づき、事故を確認する。
⑥　財務局長等は、日本証券業協会に対し確認の結果を通知する。
⑦　日本証券業協会は、金融商品取引業者等に対し確認の結果を通知する。

Q58　確認申請は、誰が行うか。

1　確認申請を行う者

(1)　確認申請は、確認を受けようとする金融商品取引業者等が行う（コンメ(2)344頁〔石田〕）。
(2)　確認申請は、金融商品取引業者等の単独申請によって行われるものであり、(i)金融商品取引業者等及び顧客又は(ii)金融商品取引業者等及び第三者による共同申請行為として行われるものではない（東京地判平成6年5月31日判時1530号73頁）。

2　顧客の権利

　顧客及び第三者は、金融商品取引業者等に対し、確認申請を行うよう請求する私法上の権利を有さない。
　この点につき、前掲東京地判平成6年5月31日判時1530号73頁は、「右の大蔵大臣に対する確認申請手続は、有価証券の売買その他の取引等につき、当該有価証券等について生じた顧客の損失を補填するため、当該顧客又は第三者に対し、財産上の利益を提供しようとする証券会社が、その補填に係る損失が「事故」に起因するものであることの認定を監督官庁である大蔵大臣に申請する手続であり、その申請は証券会社の単独申請により行われるものであって、当該顧客又は第三者との共同申請行為として行われるものではないから、顧客又は第三者が、証券会社に対し、大蔵大臣に対する確認申請手続を求める私法上の権利を有するものと解することはできない。」としている。

Q59 確認申請書は、誰に対して提出するか。

1 確認申請書の提出先
(1) 事故の確認を受けようとする者は、確認申請書（及びその添付書類）の正本1通並びにこれらの写し1通を、当該確認に係る事故の発生した本店その他の営業所又は事務所の所在地を管轄する財務局長に提出する（39Ⅲ・業府令120）。

(2) 確認申請書（及びその添付書類）の提出先は、事故の発生した本店その他の営業所又は事務所の所在地が福岡財務支局の管轄区域内にある場合にあっては福岡財務支局長、国内に営業所又は事務所を有しない場合にあっては関東財務局長となる（業府令119Ⅲ）。

2 確認を受けようとする者が一般社団法人金融先物業協会の会員である場合

(1) 一般社団法人金融先物業協会の会員は、金融先物取引業に係る事故につき確認を申請する場合、同協会を経由して確認申請書（及びその添付書類）を財務局長等に提出することとされているため（金先協事故確認規則2Ⅲ）、これらの書類を直接財務局長等に提出することはできない。

(2) 金融先物取引業とは、金融商品取引業のうち、次に掲げる行為のいずれかを業として行うことをいう（金先協定款2の2⑤）。

① 金融先物取引
② 金融先物取引の媒介、取次ぎ又は代理
③ 取引所金融先物取引の委託の媒介、取次ぎ又は代理
④ 海外金融先物取引の委託の媒介、取次ぎ又は代理

(3) 金融先物取引とは、取引所金融先物取引、店頭金融先物取引及び海外金融先物取引をいう（金先協定款2の2①）。

(4) 取引所金融先物取引とは、市場デリバティブ取引（2㉑）のうち、有価証券に関連するものを除くものをいう（金先協定款2の2②）。

(5) 店頭金融先物取引（金先協定款2の2③）とは、店頭デリバティブ取引（2㉒）のうち、店頭金融先物取引（業府令79Ⅱ②）又は指標オプション取引（2㉒④）をいう。

店頭金融先物取引（業府令79Ⅱ②）とは、(i)通貨又は預金債権等（2 ⅩⅣ②・③・令1の17・外為法6Ⅰ⑦・⑪・⑬）を対象とする先渡取引（令16の4Ⅰ①イ）、(ii)金融指標（金融商品の価格若しくは金融商品（通貨を除く。）の利率等又はこれらに基づいて算出した数値に限る。）に係る指標先渡取引（同ロ）及び(iii)有価証券の売買又は(i)若しくは(ii)の取引を成立させるオプションに係るオプション取引（同ハ）をいう。

　指標オプション取引において参照すべき金融指標は、金融商品の価格（2 ⅩⅣ①）、金融商品（通貨及び商品を除く。）の利率等（2 ⅩⅣ①・ⅩⅣ③・③の2）又は通貨の価格に基づいて算出した数値（2 ⅩⅣ④・ⅩⅣ③）に限られる（金先協定款2の2③）。

(6)　海外金融先物取引とは、外国市場デリバティブ取引（2 ⅩⅩⅢ）のうち、有価証券に関連するものを除くものをいう（金先協定款2の2④）。

3　確認を受けようとする者が日本証券業協会の会員である場合

(1)　日本証券業協会の会員は、<u>有価証券の売買その他の取引等</u>に係る事故につき確認を申請する場合、同協会を経由して確認申請書及びその添付書類を財務局長に提出することとされているため（日証協事故確認規則4Ⅳ）、これらの書類を直接財務局長に提出することはできない。

(2)　有価証券の売買その他の取引等（日証協定款3⑧）とは、有価証券の売買その他の取引、<u>有価証券関連デリバティブ取引等</u>（同④）及び<u>特定店頭デリバティブ取引等</u>（同⑦）をいう。

(3)　有価証券関連デリバティブ取引等（日証協定款3④）とは、有価証券関連デリバティブ取引等（33 Ⅲ）のうち、法2条2項の規定により有価証券とみなされる同項各号に掲げる権利に係るものを除くものをいう。

(4)　有価証券関連デリバティブ取引等（33 Ⅲ）とは、次のものをいう。なお、①から③までの取引は、「有価証券関連デリバティブ取引」と定義されている（28 Ⅷ⑥）。

　① 市場デリバティブ取引（2 ⅩⅪ）のうち、(i)有価証券（有価証券に係る標準物（2 ⅩⅣ⑤）を含む。）に係る先物取引（28 Ⅷ③イ）、(ii)有価証券指標による指標先物取引（同ロ）、(iii)有価証券の利率等又は有価証券指標によるスワップ取引（同ニ）及び(iv)有価証券の売買又は(i)から(iii)までの取

引を成立させるオプションに係るオプション取引（同ハ）（28 Ⅷ③）

② 店頭デリバティブ取引（2 ⑫）のうち、(i)有価証券に係る先渡取引（28 Ⅷ④イ）、(ii)有価証券指標による指標先渡取引（同ロ）、(iii)有価証券の利率等又は有価証券指標によるスワップ取引（同ホ）、(iv)有価証券の売買又は(i)から(iii)までの取引を成立させるオプションに係るオプション取引（同ハ）及び(v)有価証券指標による指標オプション取引（同ニ）（28 Ⅷ④）

③ 外国金融商品市場において行う取引であって、①の取引と類似の取引（28 Ⅷ⑤）

④ ①から③までの取引の媒介、取次ぎ（有価証券等清算取次ぎを除く。）又は代理（28 Ⅷ⑥）

⑤ ①又は③の取引の委託の媒介、取次ぎ又は代理（28 Ⅷ⑥）

(5) 特定店頭デリバティブ取引等（日証協定款3⑦）とは、特定店頭デリバティブ取引又はその媒介、取次ぎ若しくは代理をいう。

特定店頭デリバティブ取引（日証協定款3⑦）とは、金融商品取引業から除かれるもの（令1の8の6Ⅰ②）に該当しない特定店頭デリバティブ取引（2 ⑫）であって、次のいずれにも該当しないものをいう。

① 法2条2項の規定により有価証券とみなされる同項各号に掲げる権利に係る取引（日証協定款3⑦イ）

② 有価証券関連デリバティブ取引（有価証券関連デリバティブ取引（28 Ⅷ⑥）から、法2条2項の規定により有価証券とみなされる同項各号に掲げる権利に係るものを除いたもの。）（同ロ）

③ 店頭金融先物取引（業府令79Ⅱ②）（同ハ）

④ 指標オプション取引（2 ⑫④）のうち、金融商品の価格、金融商品（通貨及び商品を除く。）の利率等又は通貨の価格に基づいて算出した数値に係る取引（同ニ）

Q60　確認申請書の記載事項はなにか。

1　確認申請書の記載事項

(1) 確認申請書に記載すべき事項は、次に掲げる事項である（39Ⅴ・業府令

121)。
　　① 金融商品取引業者等の商号、名称又は氏名及び登録番号（業府令121
　　　①）
　　② 事故の発生した本店その他の営業所又は事務所の名称及び所在地
　　　（同②）
　　③ 確認を受けようとする事実に関する次に掲げる事項
　　　（i）　事故となる行為に関係した代表者等の氏名又は部署の名称（同③
　　　　イ）
　　　（ii）　顧客の氏名及び住所（法人にあっては、商号又は名称、主たる営業所
　　　　又は事務所の所在地並びに代表者の氏名）（同③ロ）
　　　（iii）　事故の概要（同③ハ）
　　　（iv）　補てんに係る顧客の損失が事故に起因するものである理由（同③
　　　　ニ）
　　　（v）　申込み若しくは約束又は提供をしようとする財産上の利益の額
　　　　（同③ホ）
　　④ その他参考となるべき事項（同④）
(2)　「金融商品取引業者等の商号、名称又は氏名」（業府令121①）は、いずれか1つを記載すれば足り、商号及び代表者の氏名の双方を記載することは、求められていない（Q&A 412頁37）。
(3)　「代表者の氏名」（業府令121③ロ）は、氏名の記載のみで足り、代表者の住所を記載することは、求められていない。
　金融商品取引業者等は、必ずしも顧客の登記簿謄本を本人確認書類として取得しているわけではなく、個人情報保護法との関係上、顧客より代表者の住所を直接入手することが困難な場合があるためである（Q&A 412頁38）。
(4)　「その他参考となるべき事項」（業府令121④）は、該当事項がない場合は記載することを要しない（Q&A 412頁42）。もっとも、確認申請書の記載は、これを通じて当局において事故の確認ができるものであることを要することから（Q&A 412頁41）、「その他参考となるべき事項」を記載しない場合は、その他の事項に関する記載を充実させることになる。
(5)　確認申請書の記載事項は、当局において、申請対象となる支払が事故

による損失を補てんするために行うものであることを確認するために必要な情報であり、確認申請書の提出者は、これを簡素化することはできない（Q&A 411 頁 36）。

2 事故による損失の額

内閣総理大臣の確認は、補てんに係る損失が事故に起因するものであることについておこなうこととされているが（39Ⅲ）、この確認は、(i)事故による損失の額、(ii)事故による損失を補てんするために提供される財産上の利益の額及び(iii)損失の額と損失を補てんするために提供される財産上の利益の額とが見合うことも対象とする（Q&A 412 頁 39・40）。

したがって、(i)は、「事故の概要」（業府令 121 ③ハ）又は「その他参考となるべき事項」（同④）として、確認申請書に記載すべき事項となる。

Q61 添付書類とはなにか。

1 添付書類

添付書類は、顧客が確認申請書の記載事項（業府令 121）の内容を確認したことを証明する書類その他参考となるべき資料である（業府令 122 Ⅰ）。
Q60

2 顧客が確認申請書の記載事項（業府令 121）の内容を確認したことを証明する書類

(1) 顧客が確認申請書の記載事項の内容を確認したことを証明する書類は、確認申請書の記載事項の真実性を判断するための資料の１つと位置付けられている（Q&A 413 頁 43）。
(2) 顧客が確認申請書の記載事項の内容を確認したことを証明する書類は、様式を問わず、顧客の確認を証するものであれば足りる。例えば、確認申請書の写しに、記載事項を確認した旨を記載し、顧客が署名したものは、この書類に該当する（損失補てん規制 Q&A 56 頁）。

3 その他参考となるべき資料

(1) 当局において確認申請書の記載事項の真実性を判断するために必要な資料のうち、顧客が確認申請書の記載事項の内容を確認したことを証明する書類以外のものは、すべて「その他参考となるべき資料」に含まれる（Q&A 413頁44・45）。

(2) 「その他参考となるべき資料」は、該当する資料がない場合は提出することを要しないが（Q&A 413頁45）、これに該当する資料がない場合は、一般的に想定できない。

(3) 例えば、金融商品取引業者等の商号及び登録番号（業府令121①）については商業登記簿謄本及び登録済通知書等が、顧客の氏名及び住所（同③ロ）については市区町村発行の身分証明書等が、それぞれ「その他参考となるべき資料」となる。

なお、(i)事故による損失の額、(ii)事故による損失を補てんするために提供される財産上の利益の額及び(iii)損失の額と損失を補てんするために提供される財産上の利益の額とが見合うことは、いずれも確認申請書の記載事項とされることから（Q&A 412頁39・40）、これらの裏付けとなる資料は、「その他参考となるべき資料」として提出を要する資料となる（413頁43）。

4 添付を要しない場合

添付書類は、確認申請書が事後の損失補てんの申込み（39 I ②）に係るものである場合には、添付を要しない（業府令122 II）。

Q62 事故の確認は、いつ受ければ良いか。

1 事故の確認を受けるべき時期

(1) 事故の確認は、損失補てん、その申込み又は約束に先立って受ける必要がある。

法39条3項ただし書は、「その補てんに係る損失が事故に起因するものであることにつき、当該金融商品取引業者等があらかじめ内閣総理大臣の確認を受けている場合……に限る。」としているためである。

(2) 損失補てん、その申込み又は約束は、事故の確認を申請した後、事故

の確認を受けるまでの間においては、いずれもすることができない。

これは、確認を申請した時点において、(i)事故の確認が受けられることが確実である場合（損失補てん規制Q&A 101頁）であっても、(ii)事故の確認が受けられるか否かが明らかでない場合（同102〜103頁）であっても同様である。

2 事実関係の確認

顧客と金融商品取引業者等との間に取引上の問題が生じた場合において、金融商品取引業者等が顧客に対して事実関係の確認等を行い、又は顧客の照会に対して回答することは、これらが損失補てんの申込み又は約束に該当する行為でない限り、事故の確認を受けることなく行うことができる（損失補てん規制Q&A 57頁）。

3 事前の申込み及び約束

事故による損失の補てんを目的とする事前の損失補てんの申込み及び約束は、事故の確認を要する行為に含まれていないため（39Ⅲ）、事故の確認を受けることなく行うことができる（損失補てん規制Q&A 58〜59頁）。

4 事後の申込み、約束及び損失補てん

事故による損失の補てんを目的とする事後の損失補てんの申込み及び約束並びに損失補てんは、事故の確認を要しない場合（業府令119Ⅰ）に該当しない限り、事故の確認を受けた後に行うことを要する。

Q63 事故の確認は、事後の損失補てんの申込み、これに基づく約束及び損失補てんのすべての時点において受けることを要するか。

1 提供される財産上の利益の額が増加しない場合

(1) 損失補てん、その申込み及び約束は、それぞれ独立した行為であるが、先行する行為（すなわち、約束については申込み、損失補てんについては申込み又は約束）につき確認があった場合、後続する行為は、提供される財産上の利益の額が確認を受けた額から増加しない限り、あらためて事故の確認を

受けることなく行うことができる。

(2) 金融商品取引業者等は、事故による損失の補てんを目的とする事後の損失補てんの申込みにつき事故の確認を受けた場合で、確認を受けた額又はこれを下回る額の財産上の利益を提供する旨の約束をし、又は財産上の利益を提供するときは、あらためて事故の確認を受けることを要しない。

(3) 金融商品取引業者等は、事故による損失の補てんを目的とする事後の損失補てんの約束につき事故の確認を受けた場合で、確認を受けた額又はこれを下回る額の財産上の利益を提供するときは、あらためて事故の確認を受けることを要しない。

2 提供される財産上の利益の額が増加する場合

(1) 先行する行為につき事故の確認があった場合であっても、提供される財産上の利益の額が確認を受けた額から増加するときは、後続する行為は、あらためて事故の確認を受けなければ行うことができない。

(2) 金融商品取引業者等は、事故による損失の補てんを目的とする事後の損失補てんの申込みにつき事故の確認を受けた場合で、確認を受けた額を上回る額の財産上の利益を提供する旨の約束をし、又は財産上の利益を提供するときは、あらためて事故の確認を受けることを要する。

(3) 金融商品取引業者等は、事故による損失の補てんを目的とする事後の損失補てんの約束につき事故の確認を受けた場合で、確認を受けた額を上回る額の財産上の利益を提供するときは、あらためて事故の確認を受けることを要する（本項目につき、損失補てん規制Q&A 57頁）。

Q64 有価証券関連以外のデリバティブ取引（2 XX）に関する損失補てん等は、どのように整理されるか。

1 事前の損失補てん等の申込み又は約束がない場合

(1) 有価証券関連以外のデリバティブ取引（2 XX）は、旧証券取引法において規制の対象とされていなかったが、法により規制の対象とされた。

このような取引につき、法の施行日又はこれ以降の日において、事後の損失補てん等の申込み若しくは約束（39 Ⅰ②）又は損失補てん等（同③）を

することは、当該取引につき契約が締結された時点又は当該取引につき事故が生じた時点にかかわらず、事故の確認を要しない場合（業府令119Ⅰ）を除き、事故の確認（39Ⅲ・Ⅴ）を要する。

(2) 有価証券関連以外のデリバティブ取引（2 ⅩⅩ）に関する契約の時点、事故の発生時点並びに事後の損失補てん等の申込み、約束及び損失補てん等の時点と、事故の確認の要否との関係は、表3のとおりである（Q&A 403頁1参照）。

［表3：各事象が生じた時点と事故の確認との関係］

契約が締結された時点	事故が生じた時点	事後の申込み、約束又は損失補てん等の時点	事故の確認の要否
施行日前	施行日前	施行日前	不要
施行日前	施行日前	施行日又はこれ以降	必要
施行日前	施行日又はこれ以降	施行日又はこれ以降	必要
施行日又はこれ以降	施行日又はこれ以降	施行日又はこれ以降	必要

2　事前の損失補てん等の申込み又は約束がある場合

　有価証券関連以外のデリバティブ取引について、法の施行日に先立って補償の申込みがあり、又は損失補償契約が締結されている場合、これらの申込み又は契約に基づいて法の施行日又はこれ以降の日に補償をすることは、損失補てん等の規制（39Ⅰ）の対象となる。

　したがって、このような補償は、事故の確認を要しない場合（業府令119Ⅰ）を除き、事故の確認（39Ⅲ・Ⅴ）を受けて行うことになる（Q&A 403頁2）。

第3節 事故の確認を要しない場合

Q65 事故の確認を要しない場合は、どのような場合か。

1 事故の確認を要しない場合

⑴ 事故による損失の補てんを目的とする事前の損失補てんの申込み及び約束（39Ⅰ①）は、事故の確認を要しない（39Ⅲ）。

⑵ 事故による損失の補てんを目的とする事後の損失補てんの申込み、約束（39Ⅰ②）又は損失補てん（同③）は、いずれも事故の確認を要する行為であり、これらにつき事故の確認を要しない場合は、次の場合である（39Ⅲ・業府令119Ⅰ）。

① 裁判所の確定判決を得ている場合（業府令119Ⅰ①）
② 裁判上の和解（即決和解を除く。）が成立している場合（業府令119Ⅰ②）
③ 調停（民調16）が成立している場合（業府令119Ⅰ③）
④ 調停に代わる決定（民調17）が行われ、かつ、当事者が決定の告知を受けた日から2週間内に異議の申立てがない場合（業府令119Ⅰ③）
⑤ 金融商品取引業協会若しくは認定投資者保護団体のあっせん又は指定紛争解決機関の紛争解決手続による和解が成立している場合（業府令119Ⅰ④）
⑥ 弁護士会が運営する紛争解決センターにおけるあっせんによる和解が成立している場合又は当該機関における仲裁手続による仲裁判断がされている場合（業府令119Ⅰ⑤）
⑦ 地方公共団体の消費者センターによるあっせん（消費者基本法19Ⅰ）による和解が成立している場合（業府令119Ⅰ⑥）
⑧ 独立行政法人国民生活センターによるあっせん（消費者基本法25）による和解が成立している場合（業府令119Ⅰ⑥）
⑨ 独立行政法人国民生活センターによる重要消費者紛争解決手続における合意による解決（消費者基本法25）が行われている場合（業府令119Ⅰ⑥）

⑩　認証紛争解決事業者（ADR 法 2 ④）（有価証券売買取引等に係る紛争が、和解の仲介を行う紛争の範囲（同 6 ①）に含まれるものに限る。）が行う認証紛争解決手続（同 2 ③）による和解が成立している場合（業府令 119 Ⅰ ⑦）

⑪　和解が成立している場合であって、次に掲げるすべての要件を満たす場合（業府令 119 Ⅰ ⑧）
　（ⅰ）　当該和解の手続について弁護士又は認定司法書士が顧客を代理していること。
　（ⅱ）　当該和解の成立により金融商品取引業者等が顧客に対して支払をすることとなる額が 1,000 万円（認定司法書士が代理する場合にあっては、140 万円）を超えないこと。
　（ⅲ）　（ⅱ）の支払が事故による損失の全部又は一部を補てんするために行われるものであることを（ⅰ）の弁護士又は司法書士が調査し、確認したことを証する書面が金融商品取引業者等に交付されていること。

⑫　事故による損失について、金融商品取引業者等と顧客との間で顧客に対して支払をすることとなる額が定まっている場合であって、次に掲げるすべての要件を満たす場合（①から⑪までの場合を除く。）（業府令 119 Ⅰ ⑨）
　（ⅰ）　金融商品取引業者等が顧客に対して支払をすることとなる額が 1,000 万円（（ⅱ）の委員会が司法書士である委員のみにより構成されている場合にあっては、140 万円）を超えないこと。
　（ⅱ）　（ⅰ）の支払が事故による損失を補てんするために行われるものであることが、金融商品取引業協会の内部に設けられた委員会（金融商品取引業協会により任命された複数の委員（事故に係る金融商品取引業者等及び顧客と特別の利害関係のない弁護士又は司法書士である者に限る。）により構成されるものをいう。）において調査され、確認されていること。

⑬　金融商品取引業者等の代表者等が有価証券売買取引等に関する事故に該当する行為（業府令 118 ①）により顧客に損失を及ぼした場合で、1 日の取引において顧客に生じた損失について顧客に対して申し込み、約束し、又は提供する財産上の利益が 10 万円に相当する額を上回

らないとき（①から⑫までの場合を除く。）（業府令 119 Ⅰ ⑩）
⑭　金融商品取引業者等の代表者等が、(i)顧客の注文の執行において、過失により事務処理を誤ること（業府令 118 ① ハ）又は(ii)電子情報処理組織の異常により、顧客の注文の執行を誤ること（同ニ）により顧客に損失を及ぼした場合（業務に関する帳簿書類（46 の 2・47・48）又は顧客の注文の内容の記録により事故であることが明らかである場合に限る。）（①から⑬までの場合を除く。）（業府令 119 Ⅰ ⑪）

(3) 事故の確認を要しない場合は、いずれも確認を行わなくても事故による損失の補てんであることが推認されるような客観的な手続がとられている場合である。事故の確認を要しない場合の範囲は、規制を維持しつつ、事故による損失の補てんをより円滑に行えるようにするとの観点から定められている（Q&A 404 頁 7）。

2　事故の報告

　金融商品取引業者等は、業府令 119 条 1 項 9 号から 11 号までに掲げる場合において、事故の確認を受けないで、顧客に対し、財産上の利益を提供する旨を申し込み、若しくは約束し、又は財産上の利益を提供したときは、その申込み若しくは約束又は提供をした日の属する月の翌月末日までに、確認申請書の記載事項（業府令 121）を、当該申込み若しくは約束又は提供に係る事故の発生した本店その他の営業所又は事務所の所在地を管轄する財務局長（当該所在地が福岡財務支局の管轄区域内にある場合にあっては福岡財務支局長、国内に営業所又は事務所を有しない場合にあっては関東財務局長）に報告しなければならない（業府令 119 Ⅲ）。

Q66　裁判所の確定判決を得ている場合（業府令 119 Ⅰ ①）とは、どのような場合か。

1　裁判所の確定判決を得ている場合

(1)「裁判所の確定判決を得ている場合」（業府令 119 Ⅰ ①）とは、顧客から金融商品取引業者等への損害賠償請求を認める判決が確定している場合をいう。

(2) 判決は、次に掲げるときに確定する。
① 当事者が上訴（控訴、上告（特別上告（民訴327・380Ⅱ）を除く。）又は上告受理の申立て）をすることなく上訴期間（控訴期間（同285）、上告期間（同313・285）又は上告受理の申立て期間（同318Ⅴ・313））が経過した場合は、上訴期間が満了したとき（同116Ⅰ）
② 当事者が少額訴訟の終局判決に対する異議申立て（同378Ⅰ）をすることなく異議申立て期間が経過した場合は、異議申立て期間が満了したとき（同116Ⅰ）
③ 上訴権又は異議申立権が放棄されたとき（同284・313・358）
④ 判決の言渡し前に不上訴の合意がある場合は、判決の言渡しのとき
⑤ 上訴又は異議申立てができない判決（上告審判決又は少額訴訟の終局判決に対する異議後の判決）である場合は、判決の言渡しのとき

2　判決と事故との関係

(1) 裁判所の確定判決は、事故（39Ⅲ・業府令118）による損失の全部又は一部の補てんに係る損害賠償請求を認めるものであることを要する。

(2) 東京地判平成5年10月15日金商951号31頁は、「ある取引について、民法の規定によって、債務不履行又は不法行為の法理によって、証券会社に対する損害賠償請求の要件事実が充足されたとしても、その取引によって生じた損失の補てん又は補足に代わる財産上の利益の提供を許容するためには、この損失が省令三条に規定する事由によって生じたものであること（「事故」であること）が要請され、判決による場合であっても、「事故」によるものであることが前提となる。」としている（東京地判平成6年4月28日判時1529号90頁・東京地判平成6年1月27日判時1517号70頁も同様）。

Q67 裁判上の和解が成立している場合（業府令119Ⅰ②）とは、どのような場合か。

1　裁判上の和解が成立している場合

(1) 「裁判上の和解（民訴275条1項に定めるものを除く。）が成立している場合」（業府令119Ⅰ②）とは、訴訟の係属中に、顧客から金融商品取引業者

等への損害賠償請求を認める和解が調っている場合をいう。
(2) 裁判上の和解は、訴訟の係属中に、次の方法によって成立する。
　① 当事者が、口頭弁論の期日その他の期日において、訴訟物についての主張を互いに譲歩することによって訴訟を終了させる旨の合意をすること。
　② 当事者が遠隔の地に居住していることその他の事由により出頭することが困難であると認められる場合において、その当事者があらかじめ裁判所又は受命裁判官若しくは受託裁判官から提示された和解条項案を受諾する旨の書面を提出し、他の当事者が口頭弁論等の期日に出頭してその和解条項案を受諾すること（民訴264）。
　③ 裁判所又は受命裁判官若しくは受託裁判官が当事者の共同の申立てに基づいて和解条項を定めた場合において、和解条項の定めが当事者双方に告知されること（同265Ⅴ）。
(3) 和解は、互いに譲歩することを要する。一方の当事者が他方の主張を全面的に受け入れることは、請求の放棄又は認諾（同266）に該当し、和解には該当しない。
　また、裁判上の和解の有効性は、一般法律行為の解釈に従って判定されることから（最判昭和31年3月30日民集10巻3号242頁）、和解の意思表示に瑕疵がある場合、これに基づく取消又は無効の主張は、いずれも認められることになる（一方の当事者の真意に基づかない和解を無効としたものとして、東京高判平成26年7月17日判時2272号42頁（最判平成27年11月30日民集69巻7号2154頁の原審）等）。
(4) 裁判上の和解は、口頭弁論の終了後であっても、判決の言渡し後であっても、判決の確定前であればすることができる。
(5) 裁判上の和解が調書（和解調書）に記載されたときは、その記載は、確定判決と同一の効力を有する（同267）。

2　民訴275条1項に定める和解

(1) 民訴275条1項に定める和解は、訴えの提起前の和解であり、訴訟の係属前に簡易裁判所において行われる。このような和解は、即決和解と呼ばれる。

(2) 即決和解は、当事者が、民事上の争いにつき、請求の趣旨及び原因並びに争いの実情を表示して、相手方の普通裁判籍の所在地を管轄する簡易裁判所に申立てをし、和解の期日において行う。
(3) 即決和解が成立している場合が「裁判上の和解が成立している場合」（業府令119Ⅰ②）から除かれる理由は、裁判所が当事者間での合意形成に実質的に関与するものではないため、これを一律に「事故の確認を要しない場合」に加えるとすれば、「事故」により生じた損失を補てんするものであることについての客観的な証明がないままに、当事者間の合意をもって損失補てんを行えることとなりかねないためである（Q&A 409頁30）。

即決和解が成立した場合で、業府令119条1項8号に掲げるすべての要件を満たす場合は、同号の事故確認を要しない場合に該当する（Q&A 410頁30）。

3 和解に代わる決定
(1) 和解に代わる決定（民訴275の2Ⅰ）は、当事者がその決定の告知を受けた日から2週間の不変期間内に、その決定をした裁判所に異議を申し立てないときは、裁判上の和解と同一の効力を有する（同Ⅴ）。
(2) 和解に代わる決定は、受訴裁判所の裁量によるものであり、その形成過程において、当事者の意思に委ねられるところはないため、和解に関する決定につき、意思表示の瑕疵を主張することはできない（東京地判平成25年9月18日刊行物未登載）。
(3) 和解に代わる決定は、金銭の支払の請求を目的とする訴えについて、被告が口頭弁論において原告の主張した事実を争わず、その他何らの防御の方法も提出しない場合においてなされるため、金融商品取引業者等を被告とする損害賠償請求事件においてこの決定があることは、一般的に想定できない。

第 4 章 事　故

> **Q68** 調停が成立している場合及び民調 17 条の規定により裁判所の決定が行われ、かつ、同法 18 条 1 項に規定する期間内に異議の申立てがない場合（業府令 119 Ⅰ ③）とは、それぞれどのような場合か。

1 調停が成立している場合

(1)　「民調 16 条に規定する調停が成立している場合」とは、調停において当事者間に合意が成立し、これが調書（調停調書）に記載されている場合をいう。

(2)　調停における当事者の合意は、一面において私法上の和解契約の性質を有するものであるから、和解に関する規定（民 696）は、調停における合意についても適用がある（甲府地判昭和 29 年 8 月 13 日下民 5 巻 8 号 1314 頁）。また、調停は、要素の錯誤により無効となる場合がある（東京高判昭和 33 年 10 月 15 日東高民時報 9 巻 10 号 179 頁・名古屋高判平成 12 年 2 月 2 日判時 1720 号 153 頁等）。

(3)　調停における当事者の合意は、和解の場合と異なり、互いに譲歩する内容であることを要しない。したがって、調停調書における、一方当事者が譲歩し、他方当事者の主張を全面的に容認する合意は、無効とはいえない（長野地飯田支部判昭和 31 年 4 月 9 日下民 7 巻 4 号 903 頁）。

(4)　調停調書の記載は、裁判上の和解と同一の効力を有する（民調 16）。裁判上の和解が調書（和解調書）に記載されたときは、その記載は、確定判決と同一の効力を有することから（民訴 267）、調停調書の記載は、確定判決と同一の効力を有することとなる。

2 民調 17 条の規定により裁判所の決定が行われ、かつ、同法 18 条 1 項に規定する期間内に異議の申立てがない場合

(1)　「民調 17 条の規定により裁判所の決定が行われ、かつ、同法 18 条 1 項に規定する期間内に異議の申立てがない場合」とは、調停に代わる決定（民調 17）が行われ、かつ、当事者が決定の告知を受けた日から 2 週間内（同 18 Ⅰ）に異議の申立てがない場合をいう。

(2)　調停に代わる決定は、調停委員会の調停が成立する見込みがない場合において相当であると認めるときに、当該調停委員会を組織する民事調停

委員の意見を聴き、当事者双方のために衡平に考慮し、一切の事情を見て、職権で、当事者双方の申立ての趣旨に反しない限度で行われる。この決定は、金銭の支払、物の引渡しその他の財産上の給付を命ずることができる（民調17）。

当事者間に実質上合意が成立しており調停委員の意見を聴く必要がないと判断した場合、裁判所は、調停委員会を組織しない（東京地決平成2年11月16日判タ743号221頁・東京地決平成3年3月18日判時1401号115頁等）。

(3) 調停に代わる決定に対して異議を申し立てる権利は、放棄することができ、当該権利を放棄した者が行う異議申立ては、無効である（東京地判平成5年11月29日判タ860号280頁）。

(4) 調停に代わる決定は、当事者の錯誤により無効とならない（大分地判平成19年12月17日判タ1270号320頁）。調停に代わる決定は、裁判であり、当事者の意思表示を要素とする法律行為ではないためである。

(5) 調停に代わる決定は、当事者が決定の告知を受けた日から2週間内（民調18Ⅰ）に異議の申立てがないときは、裁判上の和解と同一の効力を有する（同Ⅴ）。裁判上の和解が調書（和解調書）に記載されたときは、その記載は、確定判決と同一の効力を有することから（民訴267）、調停に代わる決定は、確定判決と同一の効力を有することとなる。

> **Q69** 金融商品取引業協会若しくは認定投資者保護団体のあっせんによる和解が成立している場合及び指定紛争解決機関の紛争解決手続による和解が成立している場合（業府令119Ⅰ④）とは、それぞれのような場合か。

1 金融商品取引業協会若しくは認定投資者保護団体のあっせんによる和解が成立している場合

(1) 「金融商品取引業協会若しくは認定投資者保護団体のあっせん（法77条の2第1項（法78条の7及び79条の13において準用する場合を含む。）に規定するあっせんをいう。）による和解が成立している場合」（業府令119Ⅰ④）とは、特定非営利活動法人証券・金融商品あっせん相談センター（FINMAC）のあっせん手続において、(i)当事者間に合意が成立した場合及び(ii)当事者

双方が紛争解決委員の和解案又は特別調停案を受諾した場合をいう。
(2) 「金融商品取引業協会」とは、認可金融商品取引業協会（2 XⅢ）又は認定金融商品取引業協会（78 Ⅱ）をいう（業府令7①）。

　平成29年8月28日現在において、認可金融商品取引業協会は、日本証券業協会のみであり、認定金融商品取引業協会は、一般社団法人投資信託協会、一般社団法人日本投資顧問業協会、一般社団法人金融先物取引業協会及び一般社団法人第二種金融商品取引業協会である。

　日本証券業協会、一般社団法人投資信託協会、一般社団法人日本投資顧問業協会、一般社団法人金融先物取引業協会及び一般社団法人第二種金融商品取引業協会は、いずれも、あっせん業務を特定非営利活動法人証券・金融商品あっせん相談センター（FINMAC）に業務委託している。
(3) 「認定投資者保護団体」とは、(i)金融商品取引業者又は金融商品仲介業者の行う金融商品取引業に対する苦情の解決、(ii)金融商品取引業者又は金融商品仲介業者の行う金融商品取引業に争いがある場合のあっせん、(iii)(i)(ii)のほか、金融商品取引業の健全な発展又は投資者の保護に資する業務を行おうとする法人（法人でない団体で代表者又は管理人の定めのあるものを含み、認可金融商品取引業協会及び認定金融商品取引業協会を除く。）で、法79条の7第1項の認定を受けた者をいう（79の10 Ⅰ）。

　法は、特定の類型の民間団体について、認定投資者保護団体となることを想定しているものではなく、投資性の強い預金、保険、信託等を取り扱う業者を構成員とする団体、消費者団体、NPO法人等が認定投資者保護団体の認定を受けることが考えられるとされているが（Q&A 405頁9）、平成29年8月28日現在において、認定投資者保護団体は、特定非営利活動法人証券・金融商品あっせん相談センター（FINMAC）のみである。
(4) 「法77条の2第1項に規定するあっせん」は、認可協会によるあっせんであり、認可協会とは、認可金融商品取引業協会をいう（67 Ⅰ）。

　「法78条の7において準用する法77条の2第1項に規定するあっせん」及び「法79条の13において準用する法77条の2第1項に規定するあっせん」は、それぞれ認定協会によるあっせん及び認定団体によるあっせんであり、「認定協会」及び「認定団体」は、それぞれ認定金融商品取引業協会（78の2 Ⅰ）及び認定投資者保護団体（79の10 Ⅰ）である。

⑸ 「あっせんによる和解」の方法は、(i)当事者間の合意、(ii)当事者双方による紛争解決委員の和解案の受諾及び(iii)当事者双方による紛争解決委員の特別調停案の受諾である（FINMAC 業務規程 41）。これらのうち、(i)の合意は、互いに譲歩すること（互譲）を要するものと考えられる。(ii)の和解案及び(iii)の特別調停案は、運営上互譲を求める内容となっている。

⑹ 金融商品取引業協会若しくは認定投資者保護団体のあっせんによる和解（業府令 119 Ⅰ④）について、「事故による損失の全部又は一部を補てんするために行われるものであること」についての調査等（同⑧ハ）は、不要とされている。

　金融商品取引業協会及び認定投資者保護団体の業務は、法に服しており、これらが行うあっせん手続は、法定されているためである（Q&A 404 頁 8）。

2　指定紛争解決機関の紛争解決手続による和解が成立している場合

⑴ 「指定紛争解決機関（令 19 条の 7 各号に掲げる指定を受けた者を含む。）の紛争解決手続による和解が成立している場合」（業府令 119 Ⅰ④）とは、指定紛争解決機関又は紛争解決等業務に相当する業務に係る他の法律の規定による指定を受けた者の紛争解決手続において、和解契約書の作成の原因となる事実があった場合をいう。

⑵ 「指定紛争解決機関」とは、法 156 条の 39 第 1 項の規定による指定を受けた者をいう（156 の 38 Ⅰ・業府令 1 Ⅲ㊻）。「令 19 条の 7 各号に掲げる指定を受けた者」とは、紛争解決等業務に相当する業務に係る他の法律の規定による指定を受けた者をいう（令 19 の 7・19 の 9・銀行法 52 の 62 Ⅰ）。

　平成 29 年 8 月 28 日現在において、指定紛争解決機関は、一般社団法人生命保険協会、一般社団法人全国銀行協会、一般社団法人信託協会、一般社団法人日本損害保険協会、一般社団法人保険オンブズマン、一般社団法人日本少額短期保険協会、日本貸金業協会及び特定非営利活動法人証券・金融商品あっせん相談センター（FINMAC）である。

⑶ 「紛争解決手続」とは、金融商品取引業等業務関連紛争（金融商品取引業等業務に関する紛争で当事者が和解をすることができるものをいう。）について訴訟手続によらずに解決を図る手続をいう（156 の 38 Ⅹ・業府令 1 Ⅲ㊼）。紛争解決手続の内容は、各指定紛争解決機関において定めている。

(4) 紛争解決手続及び和解契約書の作成の原因となる事実は、指定紛争解決機関ごとに異なるが、概ね紛争解決手続は委員によるあっせん手続であり、和解契約書の作成の原因となる事実は、当事者の合意及び委員による提案内容の受諾である。

例えば、一般社団法人全国銀行協会及び一般社団法人信託協会における紛争解決手続は、あっせん委員会による紛争解決手続であり、和解契約書の作成の原因となる事実は、(i)当事者双方による、あっせん委員会の提示したあっせん案の受諾及び(ii)当事者双方による、あっせん委員会の提示した特別調停案の受諾である（苦情処理手続および紛争解決手続等の実施に関する業務規程（一般社団法人全国銀行協会）36Ⅰ・苦情処理手続および紛争解決手続等に係る業務規程（一般社団法人信託協会）35Ⅰ）。

特定非営利活動法人証券・金融商品あっせん相談センター（FINMAC）における紛争解決手続は、紛争解決委員によるあっせん手続であり、和解の原因となる事実は、(i)当事者間の合意、(ii)当事者双方による紛争解決委員の和解案の受諾及び(iii)当事者双方による紛争解決委員の特別調停案の受諾である（FINMAC業務規程41）。

3 認定投資家保護団体による仲裁判断

仲裁判断（仲裁法2Ⅰ）は、認定投資家保護団体の認定の対象として想定された業務ではないことから、認定投資家保護団体における仲裁手続による仲裁判断がされている場合は、「指定紛争解決機関の紛争解決手続による和解が成立している場合」に該当しない（Q&A 406頁16）。

なお、平成29年8月28日現在において、唯一の認定投資家保護団体である特定非営利活動法人証券・金融商品あっせん相談センター（FINMAC）は、仲裁判断に係る業務を提供していない。

> **Q70** 弁護士会が運営する紛争解決センターにおけるあっせんによる和解が成立している場合又は当該機関における仲裁手続による仲裁判断がされている場合（業府令119 Ⅰ⑤）とは、それぞれどのような場合か。

1 弁護士法33条1項に規定する会則若しくは当該会則の規定により定められた規則に規定する機関におけるあっせんによる和解が成立している場合

⑴　「弁護士法33条1項に規定する会則若しくは当該会則の規定により定められた規則に規定する機関におけるあっせんによる和解が成立している場合」（業府令119 Ⅰ⑤）とは、弁護士会が定めた会則又は当該会則の規定により定められた規則に規定する機関におけるあっせんによる和解が成立している場合をいう。

⑵　弁護士会とは、地方裁判所の管轄区域ごとに設立された弁護士会をいい（弁護士法32）、日本弁護士連合会は、これに該当しない。したがって、弁護士法33条1項に規定する会則若しくは当該会則の規定により定められた規則に規定する機関とは、各弁護士会が設置する紛争解決センターをいう。

平成29年8月28日現在において、紛争解決センターは、北海道、宮城県、山形県、福島県、東京都、神奈川県、埼玉県、栃木県、群馬県、山梨県、長野県、新潟県、静岡県、富山県、愛知県、岐阜県、石川県、大阪府、京都府、兵庫県、奈良県、滋賀県、和歌山県、広島県、山口県、岡山県、愛媛県、福岡県、熊本県、鹿児島県及び沖縄県に設置されている。

例えば、東京都の弁護士会である第一東京弁護士会は、弁護士法33条1項に規定する会則として第一東京弁護士会会則を設け、同会則6条1項に基づき仲裁センター規則を定め、同規則1条で紛争解決センターとして第一弁護士会仲裁センターを設置している。

⑶　紛争解決センターにおけるあっせんによる和解の手続は、弁護士会ごとに定められている。

例えば、弁護士会である第一東京弁護士会は、あっせん手続として「和解手続」を設け（仲裁手続規則2 XI）、仲裁人予定者（同Ⅳ）が手続を進行す

第4章 事　故

る旨その他の必要な事項を定めている（仲裁手続規則4章）。

2　弁護士法33条1項に規定する会則若しくは当該会則の規定により定められた規則に規定する機関における仲裁手続による仲裁判断がされている場合

(1)　「弁護士法33条1項に規定する会則若しくは当該会則の規定により定められた規則に規定する機関における仲裁手続による仲裁判断がされている場合」（業府令119Ⅰ⑤）とは、弁護士会が定めた会則又は当該会則の規定により定められた規則に規定する機関における仲裁手続による仲裁判断がされている場合をいう。

(2)　既に生じた民事上の紛争又は将来において生ずる一定の法律関係（契約に基づくものであるかどうかを問わない。）に関する民事上の紛争の全部又は一部の解決を一人又は二人以上の仲裁人にゆだね、かつ、その判断に服する旨の合意は、「仲裁合意」と定義されているが（仲裁法2Ⅰ）、「仲裁判断」とは、ここでいう仲裁人の判断をいう。

(3)　例えば、弁護士会である第一東京弁護士会における仲裁手続は、仲裁手続規則3章に定められている。同手続における仲裁人は、第一東京弁護士会又は仲裁センターではなく、第一東京弁護士会会長の指名を受け、仲裁人候補者名簿に登載された者（仲裁センター規則6Ⅰ・Ⅱ・7Ⅰ）又は仲裁センター運営委員会が適任者と判断した特別仲裁人である（同7Ⅱ）。

> **Q71**　消費者基本法19条1項若しくは25条に規定するあっせんによる和解が成立している場合又は同条に規定する合意による解決が行われている場合（業府令119Ⅰ⑥）とは、それぞれどのような場合か。

1　消費者基本法19条1項若しくは25条に規定するあっせんによる和解が成立している場合

(1)　「消費者基本法19条1項若しくは25条に規定するあっせんによる和解が成立している場合」（業府令119Ⅰ⑥）とは、地方公共団体の消費生活センターのあっせん（消費者基本法19Ⅰ）による和解が成立している場合又は独立行政法人国民生活センターによるあっせん（消費者基本法25）に

よる和解が成立している場合をいう（Q&A 406 頁 13・14）。
(2) 独立行政法人国民生活センターによるあっせんは、消費者から消費者紛争（センター法1の2Ⅰ）に関する苦情の申出があった場合に、当該苦情の処理のために行うものであり（同41②）、同センターが置いた紛争解決委員会が行う重要消費者紛争解決手続（同11Ⅱ）とは異なる手続である。

「消費者紛争」（センター法1の2Ⅰ）とは、消費生活に関して消費者（個人（事業として又は事業のためにした行為が紛争の原因になった場合におけるものを除く。）をいう。以下同じ。）又は差止請求（消費者契約法12の2Ⅰ）を行う適格消費者団体（同2Ⅳ）と事業者（法人その他の団体及び事業として又は事業のためにした行為が紛争の原因になった場合における個人をいう。）との間に生じた民事上の紛争をいう。

「重要消費者紛争」（センター法1の2Ⅱ）とは、次の各号のいずれかに掲げるものであって独立行政法人国民生活センターが指定するものをいう（センター則1）。

① 同種の被害が相当多数の者に及び、又は及ぶおそれがある事件に係る消費者紛争
② 国民の生命、身体又は財産に重大な危害を及ぼし、又は及ぼすおそれがある事件に係る消費者紛争
③ ①及び②のほか、争点が多数であり、又は錯そうしているなど事件が複雑であることその他の事情により紛争解決委員会が実施する解決のための手続によることが適当であると認められる消費者紛争

2　消費者基本法 25 条に規定する合意による解決が行われている場合

「消費者基本法……25条……に規定する合意による解決が行われている場合」（業府令119Ⅰ⑥）とは、独立行政法人国民生活センターによる重要消費者紛争解決手続における合意による解決が行われている場合をいう。

ここでいう「合意」とは、独立行政法人国民生活センターが設けた紛争解決委員会が重要消費者紛争解決手続として行う(i)和解の仲介（センター法19〜28）又は(ii)仲裁（同29〜33）における和解勧試によって、当事者に和解が成立したことをいうものと考えられる。

第 4 章 事　故

> **Q72** 認証紛争解決事業者が行う認証紛争解決手続による和解が成立している場合（業府令 119 Ⅰ⑦）とは、どのような場合か。

1 認証紛争解決事業者が行う認証紛争解決手続による和解が成立している場合

(1) 「認証紛争解決事業者が行う認証紛争解決手続による和解が成立している場合」（業府令 119 Ⅰ⑦）とは、ADR 法 5 条の認証を受けた民間事業者（有価証券売買取引等に係る紛争につき和解の仲介を行うものに限る。）が行う和解の仲介による和解が成立している場合をいう。

(2) 認証紛争解決事業者とは、民間紛争解決手続を業として行う者（法人でない団体で代表者又は管理人の定めのあるものを含む。）であって、その業務について、法務大臣の認証（ADR 法 5）を受けた者をいう（同 2 ④）。

　平成 29 年 8 月 28 日現在において、認証紛争解決事業者（ADR 法 2 ④）は、148 事業者ある。

　民間事業者は、この認証を受けるにあたり、和解の仲介を行う紛争の範囲を定めていることを要するが（同 6 ①）、業府令 119 条 1 項 7 号に掲げる認証紛争解決事業者は、有価証券売買取引等（39 Ⅰ①）に係る紛争が「紛争の範囲」に含まれるものに限られる。したがって、「金融商品に関する紛争」を紛争の範囲とする者は、認証紛争解決事業者（業府令 119 Ⅰ⑦）に該当するが、「労働関係紛争」、「土地の境界に関する紛争」、「相続に関する紛争」等を紛争の範囲とする者は、これに含まれないことになる。

(3) 民間紛争解決手続とは、民間事業者が、紛争の当事者が和解をすることができる民事上の紛争について、紛争の当事者双方からの依頼を受け、当該紛争の当事者との間の契約に基づき、和解の仲介を行う<u>裁判外紛争解決手続</u>をいう（ADR 法 2 ①）。ただし、次の裁判外紛争解決手続は、民間紛争解決手続に含まれない（裁判外紛争解決手続の利用の促進に関する法律施行令（平成 18 年政令第 186 号）1）。

　① 指定紛争処理機関（自動車損害賠償保障法（昭和 30 年法律第 97 号）23 の 5 Ⅱ）が行う調停の手続

　② 指定住宅紛争処理機関（住宅の品質確保の促進等に関する法律（平成 11 年法律第 81 号）66 Ⅱ）が行うあっせん及び調停の手続

(4) 裁判外紛争解決手続とは、訴訟手続によらずに民事上の紛争の解決をしようとする紛争の当事者のため、公正な第三者が関与して、その解決を図る手続をいう（同1）。

2 認証紛争解決事業者による仲裁判断

仲裁判断（仲裁法2Ⅰ）は、認証紛争解決事業者の認証の対象として想定された業務ではないことから、認証紛争解決事業者における仲裁手続による仲裁判断がされている場合は、「指定紛争解決機関の紛争解決手続による和解が成立している場合」に該当しない（Q&A 406頁16）。

Q73 弁護士又は司法書士の関与によって和解が成立した場合で、事故の確認を要しない場合（業府令119Ⅰ⑧）は、どのような場合か。

---

1 弁護士又は司法書士の関与によって和解が成立した場合で、事故の確認を要しない場合

(1) 弁護士又は司法書士の関与によって和解が成立した場合で、事故の確認を要しない場合（業府令119Ⅰ⑧）に該当するものは、和解が成立している場合であって、次に掲げるすべての要件を満たす場合である。

　① 当該和解の手続について弁護士又は<u>認定司法書士</u>が顧客を代理していること。

　② 当該和解の成立により金融商品取引業者等が顧客に対して支払をすることとなる額が1,000万円（認定司法書士が代理する場合にあっては、140万円）を超えないこと。

　③ ②の支払が事故による損失の全部又は一部を補てんするために行われるものであることを①の弁護士又は認定司法書士が調査し、確認したことを証する書面が金融商品取引業者等に交付されていること。

(2) 弁護士又は認定司法書士が顧客を代理して成立する「和解」は、民法695条の和解であり、当事者が互いに譲歩をしてその間に存する争いをやめることを約することを要する。もっとも、「互いに譲歩して」の要件を満たすか否かは、諸般の事情を総合的に考慮して判断することから、一方の当事者（典型的には、金融商品取引業者等）がみずからの過失を全面的に認め

たとしても、常に「互いに譲歩をして」の要件が否定されるわけではない（Q&A 407 頁 17）。例えば、(i)金融商品取引業者等が顧客に対し損害額全額の支払義務を認め、顧客が金融商品取引業者等に対し期限の猶予を与えること、(ii)金融商品取引業者等が顧客に対し損害額全額の支払義務を認め、顧客が金融商品取引業者等に対し遅延損害金の支払義務を免除することは、いずれも「互いに譲歩をして」の要件を満たすものと考えられる。

(3) 認定司法書士は、法律上の語ではなく、司法書士法 3 条 2 項 2 号の認定を受けた司法書士の通称である。

司法書士は、原則として訴訟代理人となることができず（民訴 54 Ⅰ）、報酬を得る目的で法律事務を取り扱い、又はこれの周旋をすることを業とすることができないが（弁護士法 72）、所定の研修及び考査を受け、認定を受けた司法書士会の会員である司法書士は、民事に関する紛争（簡易裁判所における民訴の規定による訴訟手続の対象となるものに限る。）であって紛争の目的の価額が裁判所法 33 条 1 項 1 号に定める額を超えないものについて、相談に応じ、又は仲裁事件の手続若しくは裁判外の和解について代理すること（司法書士法 3 Ⅰ ⑦）ができる。裁判所法 33 条 1 項 1 号に定める額は、140 万円である。

2 和解の成立により金融商品取引業者等が顧客に対して支払をすることとなる額

(1) 支払をすることとなる金額の上限は、弁護士が手続を代理する場合は 1,000 万円であり、認定司法書士が代理する場合は 140 万円である。

(2) 弁護士が手続を代理する場合の支払の上限額が 1,000 万円とされた理由は、弁護士が手続を代理することにより無制限に支払が行われることを抑止する必要性と、個人投資家の被害額が相当な額に及ぶことが多い実態等をあわせて考慮したためである（Q&A 408 頁 19～25）。

(3) 認定司法書士が手続を代理する場合の支払の上限額が 140 万円とされた理由は、認定司法書士が和解を代理することができる金額が 140 万円であるためである（Q&A 410 頁 31）。

(4) 「金融商品取引業者等が顧客に対して支払をすることとなる額」は、顧客に対して支払われる額の総額である。この額は、和解を成立させるため

に顧客が支払った弁護士費用その他の諸費用を含む「場合もある」とされている（Q&A 408頁26）。

　例えば、金融商品取引業者等が、(i)弁護士が手続を代理して和解が成立した顧客に対して1,000万円を支払い、(ii)当該弁護士に対して顧客が支払うべき報酬に相当する額を当該弁護士に対して別途支払う場合、(i)及び(ii)の支払額の和は、1,000万円を超えているものの、「当該和解の成立により金融商品取引業者等が顧客に対して支払をすることとなる額が千万円を超えないこと」（業府令119Ⅰ⑧ロ）との要件は、満たされていないと判断される場合がある。

3　支払が事故による損失の全部又は一部を補てんするために行われるものであることを弁護士又は認定司法書士が調査し、確認したことを証する書面

(1)　調査及び確認は、弁護士又は認定司法書士が手続を代理することにより無制限に支払が行われることを抑止するために要求される（Q&A 408頁27）。

(2)　調査及び確認の方法は、制限されていない（Q&A 409頁28）。また、調査及び確認を証する書面の様式は、法定されていない。

4　金融商品取引業者等が責任の存否を争っている場合

　金融商品取引業者は、事故の発生に係る故意又は過失の存在を否定している場合であっても、顧客の代理人である弁護士又は認定司法書士より「支払が事故による損失を補てんするために行われるものであること」を調査及び確認したことを証する書面の交付を受けているときは、事故の確認を受けることなく、当該顧客との和解に応じて解決金を支払うことができる（Q&A 409頁29）。

第4章 事　故

Q74 金融商品取引業協会による調査及び確認をもって、事故の確認に代替できる場合（業府令119Ⅰ⑨）は、どのような場合か。

1　金融商品取引業協会による調査及び確認をもって、事故の確認に代替できる場合

⑴　金融商品取引業協会（認可金融商品取引業協会又は認定金融商品取引業協会をいう（業府令7①）。）による調査及び確認をもって、事故の確認に代替できる場合（業府令119Ⅰ⑨）は、事故による損失について、金融商品取引業者等と顧客との間で顧客に対して支払をすることとなる額が定まっている場合であって、次に掲げるすべての要件を満たす場合（業府令119条1項1号から8号までに掲げる場合を除く。）である。

①　金融商品取引業者等が顧客に対して支払をすることとなる額が1,000万円（②の委員会が司法書士である委員のみにより構成されている場合にあっては、140万円）を超えないこと。

②　①の支払が事故による損失を補てんするために行われるものであることが、金融商品取引業協会の内部に設けられた委員会（金融商品取引業協会により任命された複数の委員（事故に係る金融商品取引業者等及び顧客と特別の利害関係のない弁護士又は司法書士である者に限る。）により構成されるものをいう。）において調査され、確認されていること。

⑵　金融商品取引業者等と顧客との間に争いがない事故は、和解（業府令119Ⅰ⑧）の対象とならない。金融商品取引業協会による調査及び確認をもって、事故の確認に代替する制度（同⑨）は、このような事故につき事故の確認を要しないこととするために設けられたものである（高橋洋明・森口倫「規制緩和等のための「金融商品取引業等に関する内閣府令」等の改正の概要」旬刊商事法務1880号14頁）。

2　調査及び確認

認可金融商品取引業協会である日本証券業協会における調査及び確認の手続は、次のとおりである。

①　協会員は、日本証券業協会の事故確認委員会（日証協定款76の2Ⅰ）（委員会）に対し、確認申請書の記載事項（業府令121）を記載した同協

第2編　有価証券売買取引等に関する損失補てん等の規制

会所定の様式による事故調査確認申請書（調査確認申請書）を提出して、調査及び確認を依頼する（日証協事故確認規則8Ⅰ・Ⅱ）。

調査確認申請書には、顧客が同書の内容を確認したこと及び協会員と顧客との間で顧客に対して支払をすることとなる額が定まっていることを証する書面その他参考資料を添付しなければならない（同8Ⅲ）。

② 協会員は、調査確認申請書を提出したときは、提出日の属する月の翌月20日（当日が本協会の休業日である場合には、その前営業日）までに、申請1件につき調査確認料11,429円及び消費税等相当額を本協会に納入する（同11Ⅰ）。調査確認料の納入は、銀行振込により、振込手数料は、協会員の負担となる（同11Ⅱ）。

③ 委員会は、協会員から調査確認申請書の提出があった場合には、同書に記載された顧客に対する支払が事故による損失を補てんするために行われるものであるかどうかについて調査及び確認を行う（同9Ⅰ）。

委員会は、調査及び確認のため必要と認めるときは、調査確認申請書を提出した協会員に対し、その内容につき説明を求め、又は証拠書類等の提出を求めることができ、協会員は、正当な理由なく、これを拒むことができない（同9Ⅱ・Ⅲ）。

④ 委員会は、協会員から提出された調査確認申請書に記載された顧客に対する支払が事故による損失を補てんするために行われるものであるかどうかについて調査及び確認を行った場合には、速やかに、その内容を当該協会員に回答する（同10）。

Q75 補てんする金額が少額であるため事故の確認が不要となる場合（業府令119Ⅰ⑩）は、どのような場合か。

1　補てんする金額が少額であるため事故の確認が不要となる場合（業府令119Ⅰ⑩）

(1)　補てんする金額が少額であるため事故の確認が不要となる場合（業府令119Ⅰ⑩）は、金融商品取引業者等の代表者等が有価証券売買取引等に

関する事故に該当する行為（業府令118①）により顧客に損失を及ぼした場合で、1日の取引において顧客に生じた損失について顧客に対して申し込み、約束し、又は提供する財産上の<u>利益</u>が10万円に相当する額を上回らないとき（業府令119条1項1号から9号までの場合を除く。）である。
(2)　「利益」は、事故の原因となった行為の区分（業府令118Ⅰ①イ～ホ）ごとに計算する。「顧客の注文の執行において、過失により事務処理を誤ること。」（同ハ）又は「電子情報処理組織の異常により、顧客の注文の執行を誤ること。」（同ニ）の区分に係る利益の額については、注文の執行に誤りがあることにつき事故の確認が不要となる場合（業府令119Ⅰ⑪）において申し込み、約束し、又は提供する財産上の利益の額を控除して計算する（業府令119Ⅱ）。Q76
(3)　「10万円に相当する額」に制限されている理由は、事故の確認を受けることを原則としつつ、提供される財産上の利益の額が少額である場合に円滑かつ迅速な対応を可能とし、投資者保護を図るためであるとされている（Q&A 410頁32）。

2　口座の残高との関係

　提供することができる財産上の利益の上限額は、顧客の取引金額又は顧客名義の証券口座の残高にかかわらず10万円に相当する額である。業府令119条1項10号が口座の残高等に応じた一定割合（例えば、証券口座の残高に対して0.1パーセントに相当する金額）を上限額としない理由は、このように上限額を定めた場合、口座残高等が高額の顧客に対しては、高額の財産上の利益が提供される可能性があるためである（Q&A 410頁33）。

> **Q76**　注文の執行に誤りがあることにつき事故の確認が不要となる場合（業府令119Ⅰ⑪）は、どのような場合か。

1　注文の執行に誤りがあることにつき事故の確認が不要となる場合（業府令119Ⅰ⑪）

(1)　注文の執行に誤りがあることにつき事故の確認が不要となる場合は、次の条件をすべて満たす場合である。

① 金融商品取引業者等の代表者等が、次のいずれかの行為により顧客に損害を及ぼしたこと。
　(i) 顧客の注文の執行において、過失により事務処理を誤ること（業府令118①ハ）
　(ii) 電子情報処理組織の異常により、顧客の注文の執行を誤ること（同ニ）
② 業府令119条1項1号から9号までのいずれかに掲げる場合に該当しないこと。
③ 業務に関する帳簿書類（46の2・47・48）又は顧客の注文の内容の記録により事故であることが明らかであること。

(2) 過失による注文執行の誤り（業府令118①ハ）及び電子情報処理組織の異常による注文執行の誤り（同ニ）につき事故の確認が不要とされる理由は、これらがいずれも執行段階での誤りであるためである（Q&A 411頁34）。

　すなわち、顧客の注文内容と執行された取引との相違は、帳簿書類等に記載又は記録された顧客の注文内容と執行内容とを対照することにより確認することができるが、このような相違がある場合に顧客に生じた損失は、過失による注文執行の誤り又は電子情報処理組織の異常による注文執行の誤りという事故によって生じたものであることが推認できるためである。

2　未確認売買及び誤認勧誘

　業府令119条1項11号は、未確認売買（業府令118①イ）及び誤認勧誘（同ロ）には適用されない。

　過失による注文執行の誤り（業府令118①ハ）及び電子情報処理組織の異常による注文執行の誤り（同ニ）は、いずれも執行段階での誤りであるが、未確認売買及び誤認勧誘は、いずれも勧誘段階の行為であり、帳簿書類等の記載又は記録によっては、これらの事故と顧客に生じた損害との因果関係を確認することができないためである（Q&A 411頁34）。

第4章 事　故

> **Q77** 事故の報告は、どのように行われるか。

1 事故の報告の手続（業府令119Ⅲ）

(1) 事故の報告は、報告書の提出によって行う。

(2) 報告書を提出する義務を負う者は、業府令119条1項9号から11号までに掲げる場合において、事故の確認を受けないで、顧客に対し、財産上の利益を提供する旨を申し込み、若しくは約束し、又は財産上の利益を提供した金融商品取引業者等である。 Q74～76

(3) 報告書の提出期限は、申込み若しくは約束又は提供をした日の属する月の翌月末日までである。

(4) 報告書の記載事項は、確認申請書の記載事項（業府令121）である。 Q60

(5) 報告書の提出先は、事故の発生した本店その他の営業所又は事務所の所在地を管轄する財務局長（当該所在地が福岡財務支局の管轄区域内にある場合にあっては福岡財務支局長、国内に営業所又は事務所を有しない場合にあっては関東財務局長）である。

2 確認を受けようとする者が一般社団法人金融先物業協会の会員である場合

　一般社団法人金融先物業協会の会員が、金融先物取引業（金先協定款2の2⑤）に係る事故につき報告する場合、事故の報告は、同協会を経由して行う（業府令119Ⅲ・金先協事故確認規則3Ⅱ）。

　報告義務を負う者、報告書の提出期限及び報告書の記載事項は、いずれも直接財務局長に報告する場合（業府令119Ⅲ）と同様である。

3 確認を受けようとする者が日本証券業協会の会員である場合

　日本証券業協会の会員が、有価証券の売買その他の取引等（日証協定款3⑧）に係る事故につき報告する場合、事故の報告は、同協会を経由して行う（業府令119Ⅲ・日証協事故確認規則12Ⅱ）。

　報告義務を負う者、報告書の提出期限及び報告書の記載事項は、いずれも直接財務局長に報告する場合（業府令119Ⅲ）と同様である。

> **Q78** 金融商品取引業者等は、事故による損失を補てんしようとする場合、事故の確認（39Ⅲ・Ⅴ）又はその他の手続（業府令119Ⅰ①～⑪）のうち、いずれを選択すれば良いか。

1 優先劣後関係

　金融商品取引業者等は、事故による損失を補てんしようとする場合、必ずしも事故の確認（39Ⅲ・Ⅴ）を受ける必要はなく、その他の手続（業府令119Ⅰ①～⑪）をとることができる場合においてはこれらによって損失補てんをすることができる。

　すなわち、事故の確認を受ける方法（39Ⅲ・Ⅴ）と、その他の手続（業府令119Ⅰ①～⑪）との間には、いずれかを優先して行わなければならないという優先劣後関係はなく、業府令119条1項各号の手続の間においても、このような優先劣後関係はない。

2 選択の基準

(1)　金融商品取引業者等は、(i)金融商品取引業者等と顧客との関係、(ii)手続によって生ずる影響、(iii)手続に金融商品取引業者等が要する時間、労力及び費用、(iv)手続に顧客が要する時間、労力及び費用といった事項を考慮して、事故の確認（39Ⅲ・Ⅴ）又はその他の手続（業府令119Ⅰ①～⑪）から、適切なものを選択する。

　金融商品取引業者等は、一般的に、各手続に先行して顧客との間で補てんする額を合意すべく交渉するが、合意によって定める額は、責任追及等の訴え〔会847〕等を回避するため、経営判断として合理的な金額に留める必要がある。

(2)　金融商品取引業者等は、訴訟、紛争解決手続等の手続が開始するのに先立ち顧客との間で補てんする金額につき合意が得られている場合、事故の確認（39Ⅲ・Ⅴ）又は業府令119条1項各号の手続のうち、金融商品取引業者等及び顧客にとって、時間、労力及び費用の負担が軽いものを選択して、これを行うことになる。

　多数の顧客との間の紛争を短期間に処理する場合、調停又はこれに代わる決定（業府令119Ⅰ③）を選択する例が多く見られる。調停調書には、金

融商品取引業者等の故意又は過失を認定する記載がなく、調停手続に金融商品取引業者等及び顧客が要する時間及び労力は、他の手続を利用する場合と比較して僅少となるためである。

　損失補てんの対象となる顧客の数が限定的であり、補てんすべき金額が少額である場合、弁護士又は司法書士に顧客を代理させる方法（同⑧）を選択する例が多く見られる。金融商品取引業者等と顧客との間の和解契約書には、金融商品取引業者等の故意又は過失を認定する記載がなく、手続に第三者が介在しないことから、損失が生じた後、速やかにこれを補てんすることができるためである。

(3)　金融商品取引業者等は、訴訟、紛争解決手続等の手続が開始した後に顧客との間で補てんする金額につき合意が得られた場合、開始した手続に応じて、裁判上の和解（業府令119Ⅰ②）又はあっせんによる和解（同④～⑦）に基づいて損失補てんをする。

(4)　金融商品取引業者等は、顧客と補てんする金額を合意することができない場合、確定判決を得て（業府令119Ⅰ①）、損失補てんをする。

　被告である金融商品取引業者等に対して原告である顧客への金銭の支払を命じる確定判決は、金融商品取引業者等の故意又は過失を認定しているはずである。金融商品取引業者等がみずからの故意又は過失を認定した判決を得ることは、一般的にコンプライアンス上適切とはいえないであろう。

　また、金融商品取引業者等が、みずからの故意又は過失を認定した確定判決を得ることは、他の顧客との関係においても適切とはいえない場合がある。例えば、金融商品取引業者等が複数の顧客に対して同種の有価証券につき取得勧誘を行い、当該有価証券に損失が生じたような場合、一部の顧客と金融商品取引業者等との訴訟係る確定判決は、他の顧客と金融商品取引業者等との訴訟手続において証拠とされる可能性がある。

　さらに、確定判決を得るためには、長期間を要する場合があり、訴訟費用及び弁護士報酬が高額となる場合もある。

第5章 罰　　則

❖ 第1節 主　　刑

Q79 金融商品取引業者等は、みずから法39条1項の規定に違反した場合、どのような罰則の適用を受けるか。

1　適用される罰則

(1) 法39条1項の規定に違反した場合においては、その行為をした金融商品取引業者等は、3年以下の懲役若しくは300万円以下の罰金に処せられ、又はこれらを併科される（198の3）。

　違法な損失補てん行為についての罰則（3年以下の懲役、300万円以下の罰金又はこれらの併科）が、相場操縦行為等についての罰則（違反が商品関連市場デリバティブ取引のみに係るものである場合は5年以下の懲役、500万円以下の罰金又はこれらの併科（197の2⑬）、その他の場合は10年以下の懲役、1,000万円以下の罰金又はこれらの併科（197⑤））よりも軽減されている理由は、損失補てん行為が、(i)不正行為（157）、風説の流布、偽計、暴行又は脅迫（158）のように行為そのものが悪質なものではないこと及び(ii)相場操縦行為等（159）のように市場における価格形成を直接に歪めるものではないことである（松田65頁）。

(2) 法198条の3は、個人である金融商品取引業者等に対して適用され、個人でない金融商品取引業者等は、同条の適用を受けない。

　個人でない金融商品取引業者等については、懲役刑を科すことはできず、法人である金融商品取引業者等及び法人でない団体で代表者又は管理人の定めのあるものである金融商品取引業者等については、いわゆる両罰規定（207Ⅰ③）が別に設けられているためである。

　両罰規定とは、事業主を、違反行為を行った自然人である行為者と共に処罰する規定をいう。

2　法39条1項の規定に違反した場合

(1)　「法39条1項の規定に違反した場合」とは、金融商品取引業者等が、法39条1項違反の罪を犯した場合をいう。

(2)　金融商品取引業者等が法39条1項各号に掲げる行為を行った場合であっても、(i)当該行為が社会的儀礼の範囲内で行われるために違法性を欠く場合、(ii)事故の確認を受けている場合（39Ⅲ）又は事故の確認を要しない場合（業府令119Ⅰ）においては、「法39条1項の規定に違反した場合」の要件は、満たされない。

3　その行為

「その行為」とは、法39条1項違反については、同項各号に掲げる行為をいう。**Q27**

4　未遂罪

法39条1項違反の罪については、未遂罪の定めがないことから、未遂は、処罰されない（刑44・8）。

Q80　金融商品取引業者等は、その代表者又は代理人、使用人その他の従業者が法39条1項各号に掲げる行為をした場合、どのような罰則の適用を受けるか。

1　適用される罰則

(1)　法人である金融商品取引業者等（法人でない団体で代表者若しくは管理人の定めのあるものである金融商品取引業者等も同様）の代表者、代理人、使用人その他の従業者が、金融商品取引業者等の業務又は財産に関し、法198条の3の規定の違反行為をしたときは、その行為者が罰せられるほか、金融商品取引業者等に対して3億円以下の罰金刑が科せられる（207Ⅰ③）。法207条1項は、いわゆる両罰規定である。

法207条1項は、金融商品取引業者等が財団である場合における管理人を違反行為の主体として明記していないが、この場合における管理人は、「その他の従業者」に含まれるものと考えるのが自然であろう。

(2) 自然人である金融商品取引業者等の代理人、使用人その他の従業者が、金融商品取引業者等の業務又は財産に関し、法198条の3の規定の違反行為をしたときは、その行為者が罰せられるほか、金融商品取引業者等に対して300万円以下の罰金刑が科せられる（207Ⅰ③・198の3）。

(3) 第二種金融商品取引業（28Ⅱ）を行う金融商品取引業者は、純粋な個人である場合（すなわち、法人でない団体で代表者又は管理人の定めのあるものに該当しない場合）と法人である場合があるが、第一種金融商品取引業（同Ⅰ）を行う金融商品取引業者は、株式会社であることを要するため（29の4Ⅰ⑤イ）、必ず「法人」となる。

2 代 理 人

「代理人」の意義につき、明文の規定は設けられていない。

事業主が補助金の交付決定を受けた補助事業者である場合、事業主が補助金の交付を受けるための業務に関し、事業主の統制監督を現に受け、又は受けるべき関係の下で補助金の申請等の業務を代理した者は、「代理人」に該当する（補助金等に係る予算の執行の適正化に関する法律（昭和30年法律第179号）32条1項にいう「代理人」につき、最決平成27年12月14日刑集69巻8号832頁）。

3 従 業 者

(1) 「従業者」は、現実に業務に従事している者を意味し、委任、雇用契約等に基づいて職務に従事する義務の有無や形式上の地位・呼称のいかんを問わない（平成20年法律65号による改正前の法166条1項1号にいう「その他の従業者」につき、最決平成27年4月8日裁時1625号6頁）。

そのため、次の者は、いずれも従業者に該当する。

① 事業主に対して職務を提供する義務を負う立場にある者
② 実質的に事業主の役員、代理人、使用人に相当する権限を与えられ、これを行使している者
③ 大株主として事業主の代表者と随時協議するなどして事業主の財務及び人事等の重要な業務執行の決定に関与するという形態で現実に事業主の業務に従事している者

(2) (1)①又は②に相当する者については、次のような判例がある。
　① 事業主の雇人が、第三者を事業主の業務に属する行為に従事させ、当該第三者が継続的に当該行為に従事した場合、当該第三者は、事業主にとって従業者となる（旧取引所法 32 条の 6 に規定する従業者につき、大判大正 7 年 4 月 24 日刑録 24 輯 392 頁）。
　② 従業者は、事業主と雇用関係にあることを要せず、事業主の監督の下にその事業に使用される者であれば足りる（旧銃砲火薬類取締法 21 条に規定する従業者につき、大判昭和 9 年 4 月 26 日大刑集 13 巻 527 頁）。
　③ 事業主との特定の関係に基づいて、事実上事業主の業務に従事している者は、従業者である（物価統制令（昭和 21 年勅令第 118 号）40 条に規定する従業者につき、最判昭和 26 年 9 月 4 日刑集 5 巻 10 号 1860 頁）。
　④ 事業主が法人である場合、当該法人の代表者ではない実質的な経営者は、従業者に含まれる（法人税法（昭和 40 年法律第 34 号）159 条 1 項・164 条 1 項（当時）にいう「その他の従業者」につき、最決昭和 58 年 3 月 11 日刑集 37 巻 2 号 54 頁）。

4　業務に関し
(1) 「業務」とは、法人の一切の業務をいう。
　したがって、「業務」は、法人の主たる業務に限られず、付随業務等も含み（コンメ⑷658 頁〔山田〕）、法人の目的の範囲外の業務も含む（三法解説 159 頁）。
(2) 「業務……に関し」とは、行為が客観的に事業主の業務の遂行として認められるものであることをいう（三法解説 159 頁）。

5　法 198 条の 3 の規定の違反行為をしたとき
　「法 198 条の 3 の規定の違反行為をしたとき」とは、法 39 条 1 項違反については、金融商品取引業者等の代表者、代理人、使用人その他の従業者が、同項違反の罪を犯したときをいう。
　法 39 条 1 項は、金融商品取引業者等を規制の対象者とする規定であるが、「その行為者が罰せられるほか」（207 Ⅰ）との定めにより、金融商品取引業者等の代表者、代理人、使用人その他の従業者をも規制の対象者とす

る規定に修正される。

6　未遂罪

　法39条1項違反の罪については、未遂罪の定めがないことから、未遂は、処罰されない（刑44・8）。

7　法207条1項が適用されない場合

(1)　金融商品取引業者等は、代表者又は代理人、使用人その他の従業者が、その業務又は財産に関し、法198条の3の規定の違反行為をした場合であっても、行為者の選任、監督その他違反行為を防止するために必要な注意を尽くしたことを証明した場合は、法207条1項の適用を免れる。

　法207条1項は、金融商品取引業者等が、行為者の選任、監督その他違反行為を防止するために必要な注意を尽くさなかった過失の存在を推定する規定であると考えられているためである。

(2)　両罰規定は、事業主が行為者の選任、監督その他違反行為を防止するために必要な注意を尽さなかった過失の存在を推定するものであり、事業主は、注意を尽したことを証明することにより、刑事責任を免れる。

　反証による免責は、判例理論によって認められるものであり、「ただし、法人又は人の代理人、使用人その他の従業者の当該違反行為を防止するため、当該業務に対し相当の注意及び監督が尽されたことの証明があつたときは、その法人又は人については、この限りでない。」といったただし書が設けられていなくても認められる（法207条1項には、このようなただし書はない。ただし書があるものとして、内航海運組合法（昭和32年法律第162号）73・企業合理化促進法（昭和27年法律第5号）16・海外からの日本国民の集団的引揚輸送のための航海命令に関する法律（昭和27年法律第35号）4等）。

　反証による免責は、事業主が人であるか法人であるかを問わず認められる（事業主が人である場合につき、最大判昭和32年11月27日刑集11巻12号3113頁（旧入場税法に関するもの）・最判昭和33年2月7日刑集12巻2号117頁（旧中型機船底曳網漁業取締規則に関するもの）・最判昭和38年2月26日刑集17巻1号15頁（売春防止法（昭和31年法律第118号）14条に関するもの）等。事業主が法人（株式会社）であり、行為者が事業主の代表者でない場合につ

き、最判昭和40年3月26日刑集19巻2号83頁）。

(3) 法207条1項の規定は、金融商品取引業者等の代表者又は代理人、使用人その他の従業者が、みずからの財産をもって違法な損失補てんをした場合であっても適用されるが、これに対しては、金融商品取引業者等にとって酷である等の理由から、金融商品取引業者等の財産をもって違法な損失補てんがされた場合においてのみ同規定を適用すべきであるとの批判がある（黒沼（2016）506～507頁）。

Q81 金融商品取引業者等は、いかなる職位の従業者が法39条1項各号に掲げる行為をした場合に、法207条1項3号の適用を受けるか。

1　法207条1項3号の適用

(1) 金融商品取引業者等は、理論上、従業者の職位にかかわらず、従業者が金融商品取引業者等の業務又は財産に関して法39条1項違反の行為をした場合には、法207条1項3号の適用を受ける。

判例が認める両罰規定における従業者の範囲は、きわめて広く（大判昭和9年4月26日大刑集13巻527頁・大判大正7年4月24日刑録24輯392頁・最判昭和26年9月4日刑集5巻10号1860頁）、事業者の代表者又は役員といった者に限定されていないためである。

(2) 金融商品取引業者等の役員会において違法に損失補てんをする旨を決定し、この決定に基づいて損失補てんがされた場合、役員会に出席した役員のうち、(i)決議に賛成した者は、法39条1項違反の行為を共謀して行った者として、法39条1項違反の行為をした従業者に含まれ、(ii)決議に反対した者は、結果として違法な決議を受け入れたものと評価される場合は、同様に法39条1項違反の行為をした従業者に含まれるとされている（損失補てん規制Q&A 111～112頁）。

(3) 金融商品取引業者等の外務員（64 I）は、所属する金融商品取引業者の業務に関して損失補てん（39 I ③）をした場合、法207条1項3号の規定により法39条1項違反の行為を行ったことになり、この外務員が所属する金融商品取引業者等は、法207条1項3号の適用を受ける。

この場合、外務員が所属する金融商品取引業者等は、違法な損失補てん

が無断で行われていたとしても、法207条1項3号の適用を受けるとされている（損失補てん規制Q&A 115～116頁）。もちろん、金融商品取引業者等は、外務員の選任、監督その他違反行為を防止するために必要な注意を尽くしたことを証明した場合は、同号の適用を免れる。 Q80

(4) 金融商品取引業者等の支店長は、支店限りの判断で、金融商品取引業者等の業務に関して損失補てん（39 Ⅰ③）をした場合、法207条1項3号の規定により法39条1項違反の行為を行ったことになり、この支店長が所属する金融商品取引業者等は、法207条1項3号の適用を受けるとされている（損失補てん規制Q&A 117～118頁）。

2　裁判例

確認できる裁判例は、いずれも(i)証券会社（第一種金融商品取引業を行う金融商品取引業者）又は上級職員（営業部長等）が共謀して、(ii)証券会社の計算において、違法な損失補てんをした事例である（東京地判平成8年12月24日判タ937号268頁・東京地判平成10年7月17日判時1654号148頁・東京地判平成10年9月21日判時1655号184頁・東京地判平成10年10月15日判タ1000号340頁）。

各裁判例は、いずれも証券会社及びその役員又は上級職員（並びに関連会社の役員）を被告人とするものであり、役員又は上級職員に対して法198条の3に相当する罰則を適用し（役員又は上級職員が複数関与している場合は、これらを共同正犯（刑60）としている。）、証券会社に対して法207条1項3号に相当する罰則を適用するものである（東京地判平成10年9月21日判時1655号184頁においては、実行行為に関与した証券会社の関連会社の役員も証券会社の役員の共同正犯とされている。）。

> **Q82**　金融商品取引業者等の代表者、代理人、使用人その他の従業者は、法39条1項各号に掲げる行為をした場合、どのような罰則の適用を受けるか。

1　適用される罰則

法39条1項の規定に違反した場合においては、その行為をした金融商

品取引業者等の代表者、代理人、使用人その他の従業者は、3年以下の懲役若しくは300万円以下の罰金に処せられ、又はこれらを併科される（198の3）。

2　法39条1項の規定に違反した場合

(1)　「法39条1項の規定に違反した場合」とは、金融商品取引業者等の代表者、代理人、使用人その他の従業者が、法39条1項違反の罪を犯した場合をいう。Q80

(2)　金融商品取引業者等の代表者、代理人、使用人その他の従業者が、法39条1項各号に掲げる行為を行った場合であっても、(i)当該行為が社会的儀礼の範囲内で行われるために違法性を欠く場合、(ii)金融商品取引業者等が事故の確認を受けている場合（39Ⅲ）又は金融商品取引業者等が事故の確認を要しない場合（業府令119Ⅰ）においては、「法39条1項の規定に違反した場合」の要件は、満たされない。

(3)　法39条1項は、金融商品取引業者等を規制の対象者とする規定であるため、金融商品取引業者等ではない代表者、代理人、使用人その他の従業者がこれに違反した場合であっても、「法39条1項の規定に違反した場合」に該当しないようにも思える。

　もっとも、法207条1項は、「法人……の代表者又は法人若しくは人の代理人、使用人その他の従業者が、その法人又は人の業務又は財産に関し、（法198条の3の）規定の違反行為をしたときは、その行為者が罰せられる」としており、この規定は、金融商品取引業者等の代表者、代理人、使用人その他の従業者が、金融商品取引業者等の業務又は財産に関し、法39条1項の規定に違反する行為をした場合には、これらの者に法198条の3の規定による犯罪を成立させるものと考えられている（損失補てん規制Q&A 115～116頁）。

(4)　両罰規定が規制の対象者を修正することを明示する判例として、最決昭和55年10月31日刑集34巻5号367頁がある。この決定は、料理飲食等消費税の特別徴収義務者である法人の代表者（被告人）が、その法人の業務に関し、同税にかかる納入金を東京都に納入しなかった事例に関するものである。

第 2 編　有価証券売買取引等に関する損失補てん等の規制

　同決定は、「地方税法 119 条 2 項は同条 1 項所定の特別徴収義務者の義務を定めた規定であり、同法 122 条 1 項は右の義務に違反した特別徴収義務者を処罰する規定であるが、同条 4 項には、「法人の代表者又は法人若しくは人の代理人、使用人その他の従業者がその法人又は人の業務に関して第一項又は第二項の違反行為をした場合においては、その行為者を罰する外、その法人又は人に対し、本条の罰金刑を科する。」と定められている。ここに「その行為者を罰する外」とあるのは、代表者・従業者等が法人又は人の業務に関して同条 1 項又は 2 項の違反行為に該当する行為をした場合には、同人らに当該規定による犯罪が成立し、同人らを処罰する趣旨と解すべきである……。」として、料理飲食等消費税の特別徴収義務者の代表取締役として、同会社の業務に関し、同税にかかる納入金を東京都に納入しなかった被告人は、「みずからは特別徴収義務者ではないけれども、同条 1 項の罪の行為者として同条 4 項及び 1 項により処罰される」としている。

3　その行為

　「その行為」とは、法 39 条 1 項違反については、同項各号に掲げる行為をいう。**Q27**

4　未遂罪

　法 39 条 1 項違反の罪については、未遂罪の定めがないことから、未遂は、処罰されない（刑 44・8）。

Q83　金融商品取引業者等又はその代表者、代理人、使用人その他の従業者のいずれにも該当しない者は、法 39 条 1 項各号に掲げる行為に関与した場合、罰則の適用を受けるか。

1　罰則の適用

(1)　金融商品取引業者等又はその代表者、代理人、使用人その他の従業者のいずれにも該当しない者は、次の場合においては、法 198 条の 3 の適用を受ける。

　① 　金融商品取引業者等又は金融商品取引業者等の代表者、代理人、使

用人その他の従業者と共同して、法39条1項の規定に違反する行為を行った場合
② 金融商品取引業者等又は金融商品取引業者等の代表者、代理人、使用人その他の従業者に教唆して、法39条1項の規定に違反する行為を行わせた場合
③ 金融商品取引業者等又は金融商品取引業者等の代表者、代理人、使用人その他の従業者が法39条1項の規定に違反する行為を行うのを容易にした場合

(2) 金融商品取引業者等又はその代表者、代理人、使用人その他の従業者のいずれにも該当しない者は、法39条1項違反の罪を犯す身分を有さないが、いわゆる身分なき共犯として（刑65Ⅰ）、共同正犯（最決平成15年2月18日刑集57巻2号161頁等）、教唆犯又は幇助犯の方法により同条違反の罪を犯すことができる。

2 共同正犯

1(1)①の場合、金融商品取引業者等又はその代表者、代理人、使用人その他の従業者のいずれにも該当しない者は、共同正犯として、法198条の3に定められた法定刑の範囲において処罰される（刑60）。

3 教唆犯

(1) 1(1)②の場合、金融商品取引業者等又はその代表者、代理人、使用人その他の従業者のいずれにも該当しない者は、教唆犯として、法198条の3に定められた法定刑の範囲において処罰される（刑61Ⅰ）。

(2) 例えば、金融商品取引業者等の親会社の役員が、子会社である金融商品取引業者等に対して、損失補てんを目的として顧客に財産上の利益を提供するよう指示した場合は、1(1)②の場合に該当すると考えられる（損失補てんQ&A 119頁参照）。

4 幇助犯

(1) 1(1)③の場合、金融商品取引業者等又はその代表者、代理人、使用人その他の従業者のいずれにも該当しない者は、幇助犯として、法198条の3

に定められた法定刑に、法律上の減刑を施した範囲において処罰される（刑62Ⅰ）。

有期の懲役を減軽するときは、その長期及び短期の2分の1を減じ、罰金を減軽するときは、その多額及び寡額の2分の1を減ずるため（刑68③・④）、処罰の範囲は、1.5年以下の懲役、150万円以下の罰金又はこれらの併科となる。

(2) 例えば、(i)損失補てんのために提供する財産上の利益を準備した場合、(ii)このような財産上の利益を提供する場所を提供した場合、(iii)損失補てんのためにする財産上の利益の提供につき助言を行った場合は、1(1)③の場合に該当するとされている（損失補てん規制Q&A 62頁）。

Q84 確認申請書（39Ⅴ）又はその添付書類に虚偽の記載をして提出した者は、どのような罰則の適用を受けるか。

1 確認申請書又はその添付書類に虚偽の記載をして提出した者

(1) 確認申請書又はその添付書類に虚偽の記載をして提出した者は、1年以下の懲役若しくは100万円以下の罰金に処せられ、又はこれらを併科される（200⑮）。

この規定は、金融商品取引業者等が虚偽の申請をして事故の確認を受けることを防止することを目的としたものである（松田64頁）。

(2) 処罰の対象となる者は、「39条5項……の規定による申請書又は書類に虚偽の記載をして提出した者」であり、当該者が所属する法人ではない。

(3) 金融商品取引業者等は、損失補てんにつき事故の確認を受けた場合で、確認を受けた額を上回る額の財産上の利益を提供するときは、あらためて事故の確認を受けることを要する（損失補てん規制Q&A 57頁）。

したがって、(i)ある金額の財産上の利益を提供する意思をもって、(ii)これを下回る金額の財産上の利益を提供する旨を確認申請書に記載し、確認を受けた後、(iii)(i)の金額の財産上の利益を提供した場合は、(ii)につき確認申請書の虚偽記載の罪が成立し、(iii)につき法39条1項違反の罪が成立することになる。

2　未遂罪

確認申請書又はその添付書類に虚偽の記載をして提出した場合については、未遂罪の定めがないことから、未遂は、処罰されない（刑44・8）。

Q85　顧客は、みずから法39条2項の規定に違反した場合、どのような罰則の適用を受けるか。

1　適用される罰則

(1)　法39条2項の規定に違反した者は、1年以下の懲役若しくは100万円以下の罰金に処せられ、又はこれらを併科される（200⑭）。

顧客に適用される罰則（1年以下の懲役、100万円以下の罰金又はこれらの併科）が金融商品取引業者等に適用される罰則（3年以下の懲役、300万円以下の罰金又はこれらの併科）よりも軽減されている理由は、(i)金融商品取引業者等は、市場仲介者として中立性又は公共性を要請されているが、顧客は、このような要請をされていないこと、及び(ii)顧客が罰則の適用を受ける場合は、顧客の行為が金融商品取引業者等の違法行為を助長する性質を有している場合に限定されていることである（松田65頁）。

(2)　法200条14号の規定は、個人である顧客に対して適用され、個人でない顧客は、同条の適用を受けない。

個人でない顧客については、懲役刑を科すことはできず、法人である顧客及び法人でない団体で代表者又は管理人の定めのあるものである顧客については、いわゆる両罰規定（207Ⅰ⑤）が別に設けられているためである。

2　法39条2項の規定に違反した者

(1)　「法39条2項の規定に違反した者」は、同項に違反して(i)損失補てん等の約束をし、(ii)損失補てん等に係る財産上の利益を受け、又は(iii)第三者に(i)若しくは(ii)をさせた顧客である。**Q42**

(2)　顧客が法39条2項各号に掲げる行為を行った場合であっても、(i)当該行為が社会的儀礼の範囲内で行われるために違法性を欠く場合、(ii)約束（39Ⅱ①・②）が事故による損失の全部又は一部を補てんする旨のものである場合、(iii)財産上の利益（39Ⅱ③）が事故による損失の全部又は一部を補

第 2 編　有価証券売買取引等に関する損失補てん等の規制

てんするため提供されたものである場合においては、「法 39 条 2 項の規定に違反した」の要件は、満たされない。

3　未遂罪

法 39 条 2 項違反の罪については、未遂罪の定めがないことから、未遂は、処罰されない（刑 44・8）。

> **Q86**　顧客は、その代表者又は代理人、使用人その他の従業者が法 39 条 2 項各号に掲げる行為をした場合、どのような罰則の適用を受けるか。

1　適用される罰則

(1)　法人である顧客（法人でない団体で代表者若しくは管理人の定めのあるものである顧客も同様）の代表者、代理人、使用人その他の従業者が、顧客の業務又は財産に関し、法 200 条の規定の違反行為をしたときは、その行為者が罰せられるほか、顧客に対して 1 億円以下の罰金刑が科せられる（207 Ⅰ ⑤）。

法 207 条 1 項は、顧客が財団である場合における管理人を違反行為の主体として明記していないが、この場合における管理人は、「その他の従業者」に含まれるものと考えるのが自然であろう。

(2)　自然人である顧客の代理人、使用人その他の従業者が、顧客の業務又は財産に関し、法 200 条の規定の違反行為をしたときは、その行為者が罰せられるほか、顧客に対して 100 万円以下の罰金刑が科せられる（207 Ⅰ ⑤・200 ⑭）。

(3)　「代理人」、「従業者」及び「業務……に関し」の意義は、金融商品取引業者等に法 207 条 1 項 3 号の規定が適用される場合と同様である。**Q80**

2　法 200 条の規定の違反行為をしたとき

「法 200 条の規定の違反行為をしたとき」とは、法 39 条 2 項違反については、金融商品取引業者等の顧客の代表者、代理人、使用人その他の従業者が、同項違反の罪を犯したときをいう。

3 法207条1項が適用されない場合

　顧客は、代表者又は代理人、使用人その他の従業者が、その業務又は財産に関し、法198条の3の規定の違反行為をした場合であっても、行為者の選任、監督その他違反行為を防止するために必要な注意を尽くしたことを証明した場合は、法207条1項の適用を免れる。Q80

4 未遂罪

　法39条2項違反の罪については、未遂罪の定めがないことから、未遂は、処罰されない（刑44・8）。

Q87 金融商品取引業者等が、法39条1項の規定に違反して、1人の顧客に対して複数回財産上の利益を提供した場合、罪数は、どのように処理されるか。

---

1 提供行為が異なる機会に行われた場合

(1)　金融商品取引業者等が、法39条1項の規定に違反して、1人の顧客に対して複数回財産上の利益を提供した場合、提供行為ごとに法39条1項違反の罪が1つ成立する。各提供行為が異なる機会に行われたものである場合は、それぞれの罪は、確定判決を経ていない場合は併合罪（刑45）となる（東京地判平成8年12月24日判タ937号268頁・東京地判平成10年7月17日判時1654号148頁・東京地判平成10年9月21日判時1655号184頁等）。財産上の利益の提供が毎日行われる場合においても、同様である。

(2)　東京地判平成10年10月15日判タ1000号340頁は、1人の顧客が指定した第三者に対して複数回財産上の利益が提供された場合において、(i)被告人らは、取引日ごとに損益状況等を考慮しながら、取引の利益額等を検討し、銘柄や帰属させる方法等を選択したこと（したがって、機械的に提供行為が行われていたわけではないこと）、(ii)被告人らは、利益の提供を行うことを当然の前提とした共謀をしたこと、(iii)提供行為は、長期間、多数にわたり行われたこと及び(iv)損失補てん行為は、証券市場における適正な価格形成機能を歪め、証券会社の市場仲介者としての中立性や公正性を損なうことから禁止されたものであり、提供行為は、その1つ1つがこのよう

な立法の趣旨に違背することを理由として、各提供行為につき「全体としてそれぞれ包括一罪が成立する旨の……弁護人の主張は、失当」であるとしている。

2 提供行為が同一の機会に行われた場合

(1) 金融商品取引業者等が、法39条1項の規定に違反して、1人の顧客に対して複数回財産上の利益を提供した場合、提供行為ごとに法39条1項違反の罪が1つ成立するが、各提供行為が同一の機会に行われたものである場合は、それぞれの罪は、包括一罪となる。

(2) 前出東京地判平成10年10月15日判タ1000号340頁は、証券会社が、自己取引として各日の間に行った複数銘柄の株式の売買のうち利益が生じたものの一部を、当該日の大引け後に、顧客が指定した第三者に帰属させる方法によって行った提供行為につき、「損失補てん……罪は、提供……される財産上の利益の種類を問わないのであって、提供……の対象となった個々の銘柄の株式の取引の公正自体を直接の保護法益としているものではないのであるから、利益の種類が異なるからといって、直ちに利益の種類ごとにそれぞれ一罪が成立してそれらが併合罪の関係に立つというものではない。」とした上、「本件においては、損失補てん……の実行行為は、すべて大引け後に行われているのであり、対象とされた株式の銘柄が複数ある場合であっても、あるいは同一銘柄の株式につき日計りとはな替えの双方の手段が用いられた場合であっても、同一取引日に行われたものである限り、それらの利益の提供……は、同一の機会になされたものであるというほかない。したがって、このような本件の具体的な事情の下では、同一取引日において、複数の銘柄の株式が利益の提供……の対象とされた場合や、同一銘柄の株式につき日計りとはな替えの双方が行われた場合には、その取引日については、損失補てんと利益供与の各包括一罪が成立する。」として、同一の取引日に行われた複数の提供行為につき併合罪が成立することを否定している。

3 提供された財産上の利益が複数ある場合

法39条1項違反の罪は、財産上の利益の提供行為ごとに成立するため、

提供された財産上の利益の数は、罪数に影響しない。例えば、金銭及び貴金属をあわせて1度に提供した場合であっても、罪数は、提供行為の数と同じ1つとなる。

❖ 第2節　付　加　刑

第1款　金融商品取引業者等に対する金融商品取引法違反被告事件

Q88 法39条1項の規定に違反して提供された物は、没収することができるか。

1　没　収

(1)　法39条1項の規定に違反して物（有体物である財産上の利益）を提供した金融商品取引業者等に対する金融商品取引法違反被告事件において、当該物は、「犯罪行為を組成した物」（刑19Ⅰ①）に該当するため、刑19条1項の規定により没収することができる。この没収は、任意的没収（没収のうち、要件を満たした場合に行うか否かが裁判所の裁量に委ねられているものをいう。）である。

(2)　任意的没収の対象となる物は、(i)犯人以外の者に属しない物又は(ii)犯人以外の者に属する物であって、犯罪の後にその者が情を知って取得したもの（刑19Ⅱ）である。

そのため、次の物は、いずれも刑19条1項の規定により金融商品取引業者等より没収することができる。

①　法39条1項3号の規定に違反して提供したものの、顧客又は第三者（39Ⅰ③）が受けなかった物
②　顧客又は第三者（39Ⅰ③）が、法39条1項3号に該当する行為によって得られる物であることを認識して受けた後、犯人である金融商品取引業者等に対して返還した物

(3)　没収は、主刑である懲役又は罰金（198の3・207Ⅰ③）の付加刑であるため（刑9）、原則として主刑の言渡しがある場合にのみ科せられる。もっ

とも、主刑の刑が免除される場合は、没収のみを科すことは可能である（条解刑法23頁）。

(4) 法39条2項の規定に違反して犯人又は第三者が受けた物については、必要的没収の規定（200の2）が設けられていることから、法39条2項の規定に違反して物を受けた顧客に対する金融商品取引法違反被告事件において当該物につき没収の言渡しがあった場合は、金融商品取引業者等に対する被告事件及び顧客に対する被告事件において二重に没収の言渡しがされることになる（第1審で共同被告の1人に対し没収の言渡しの判決が確定した後、第2審で他の共同被告に対し同一没収刑を言い渡すことができるとしたものとして、大判大正5年9月27日刑録22輯1456頁）。

2 追　徴

1(2)①及び②の物は、いわゆる犯罪組成物件（19 I ①）である（賄賂罪における賄賂を犯罪組成物件としたものとして、最判昭和24年12月6日刑集3巻12号1884頁）。

いわゆる犯罪組成物件（19 I ①）の価額は、刑19条の2の規定による追徴の対象とされていないことから、法39条1項の規定に違反して物を提供した金融商品取引業者等に対する金融商品取引法違反被告事件において、これを刑19条1項の規定により没収することができない場合であっても、その価額を刑19条の2の規定により追徴することはできない。

Q89 法39条1項の規定に違反して提供された無体物は、没収することができるか。

1 没　収

(1) 法39条1項の規定に違反して無体物である財産上の利益を提供した金融商品取引業者等に対する金融商品取引法違反被告事件において、当該無体物は、刑19条1項の規定により没収することができない。

(2) 刑19条1項は、「物」の任意的没収について定めたものであるが、ここでいう物とは有体物（液体、気体又は固体のいずれかに属するものをいう。）をいい（民85参照）、無体物（著作権等、液体、気体又は固体のいずれにも属さ

ないものをいう。）は、物に含まれないためである。

刑訴及び応急措置法も、同様に有体物の没収について定めていることから、無体物の没収は、特別法の規定がない限り認められない。

2 追　徴
⑴　法39条1項の規定に違反して提供された財産上の利益が無体物である場合、その価額は、追徴することができない。
⑵　法39条1項の規定に違反して提供された物は、いわゆる犯罪組成物件（19Ⅰ①）である。
⑶　刑19条の2の規定による追徴をすることができる場合は、刑19条1項3号又は4号に掲げる物の全部又は一部を没収することができない場合に限られることから、法39条1項の規定に違反して提供された物を刑19条1項の規定により没収することができない場合であっても、その価額を刑19条の2の規定により追徴することはできない。

また、任意的追徴（刑19の2）をするためには、犯行時において刑19条1項3号又は4号に規定する「物」が存在する必要があるが（条解刑法43頁）、無体物は、ここでいう「物」に該当しない。

第2款　顧客に対する金融商品取引法違反被告事件

> **Q90**　法39条2項の規定に違反して受けた財産上の利益は、没収することができるか。

1 没　収
⑴　法39条2項の規定に違反して財産上の利益を受けた顧客に対する金融商品取引法違反被告事件において、犯人又は情を知った第三者が受けた当該財産上の利益は、法200条の2の規定により没収される。

法200条の2の没収は、必要的没収（没収のうち、要件を満たした場合に必ず行われるものをいう。）であるため、没収の要件を満たす限り、裁判所は、没収の言渡しをしなければならない。
⑵　法200条の2の趣旨は、⒤顧客又は情を知った第三者に違法な経済的

利益を所持させないこと及び(ⅱ)(ⅰ)により、将来にわたって金融商品取引業者等に損失補てん等をする意欲をうしなわせ、犯罪の再発を抑止しようとすることにある（コンメ(4)613〜614頁〔行澤〕）。
(3) 法200条の2の規定による没収は、必要的没収であるものの、任意的没収と同様に付加刑であるため（刑9）、原則として主刑の言渡しがある場合にのみ科せられる。もっとも、主刑の刑が免除される場合は、没収のみを科すことは可能である（条解刑法23頁）。

2　財産上の利益

　没収の対象となる「財産上の利益」は、有体物に限られず、金銭債権等の無体物を含む（2014年改正55頁）。したがって、法39条2項の規定に違反して顧客又は第三者が受けた財産上の利益が無体物である場合、この財産上の利益は、没収の対象となり、法200条の2の規定による必要的追徴（追徴のうち、要件を満たした場合に必ず行われるものをいう。）の要件である「その全部又は一部を没収することができないとき」との要件は、満たされない（200の2と刑19・19の2との対比）。

3　犯　　人

(1) 「犯人」とは、没収を言い渡される被告人及びその共犯者をいう（刑法19条2項における犯人につき、大判大正11年5月19日大刑集1巻326頁）。したがって、法39条2項の規定に違反して財産上の利益を受ける犯人は、被告人が顧客である場合は、顧客及びその共犯者となる。
(2) 「共犯者」は、共同正犯、教唆犯及び幇助犯のほか、両罰規定により処罰される法人又は個人を含む（関税法（昭和29年法律第61号）118条における犯人につき、最決昭和38年5月22日刑集17巻4号457頁）。
(3) 共犯者は、没収を言い渡される被告人と同時に審判を受けている必要はなく、訴追されていなくても良い（本項目につき、条解刑法39頁）。

4　情を知った第三者

(1) 「情を知った第三者」とは、金融商品取引業者等又は顧客以外の者であって、法39条1項3号に該当する行為によって得られる財産上の利益

であることを認識して、これを受けた者をいう（コンメ⑷614頁〔行澤〕）。

　認識の対象に要求（39Ⅱ③）があったことを含めない理由は、違法な損失補てん等であることを知っているが顧客による要求の有無は知らない第三者に、違法な経済的利益を所持させないためである。
⑵　財産上の利益を受けた後に情を知った第三者は、「情を知った第三者」に該当しない。
⑶　法人の代表者が、法39条2項の規定に違反して提供された財産上の利益であることを認識してこれを受けた場合は、当該法人は、情を知った第三者となる（いわゆる第三者収賄罪における必要的没収（刑197の5）の事例につき、最判昭和29年8月20日刑集8巻8号1256頁）。

5　没収の対象となる財産上の利益

⑴　没収の対象となる財産上の利益は、法39条2項の規定に違反して犯人又は情を知った第三者が受けた財産上の利益である（200の2）。
⑵　「犯人又は情を知った第三者が受けた」とは、法形式を問わず、犯人又は情を知った第三者に実質的に帰属したことをいう（コンメ⑷614頁〔行澤〕）。

　犯人以外の名義に属するものの、実質的に犯人に帰属する財産上の利益は、没収の対象となる（犯人が賄賂として受領した後、他人の名義に書き換えられた株券を、名義人が名義貸しをしているに過ぎないことをもって没収した事例として、東京高判昭和29年5月29日判特40号126頁）。

　金融商品取引業者等又は第三者が法39条1項の規定に違反して提供したものの、顧客又は情を知った第三者が受領しなかった財産上の利益は、法200条の2の規定による没収の対象とならない。

6　没収の対象者

　法は、没収の対象者を明示していないが、法200条の2の趣旨より、次に掲げる者は、いずれも没収の対象者となると考えられる（③につき2014年改正208〜209頁・④につき松田65頁）。

　　①　金融商品取引業者等又は第三者から、法39条2項の規定に違反して、財産上の利益を受けた顧客又はその共犯者（犯人）

② 金融商品取引業者等又は第三者から、法39条1項3号に該当する行為によって得られる財産上の利益であることを認識して、これを受けた者（情を知った第三者）
③ ①又は②から、法39条1項3号に該当する行為によって得られた財産上の利益であったことを認識して、これを受けた者（情を知った第三者）
④ 犯人又は情を知った第三者から財産上の利益の返還を受けた金融商品取引業者等

7 追　徴

(1) 法39条2項の規定に違反して犯人又は情を知った第三者が受けた財産上の利益は、没収されるが、その全部又は一部を没収することができないときは、その価額を追徴する（200の2）。この追徴は、必要的追徴である。

(2) 「没収することができないとき」とは、(i)没収することができたものが没収することができない状態になった場合及び(ii)性質上没収することができない場合の双方を含む（本項目につき、条解刑法565〜567頁）。

(3) (2)(i)は、顧客又は情を知った第三者が没収の対象となる財産上の利益を費消した場合、没収の対象となる財産上の利益が滅失又は毀損した場合、情を知らない第三者が没収の対象となる財産上の利益を取得した場合等である。

(4) (2)(ii)は、財産上の利益が酒食の饗応（大判大正4年6月2日刑録21輯721頁）又は芸妓の接待である場合等である。

　無体物である財産上の利益は、必要的没収の対象となり得るため（200の2）、財産上の利益が無体物であることのみをもって、(2)(ii)に該当するわけではない。

　なお、任意的没収において、犯罪産出物件（犯罪行為によって生じた物）（刑19Ⅰ③）、犯罪取得物件（犯罪行為によって得た物）（同③）、犯罪報酬物件（犯罪行為の報酬として得た物）（同③）及びこれらの物の対価として得た物（同④）は、いずれも無体物を含まないことから、没収の対象となる物が無体物である場合は、「没収することができないとき」（刑19の2）に該当す

る。

8　追徴の価額
(1)　追徴の「価額」は、没収の対象となる物が金銭である場合はそれと同一の金額であり、その他の物である場合はその物の客観的な価額である（条解刑法44頁）。
(2)　客観的な価額の算定時期は、法39条2項の規定に違反して顧客又は情を知った第三者が財産上の利益を受けた時点である（最大判昭和43年9月25日刑集22巻9号871頁・最決昭和55年12月22日刑集34巻7号747頁）。

> **Q91**　顧客又は情を知った第三者から財産上の利益の返還を受けた金融商品取引業者等は、没収（200の2）の対象者となるか。

1　没収の対象者
(1)　顧客又は情を知った第三者が金融商品取引業者等より法39条2項の規定に違反して財産上の利益を受けた後、これを当該金融商品取引業者等に対して返還した場合、当該金融商品取引業者等は、顧客に対する金融商品取引法違反被告事件において、没収の対象者となると考えられる（松田65頁・損失補てん規制Q&A 94頁）。

　この処理は、収賄者が賄賂を収受した後、贈賄者に対して当該賄賂を返還した場合における刑197条の5の適用と同様の処理である。
(2)　法39条2項の規定に違反して財産上の利益を受けた顧客に対する金融商品取引法違反被告事件において、被告人となっていない金融商品取引業者等は、防禦の機会を与えられていないため、金融商品取引業者に返還された財産上の利益の没収するためには、第三者没収手続をとる必要がある。 Q94・95

2　刑197条の5との対比
(1)　法200条の2は、「……犯人又は情を知った第三者が受けた財産上の利益は、没収する。その全部又は一部を没収することができないときは、

その価額を追徴する。」とし、刑197条の5は、「犯人又は情を知った第三者が収受した賄賂は、没収する。その全部又は一部を没収することができないときは、その価額を追徴する。」としており、両者の条文は、ほぼ同一の構造を有する。

(2)　最決昭和29年7月5日刑集8巻7号1035頁は、収受された賄賂が贈賄者に返還され、贈賄者において費消された事例につき、「刑法197条の4（現在の刑197の5）の規定は、没収又は追徴の対象範囲を定めた規定であって、何人について之を言渡すかの点についてまで規定したものではないと解するを相当とし、本件のように、収受された賄賂が贈賄者に返還せられ贈賄者においてこれを費消した場合に、右の規定によって贈賄者よりその額を追徴することを不当とすべき理由はない。」として、賄賂の返還を受けた贈賄者が必要的没収又は必要的追徴の対象者となるとしている。

3　金融商品取引業者等に対する追徴

(1)　1(1)の結論は、追徴についても妥当する。

(2)　例えば、次の場合、顧客には、②の時点で法39条2項違反の罪が成立している。債務免除の効力は、②の意思を表示したときに成立するため（民519）、顧客は、この時点で財産上の利益を受けたものと評価できるためである。

①　顧客は、損失補てんを目的として、金融商品取引業者に対し、顧客が金融商品取引業者に対して負担する債務Aの免除を要求した。

②　金融商品取引業者は、①を受けて、顧客に対し、債務Aを免除する意思を表示した。

③　顧客は、金融商品取引業者に対して、債務Aの免除を断る旨の意思表示をした。

④　顧客及び金融商品取引業者は、合意により債務Aを復活させた。

もっとも、この場合、顧客は、④の合意によって、実質的に利益を金融商品取引業者に対して返還したといえることから、法200条の2の規定に基づく追徴は、金融商品取引業者に対してすることになる（損失補てん規制Q&A 93～94頁）。

第 5 章　罰　　則

> **Q92**　法 200 条の 2 の規定により没収すべき財産は、その時価が犯罪行為のときから判決の言渡しまでの間に上昇した場合であっても、すべて没収されるか。

1　時価が上昇した財産の没収

法 200 条の 2 の規定により没収すべき財産は、その全部又は一部を没収することができないときを除き、時価が犯罪行為のときから判決の言渡しまでの間に上昇した場合であっても、すべて没収される（必要的没収）。

法 200 条の 2 の規定による没収は、犯罪行為の時点から判決の言渡しまでの間における財産の時価の変動にかかわりなく、法 39 条 2 項の規定に違反して犯人又は情を知った第三者が受けた財産（財産上の利益）そのものを対象とするためである。

2　上昇した時価相当額の追徴

(1)　法 200 条の 2 の規定により没収すべき財産の時価が犯罪行為のときから判決の言渡しまでの間に上昇した場合で、当該財産を没収することができないときは、犯罪行為のときにおける財産の価額が追徴される（必要的追徴）。

客観的な価額の算定時期は、任意的追徴であるか必要的追徴であるかを問わず、犯罪行為のとき（法 200 条の 2 の規定による追徴については、法 39 条 2 項の規定に違反して財産上の利益を受けた時点）であるためである（東京地判平成 25 年 11 月 22 日判タ 1421 号 389 頁（上場会社の役員付秘書であった被告人 Y が、自社 A と他社 B との株式交換に関するインサイダー情報に基づき A 株式を取得し、株式交換により B 株式を取得し、B 株式を保有したままインサイダー取引につき有罪判決の言渡しを受けた事例））。

(2)　(1)の東京地判平成 25 年 11 月 22 日判タ 1421 号 389 頁を踏まえ、没収された無体物の処分等に関する手続規定（法 8 章の 2）が整備されたことから、法 39 条 2 項の規定に違反して犯人又は情を知った第三者が受けた財産上の利益が無体物であることは、「その全部又は一部を没収することができないとき」（200 の 2）に該当しない。 **Q90**

> **Q93** 法200条の2の規定により没収すべき財産が、犯罪行為の後、判決の言渡しまでの間に、それ以外の財産と混和した場合、このような財産は、没収することができるか。

1 没収の可否

(1) 法200条の2の規定により没収すべき財産（このような財産は、「不法財産」と定義されている。）が不法財産以外の財産と混和した場合において、当該不法財産を没収すべきときは、当該混和により生じた財産（このような財産は、「混和財産」と定義されている。）のうち当該不法財産（当該混和に係る部分に限る。）の額又は数量に相当する部分は、没収の対象となる（209の2Ⅰ）。

(2) 刑法上、没収すべき財産とそれ以外の財産とが混和して生じた物は、没収することができず、没収すべき物に混和が生じた場合は、「……没収することができないとき」（刑19の2）として、任意的追徴をすることができるとされていた（最大判昭和23年6月30日刑集2巻7号777頁等）。

　法209条の2第1項は、財産上の利益（有体物に限られない。）が混和した場合であっても、混ざり合った不法財産の額又は数量が判明している限りにおいて、不法財産に相当する部分の没収を可能とするものである（2014年改正208頁）。

2 混　和

(1) 「混和」とは、ある財産が同種の財産と混ざり合って、該当する部分を特定することができなくなることをいう（2014年改正208頁）。

　例えば、有体物における混和は、穀物、金銭等の固定物については混合し、酒、醬油等の流動物については融和して、識別することができなくなることである。

(2) 所有者を異にする物が混和して識別することができなくなった場合、物の所有権は、次のとおりとなる（民245）。

　① 主たる物と従たる物とが区別できる場合は、合成物の所有権は、主たる物の所有者に帰属する（民243）。

　② 主たる物と従たる物とが区別できない場合は、各物の所有者は、そ

の混和の時における価格の割合に応じてその合成物を共有する（民244）。

3　混和の時期

(1)　混和は、犯罪行為の後、裁判時までに生じる必要がある。法209条の2第1項は、このような期間において不法財産がその他の財産と混和した場合について規定した組織的犯罪処罰法14条に倣ったものであるためである（2014年改正208頁）。

(2)　法209条の2第1項の規定は、(i)情を知った第三者が不法財産を取得した後、当該不法財産が混和財産となった場合に適用されるが、(ii)不法財産が混和した後、情を知った第三者が混和財産を取得した場合には適用されない。(ii)の場合は、「情を知った第三者が混和財産（200条の2の規定に係る不法財産が混和したものに限る。）を取得した場合も、前項と同様とする。」とする法209条の2第2項によって処理される。

　混和が生じた時期と、犯人又は情を知った第三者が不法財産又は混和財産を取得した時期との関係は、表4のとおりである。

[表4：混和と財産取得時期との関係]

時系列	没収	根拠条文
混和 → 犯人が取得 → 情を知った第三者が取得	必要的没収	200の2
犯人が取得 → 混和 → 情を知った第三者が取得	任意的没収	209の2 Ⅱ
犯人が取得 → 情を知った第三者が取得 → 混和	任意的没収	209の2 Ⅰ

第3款　第三者没収手続

> **Q94** 法39条2項の規定に違反して犯人又は情を知った第三者が受けた財産上の利益で、被告人以外の者が保有するものは、没収することができるか。

1　第三者が保有する財産上の利益の没収

(1)　法39条2項の規定に違反して犯人又は情を知った第三者が受けた財産上の利益で、被告人以外の者が保有するものは、法200条の2の規定によって没収することができるものである限り、没収することができる。

(2)　被告人は、公判手続において、告知、弁解及び防禦の機会が与えられていることから、被告人が保有する財産上の利益は、主刑の言渡しに伴う没収の言渡しによって没収することができる。

これに対して、被告人以外の者は、被告人に対する公判手続において、必ずしも告知、弁解及び防禦の機会が与えられているわけではないことから、被告人以外の者が保有する財産上の利益は、被告人以外の者に告知、弁解及び防禦の機会を与えた上で、被告人に対する主刑の言渡しに伴う没収の言渡しによって没収することになる。告知、弁解及び防禦の機会を与えることなく第三者が保有する財産上の利益を没収することは、憲法違反となるためである（最大判昭和37年11月28日刑集16巻11号1577頁）。

このような、被告人以外の者に告知、弁解及び防禦の機会を与えた上で当該者が保有する財産上の利益を没収する手続を、一般的に第三者没収手続という。

2　第三者没収手続が必要となる場合

法200条の2の規定によって没収することができる財産上の利益は、「犯人又は情を知った第三者が受けた財産上の利益」である。

したがって、顧客が被告人となる金融商品取引法違反被告事件において、被告人及び財産上の利益の返還を受けた金融商品取引業者等以外の者より財産上の利益を没収する場合は、当該者に対して、みずからが(i)「犯人」

（共犯者）に該当しないこと及び(ⅱ)「情を知った第三者」に該当しないことを主張及び立証する機会を与えるために、第三者没収手続が必要となる。

3　第三者没収手続が不要となる場合

顧客が被告人となる金融商品取引法違反被告事件において、被告人以外の者より財産上の利益を没収する場合であっても、次のような場合、第三者没収手続は、不要であるとされている。

① 被告人以外の者が別に起訴され、その公判において当該財産上の利益の没収につき告知、弁解及び防禦の機会が与えられている場合（最決昭和44年7月8日裁判集刑172号117頁（麻薬取締法違反被告事件））

② 財産上の利益が押収されたことを知った際、被告人以外の者が、その所有権を主張する意思を喪失しており、当該財産上の利益が没収されることを当然のこととして承認していた場合（東京高判昭和56年2月18日東高刑時報32巻2号15頁（大麻取締法違反等被告事件））

Q95 第三者没収手続は、どのように定められているか。

1　第三者没収手続

(1)　第三者没収手続の概要は、次のとおりである。

① 公訴の提起
② 第三者が被告事件の手続への参加を申し立てることができる旨その他の法定事項の告知又は公告（応急措置法2Ⅰ）
③ 第三者による参加の申立て及び被告事件への参加（同3）
④ 第三者による自己の権利の主張及び立証
⑤ 第三者が保有する財産上の利益に対する没収の裁判（このような没収をしない場合は、没収の裁判をしない。）

(2)　応急措置法は、不動産及び動産の没収を想定したものであることから、法200条の2の規定による没収をする場合で、没収の対象が不動産又は動産であるときは、応急措置法の定めによる第三者没収手続をとる。

法200条の2の規定による没収をする場合で、没収の対象が不動産又は動産以外の財産の没収であるときは、応急措置法が直接適用されず、法

209条の4第4項の規定により準用する応急措置法の定めによる第三者没収手続をとる。

2　告知又は公告
(1)　検察官は、公訴を提起した場合において、被告人以外の者（以下「第三者」という。）の所有に属する物（被告人の所有に属するか第三者の所有に属するかが明らかでない物を含む。以下同じ。）の没収を必要と認めるときは、すみやかに、その第三者に対し、書面により、次の事項を告知する（応急措置法2Ⅰ）。

①　被告事件の係属する裁判所
②　被告事件名及び被告人の氏名
③　没収すべき物の品名、数量その他その物を特定するに足りる事項
④　没収の理由となるべき事実の要旨
⑤　被告事件の係属する裁判所に対し、被告事件の手続への参加を申し立てることができる旨
⑥　参加の申立てをすることができる期間
⑦　被告事件について公判期日が定められているときは、公判期日

(2)　第三者の所在が分からないため、又はその他の理由によって、告知をすることができないときは、検察官は、(1)①から⑦までの事項を、検察庁の掲示場に14日間掲示して公告する。ただし、必要があるときは、官報又は新聞紙に掲載する方法を併せて行うことができる（応急措置法2Ⅱ・刑事事件における第三者所有物の没収手続に関する応急措置法第二条第二項の規定による公告の方法を定める政令（平成24年政令第155号））。

(3)　検察官は、(1)の告知又は(2)の公告をしたときは、これを証明する書面を裁判所に提出する（応急措置法2Ⅲ）。

3　第三者による参加の申立て
(1)　没収されるおそれのある物を所有する第三者は、第一審の裁判があるまで、被告事件の係属する裁判所に対し、書面により、被告事件の手続への参加を申し立てることができる。ただし、2(1)(2)の告知又は公告があったときは、告知又は公告があった日から14日以内に限られる（応急措置法

3Ⅰ）。
(2)　裁判所は、次の場合を除き、申立人（参加の申立てをした第三者）の参加を許さなければならない（応急措置法3Ⅳ）。
　　① 　申立てを棄却しなければならない場合
　　② 　申立人の物を没収することができない場合
　　③ 　申立人の物を没収することを必要としない旨の検察官の意見があり、これを相当と認める場合
(3)　申立てを棄却しなければならない場合は、次の場合である（応急措置法3Ⅲ）。
　　① 　参加の申立てが法令上の方式に違反した場合
　　② 　参加の申立てが(1)の期間の経過後にされた場合
　②の場合で、2(1)(2)の告知又は公告があった日から14日以内に参加の申立てをしなかったことが、申立人の責めに帰することのできない理由によると認めるときは、裁判所は、第一審の裁判があるまで参加を許すことができる。

4　被告事件への参加
(1)　参加人（被告事件への参加を許された者をいう。）（応急措置法3Ⅴ）は、没収に関し、被告人と同一の訴訟上の権利を有する（同4Ⅰ）。
　　① 　「被告人と同一」は、被告人が本来持っている権利と同じという意味であり、具体的な場合に被告人が行使することのできる権利のみを指すものではない。
　　　　したがって、被告人がある権利を放棄し、又はこれを行使しないという意思を表明している場合であっても、参加人は、その権利を独立して行使することができる。
　　② 　「権利」は、刑訴等において明示的に被告人の権限とされるものに限られず、裁判所、検察官その他の訴訟関係人の義務を定める規定の反射的効果として被告人が有する有益な地位をも含む。ただし、参加人は、被告人と同じ意味における黙秘権を有さず、証人として取調べの対象となる（応急措置法4Ⅱ）。
　　③ 　応急措置法4条1項により、参加人は、公判期日に出頭して自己の

意見を陳述し、証拠調べを請求し、証拠調べに立ち会い、証人等を尋問し、裁判に不服であれば上訴をする等の権利を有することになる。
④　参加者は、例えば、次の事項について主張及び立証をすることができる（三法解説162頁）。
　(i)　没収の要件としての犯罪事実の存否
　(ii)　没収対象財産に該当するか否か
　(iii)　みずからが犯人又は情を知った第三者（200の2）に該当するか否か
(2)　裁判所は、公判期日に出頭した参加人に対し、没収の理由となるべき事実の要旨、その参加前の公判期日における審理に関する重要な事項その他参加人の権利を保護するために必要と認める事項を告げたうえ、没収について陳述する機会を与えなければならない（応急措置法5Ⅲ）。

これによって、参加人は、いかなる事項について主張及び立証をすれば良いかということを理解し、自己の主張を十分に述べることができる。
(3)　参加人は、公判期日に出頭することを要しない（応急措置法5Ⅰ）。また、裁判所は、参加人の所在がわからないときは、公判期日の通知その他書類の送達をすることを要しない（同Ⅱ）。

これらは、参加人の不出頭により訴訟が遅延することを防止するための手当てである。
(4)　参加人の参加は、刑訴320条から328条までの規定の適用に影響を及ぼさない（応急措置法6Ⅰ）。

すなわち、(i)被告人との関係で証拠となる書面又は供述は、参加人との関係で伝聞証拠であっても証拠とすることができ、(ii)被告人との関係で証拠とならない書面又は供述は、参加人との関係で伝聞証拠の例外に当たる場合であっても証拠とすることができない。
(5)　裁判所は、刑訴320条2項本文、326条又は327条の規定により証拠とすることができる書面又は供述を取り調べた場合において、参加人がその書面又は供述の内容となった供述をした者を証人として取り調べることを請求したときは、その権利の保護に必要と認める限り、これを取り調べなければならない。参加人の参加前に取り調べた証人について、参加人がさらにその取調べを請求したときも、同様である（応急措置法6Ⅱ）。

第5章 罰　則

　これは、伝聞証拠の取調べによって生ずる参加人の不利益を除き、実質的な証人審問権を保障するための手当てである（以上、本項目につき、第43回国会法務委員会第12号竹内壽平発言参照）。

> **Q96** 法39条2項の規定に違反して犯人又は情を知った第三者が受けた財産で、地上権、抵当権その他の第三者の権利がその上に存在するものは、没収することができるか。

1　第三者の権利が存在する財産の没収

(1)　法39条2項の規定に違反して犯人又は情を知った第三者が受けた財産上の利益で、<u>地上権、抵当権その他の第三者の権利がその上に存在する</u>ものは、法200条の2の規定によって没収することができるものである限り、没収することができる。

　もっとも、地上権、抵当権その他の権利がその上に存在する財産を法200条の2の規定により没収する場合において、犯人以外の者が犯罪の前に当該権利を取得したとき、又は犯人以外の者が犯罪の後情を知らないで当該権利を取得したときは、これらの権利を存続させることとされている（209の3Ⅱ）。

(2)　このような財産を没収する場合は、裁判を慎重に行うことを目的として（三法解説163頁）、被告人以外の者に帰属する財産上の利益を没収する場合（法209の4Ⅰ・応急措置7）と同様に、第三者没収手続をとることを要する（209の4Ⅱ）。 Q94・95

2　地上権、抵当権その他の第三者の権利

　「地上権、抵当権その他の第三者の権利」は、用益物権（地上権、永小作権及び地役権等）、担保物権（留置権、先取特権、質権、抵当権等）のほか、対抗要件を備えた不動産賃借権、仮登記上の権利を含む（三法解説164頁）。

3　第三者没収手続

(1)　地上権、抵当権その他の第三者の権利がその上に存在する財産の没収における第三者没収手続については、法に特別の定めがあるもののほか、

応急措置法の規定が準用される（209の4Ⅵ）。そのため、とるべき第三者没収手続の概要は、被告人以外の者に帰属する財産上の利益の没収におけるものと同様である。

(2) 告知又は公告（応急措置法2Ⅰ・Ⅱ）の対象となり、被告人の公判手続に参加の申立て（同3）をし、みずからの権利を保全するために活動する（同4）ことができる者は、没収される財産の上に地上権、抵当権その他の権利を有する第三者である。

このような第三者は、みずからが(i)犯人以外の者であることのほか、(ii)犯罪の前に当該権利を取得したこと又は(iii)犯罪の後情を知らないで当該権利を取得したことを被告人の公判手続において主張及び立証することになる。

4 権利を存続させる旨の宣告

(1) 第三者没収手続において、没収される財産の上に地上権、抵当権その他の権利を有する第三者が、みずからが(i)犯人以外の者であることのほか、(ii)犯罪の前に当該権利を取得したこと又は(iii)犯罪の後情を知らないで当該権利を取得したことを立証した場合、裁判所は、この権利を存続させなければならない（209の3Ⅱ）。

(2) 第三者の権利を存続させる場合、裁判所は、没収の言渡しと同時に、当該権利を存続させる旨を宣告しなければならない（209の4Ⅲ）。この宣告は、存続させる権利を特定してすることになる（三法解説164頁）。

(3) 没収の言渡しと同時に、存続させる旨の宣告が行われなかった権利は、没収により消滅する（三法解説164頁）。

第4款　没収された財産上の利益の処分

Q97 没収の裁判があった場合、没収された財産上の利益は、どのように処分されるか。

1 没収の手続

没収の手続の概要は、次のとおりである。

①　没収の裁判
②　没収の裁判の執行
③　没収された財産上の利益の処分

2　没収の裁判
(1)　没収は、没収の裁判によって行われる。

　没収は、付加刑であるため、主刑とあわせて言い渡される（刑9）。もっとも、主刑の刑が免除される場合は、没収のみを科すことは可能である（条解刑法23頁）。

(2)　没収された財産上の利益は、没収の裁判の確定によって国庫に帰属する（最判昭和37年4月20日民集16巻4号860頁）。

(3)　没収された財産上の利益が私法上の有価証券である場合、没収の効力は、当該有価証券に表彰されている権利にも及ぶ（株券が没収された場合において、没収の効力は、当該株券に表彰された株主権にも及ぶとしたものとして、最判昭和37年4月20日民集16巻4号860頁）。

3　没収の裁判の執行
(1)　没収の裁判は、検察官の命令によって<u>執行</u>される（刑訴490Ⅰ）。

　没収の裁判において、「執行」とは、没収物を被告人又は第三者が保管している場合に、これを取り上げて国家の占有に移すことをいう（条解刑訴法1192頁）。したがって、ここでいう執行は、押収されていない物を没収した場合に国が取得する没収物引渡請求権についての執行を意味する（大阪高判昭和51年7月9日判タ344号207頁）。

　没収物を裁判所が押収し、又は検察庁が保管している場合、被告人又は第三者の占有を取り上げる必要がないため、この執行は、不要となる。

(2)　没収についての命令（没収執行命令書）は、執行力のある債務名義と同一の効力を有する（刑訴490Ⅰ）。

(3)　裁判の執行は、民執その他強制執行の手続に関する法令の規定に従ってするが、執行前に裁判の送達をすることは、必要でない（同490Ⅱ）。

　すなわち、刑訴490条2項の規定は、「強制執行は、債務名義又は確定により債務名義となるべき裁判の正本又は謄本が、あらかじめ、又は同時に、

債務者に送達されたときに限り、開始することができる。」とする民執29条の規定の特則である。

(4) 没収又は追徴は、刑の言渡を受けた者が判決の確定した後死亡した場合には、相続財産についてこれを執行することができる（同491）。

(5) 法人に対して言い渡された没収又は追徴は、その法人が判決の確定した後合併によって消滅したときは、合併の後存続する法人又は合併によって設立された法人に対して執行することができる（同492）。

4 没収の対象となった財産上の利益の処分

(1) 没収の対象となった財産上の利益が有体物（没収物）である場合、没収物は、検察官が処分する（刑訴496）。

この「処分」は、破壊、廃棄、売却等の現実的な処分である（条解刑訴法1192頁）。

(2) 没収の対象となった財産上の利益が債権等（不動産及び動産以外の財産をいう。）である場合、没収された債権等は、検察官が処分する（209の5Ⅰ）。

具体的な処分の方法は、(i)指名債権については、債務者に対してその履行を請求する方法が、(ii)特許権、著作権、商標権等（国有財産法（昭和23年法律第73号）2Ⅰ⑤）については、普通財産（同3Ⅲ）として財務局長に引き継ぐ方法（同6・9Ⅱ）が、それぞれ想定される（三法解説172頁）。

没収された財産が債権である場合、没収執行命令書は、刑訴490条1項の規定にかかわらず、当該債権の債務者との関係においては執行力のある債務名義と同一の効力を有するわけではない。当該債権の債務者が、没収された債権につき、存否又は効力等を争う場合は、検察官は、法務局又は地方法務局の長に依頼して、当該債務者を相手方とする民事訴訟手続をとることになる（三法解説172頁）。

(3) 没収すべき債権の没収の裁判が確定したときは、検察官は、当該債権の債務者に対し没収の裁判の裁判書の抄本を送付してその旨を通知する（209の5）。

没収された財産が債権である場合、当該債権は、没収の裁判の確定によって国庫に帰属するが、当該債権の債務者は、当該債権が国庫に帰属した旨を知る立場にないことから、検察官は、債権譲渡の場合に準じて（民467

Ⅱ)、上記の通知をする（2014 年改正 214 頁）。この抄本が送達されない場合、国は、没収による債権の取得を債務者及び第三者に対抗することができない。

　裁判書の抄本を送付することとした理由は、判決には、当該債権の没収と関係のない記載が多数含まれており、債務者に対しては、当該債権が没収された旨のみを通知すれば足りるためである。具体的な抄本の送付部分は、(ⅰ)当該債権の没収に係る主文、(ⅱ)裁判の日、(ⅲ)裁判所の表示及び(ⅳ)裁判官の署名押印等関連部分であるとされている（三法解説 173 頁）。

(4)　没収の対象となる財産が<u>権利の移転について登記等（登記又は登録）を要する財産</u>である場合、没収する裁判に基づく権利の移転の登記等は、<u>関係機関に嘱託する</u>（209 の 6）。

　①　「権利の移転について登記等を要する財産」とは、登記等が権利の移転の対抗要件又は効力発生要件となる財産をいい、不動産、船舶、航空機、自動車、特許権及び著作権等がこれにあたる（2014 年改正 215 頁）。

　②　「関係機関」とは、登記等をする機関をいう。例えば、関係機関は、(ⅰ)不動産及び船舶については、登記官（法務局、地方法務局又はその支局若しくは出張所）であり、(ⅱ)航空機については、国土交通大臣（国土交通省航空局）であり、(ⅲ)自動車については、国土交通大臣（陸運支局長）である。

　③　権利の移転について登記等を要する財産につき、次の(ⅰ)から(ⅲ)までのいずれかの登記等がある場合は、その抹消もあわせて嘱託する（209 の 6）。

　　(ⅰ)　没収により効力を失った処分の制限に係る登記等の抹消
　　(ⅱ)　没収により消滅した権利の取得に係る登記等の抹消
　　(ⅲ)　没収保全命令又は附帯保全命令に係る登記等（組織的犯罪処罰法 4 章 1 節）

　　　(ⅰ)の「没収により効力を失った処分の制限に係る登記等」とは、没収により効力を失った強制執行による差押、滞納処分による差押等をいう。(ⅱ)の「没収により消滅した権利の取得に係る登記等」とは、没収により消滅した地上権、抵当権等の設定又は移転等に係る登記をい

う（三法解説175頁）。

第5款　第三者の救済

> **Q98** 没収の裁判があった場合、これによって損失を被った第三者は、どのような請求をすることができるか。

1　第三者の救済方法
(1)　没収の裁判が確定した場合、これによって損失を被った第三者がなし得る請求は、次の請求である。
　①　没収物の交付請求（刑訴497Ⅰ・Ⅱ）
　②　没収の裁判の取消請求（応急措置法13・209の4Ⅵ）
　③　没収によって消滅した権利について、これを存続させるべき場合に該当する旨の裁判の請求（209の4Ⅳ）
(2)　没収によって有体物の所有権を失った者は、(1)①及び②の請求を、没収によって無体物を失った者は、(1)②の請求を、没収によって没収された財産の上に有していた権利を失った者は、(1)③の請求を、それぞれすることができる。

2　没収物の交付請求
(1)　没収を執行した後3ヶ月以内に、権利を有する者が没収物の交付を請求したときは、検察官は、破壊し、又は廃棄すべき物を除いては、これを交付しなければならない（刑訴497Ⅰ）。
　請求可能な期間に制限がある理由は、没収の執行の効果を不安定にさせないためである（条解刑訴法1193頁）。
(2)　没収物を処分した後に(1)の請求があった場合には、検察官は、公売によって得た代価を交付しなければならない（刑訴497Ⅱ）。
(3)　没収されたものが有体物である場合、権利者は、没収物の交付請求（刑訴497）と没収の裁判の取消請求（応急措置法13Ⅰ）のいずれかを任意に選択することができる。

3 没収の裁判の取消請求

(1) 法律上没収することのできない物について没収の裁判が確定したときは、その物の所有者で、自己の責めに帰することのできない理由により被告事件の手続において権利を主張することができなかった者は、没収の確定裁判を知った日から 14 日以内に限り、没収の裁判をした裁判所に対し、その裁判の取消しを請求することができる。ただし、没収の裁判が確定した日から 5 年を経過したときは、その請求をすることができない（応急措置法 13 Ⅰ）。

「法律上没収することのできない物」とは、実体法上没収することができない物をいい、具体的には、犯人又は情を知った第三者が取得した物（200の 2）に該当しない物を意味する。

「その物の所有者」とは、没収の裁判が確定した時点における物の所有者をいう。

(2) (1)の請求は、その理由となる事実を明示した趣意書を差し出してしなければならない（応急措置法 13 Ⅱ）。

趣意書には、請求の理由となる事実、すなわち、請求人の所有物についてなされた没収の裁判がどのような理由で違法であるかを明示しなければならない。

裁判所は、この趣意書に包含された事項について、当事者の意見を聞き、証拠の取調べをしなければならないが、趣意書に包含されていない事項であっても、没収の裁判を取り消すかどうかに関係があると認められる限り、当事者の申立て又は職権によって調査することができる（同Ⅴ）。

(3) 裁判所は、次の場合、請求人及び検察官の意見をきき、決定で(1)の請求を棄却しなければならない（同Ⅲ）。

① 請求が法令上の方式に違反した場合
② 請求が(1)の期間の経過後にされた場合
③ 請求人がその責めに帰することのできない理由により被告事件の手続において権利を主張することができなかったと認められない場合
④ 没収された物が請求人の所有に属しないものであったことが明らかである場合

(4) 裁判所は、(3)の場合を除き、請求に理由がないときは、判決でこれを

棄却し、理由があるときは、判決で没収の裁判を取り消さなければならない（同Ⅳ）。
(5) 没収の裁判が取り消された場合、没収の執行による補償の例（刑補法4Ⅵ）により、次のとおり補償が行われる（応急措置法13Ⅸ）。
　① 没収物がまだ処分されていないときは、その物を返付する。
　② 没収物がすでに処分されているときは、その物の時価に等しい額の補償金を交付する。

　刑補法6条から23条までの規定は、応急措置法13条9項により全面的に適用される（第43回国会法務委員会第12号竹内壽平発言）。

　したがって、補償の請求は、取消の裁判をした裁判所に対して（刑補法6）、取消の裁判が確定した日から3年以内にしなければならない（同7）。また、補償の払渡は、補償の決定をした裁判所に請求しなければならない（同20Ⅰ）。

(6) 債権等（無体物）について没収の裁判が取り消された場合、応急処置法13条9項の規定は、法209条の4第6項により準用され、刑補法4条6項の規定は、法209条の7によって準用されることから、(5)と同様の補償が行われる。

4 没収によって消滅した権利について、これを存続させるべき場合に該当する旨の裁判の請求

(1) 法209条の3第2項の規定により存続させるべき権利について、当該権利を存続させる旨の宣告がない没収の裁判が確定したときは、当該権利を有する者で<u>自己の責めに帰することのできない理由</u>により被告事件の手続において権利を主張することができなかった者は、当該権利について、これを存続させるべき場合に該当する旨の裁判を請求することができる（209の4Ⅳ）。

　「自己の責めに帰することのできない理由」の例は、(i)告知又は公告（応急措置法2Ⅰ・Ⅱ）がなされなかったこと、(ii)権利者が外国におり、かつ、関係者と疎遠で没収があることを知り得なかったこと、(iii)重大な心身の故障があったこと等である（三法解説166頁）。

(2) (1)の請求及び請求に基づく裁判については、法209条の4第5項が適

用される補償に関する部分を除き、応急措置法の規定が準用される（209の4Ⅵ・応急措置法13Ⅰ～Ⅷ）。

(3) 没収によって消滅した権利を存続させるべき場合に該当する旨の裁判があった場合、<u>処分された没収物に係る補償の例</u>により、補償が行われる（209の4Ⅴ・刑補法4Ⅵ）。「処分された没収物に係る補償の例」とは、没収によって消滅した権利の時価に等しい額の補償金を交付することである。

　刑補法6条から23条までの規定は、応急措置法13条9項により全面的に適用される。したがって、補償の請求は、権利を存続させるべき場合に該当する旨の裁判をした裁判所に対して（刑補法6）、当該裁判が確定した日から3年以内にしなければならない（同7）。また、補償の払渡は、補償の決定をした裁判所に請求しなければならない（同20Ⅰ）。

第6章　私法上の効力

> **Q99** 法39条1項の規定に違反してなされた損失補てん等の約束は、私法上効力を有するか。

1　法39条1項の規定に違反してなされた約束

法39条1項の規定に違反してなされた損失補てん等の約束は、公序に反し無効である（最判平成9年9月4日民集51巻8号3619頁）。

したがって、顧客は、金融商品取引業者等との間でこのような約束をした場合であっても、この約束に基づいて損失補てん等を請求することはできない。

2　法の施行日に先立ってなされた約束

旧証券取引法において損失補てん等の規制の対象とされておらず、法により対象とされた取引（有価証券関連以外のデリバティブ取引（2 XX）等）につき、法の施行日に先立ってなされた損失補てん等の約束の有効性は、明らかでないが、法の施行日以降にこの約束に基づいて損失補てん等を請求することはできない（最判平成15年4月18日民集57巻4号366頁）。

> **Q100** 法39条1項の規定に違反して損失補てん等の約束がなされた場合において、金融商品取引業者等がこの約束を履行しないとき、顧客は、金融商品取引業者等に対して、不法行為に基づく損害賠償請求又は不当利得返還請求をすることができるか。

1　不法行為に基づく損害賠償請求及び不当利得返還請求

顧客は、金融商品取引業者等との間で法39条1項の規定に違反する損失補てん等の約束をした場合、原則として、(i)金融商品取引業者等がこの約束に基づいて損失補てん等をしないことにより生じた損害につき、金融

商品取引業者等に対して不法行為に基づく損害賠償請求をすること及び(ii)この約束の存在を前提として金融商品取引業者等に交付した金銭につき、金融商品取引業者等に対して不当利得返還請求をすることができない。

このような請求を認めることは、社会的にみて容認できない法律行為の実現を望む者への助力を拒むことを趣旨とする民90条及び民708条の規定の趣旨に明確に反するためである（東京地判平成7年2月28日判時1562号72頁・東京地判平成6年3月8日判タ838号94頁）。

2　金融商品取引業者等又はその従業者の不法の程度が極めて強い場合

(1)　顧客は、金融商品取引業者等との間で法39条1項の規定に違反する損失補てん等の約束をした場合で、金融商品取引業者等又はその従業者の不法の程度が極めて強いときは、金融商品取引業者等に対して不法行為に基づく損害賠償請求をすることができる。

(2)　最判平成9年4月24日裁判集民183号263頁は、次のような事例において「被上告人の不法性に比し、上告人の従業員の不法の程度が極めて強いものと評価することができ、上告人は不法行為に基づく損害賠償責任を免れないというべきであって、このように解しても、民法708条の趣旨に反するものではない。」として、証券会社の顧客に対する不法行為責任を認めた。

① 金融商品取引業者の従業者は、取引の開始を渋る顧客に対し、法令により禁止されている利回り保証が可能であるかのように装って勧誘した。顧客は、みずから保証を求めたわけではない。

② 金融商品取引業者の従業者は、①の勧誘を信用した顧客に複数回株式等の取引をさせた。

③ 金融商品取引業者の従業者は、他の従業者と共に、取引の過程においても保証の約束を確認すると共に、約束ができる理由を具体的に顧客に説明した。

④ 顧客は、②の取引により損害を被った。

3　顧客の不法の程度が極めて強い場合

顧客は、金融商品取引業者等の間で法39条1項の規定に違反する損失

補てん等の約束をした場合で、顧客の不法の程度が極めて強いときは、原則のとおり、金融商品取引業者等に対して不法行為に基づく損害賠償請求をすることができない（東京高判平成11年9月29日判時1711号68頁（最判平成15年4月18日民集57巻4号366頁の原審）・東京高判平成16年1月22日判時1859号65頁（同最判の差戻審））。

> **Q101** 金融商品取引業者等は、法39条1項の規定に違反して顧客に損失補てん等をした後、提供した財産上の利益につき、顧客に対して不当利得返還請求又は不法行為に基づく損害賠償請求をすることができるか。

1 不法原因給付

(1) 金融商品取引業者等は、法39条1項の規定に違反して顧客に損失補てん等をした場合、原則として、提供した財産上の利益につき顧客に対して不当利得返還請求（民703・704）をすることができない。このような財産上の利益の提供は、不法原因給付（民708）に該当するためである。

(2) 金融商品取引業者等は、このような利益を提供したことによって生じた損害につき、不法行為に基づく損害賠償請求をすることもできないと考えられる。判例は、当初より、民708条の規定を不法行為に基づく損害賠償請求権に類推適用しているためである。

2 顧客の不法の程度が著しく大きい場合

(1) 金融商品取引業者等は、法39条1項の規定に違反して顧客に損失補てん等をした場合であっても、顧客の不法の程度が金融商品取引業者等の不法の程度と比較して著しく大きいときは、提供した財産上の利益につき顧客に対して不当利得返還請求をすることができると考えられる（民708ただし書）。

民708条ただし書における「不法な原因が受益者についてのみ存したとき」は、給付者と受益者の不法の程度を比較して、受益者の不法の程度が著しく大きいことをいうものと考えられているためである（最判昭和37年6月12日民集16巻7号1305頁（強制執行を免れるためにした財産の仮装譲渡

が受益者の主導で行われた事例)・最判昭和29年8月31日民集8巻8号1557頁（消費貸借契約の成立において、貸主の不法が借主の不法に比してきわめて微弱なものに過ぎない事例))。

(2) 東京高判平成16年6月3日金商1208号29頁は、次のような事例において、「(提供された金銭は、)被控訴人の控訴人に対する種々の暴力的・威迫的言動によって、控訴人が精神的に追いつめられ、自由意思を抑圧された状況でその交付がなされたものと認められる。これらの被控訴人の言動が控訴人に対する不法行為を構成することは明らかであ」るとして、顧客の不法行為に基づく損害賠償責任を認めている。

① 証券会社の顧客（Y）は、同社の従業員（X）に対し、株取引によって生じた損失の補てんを強迫的言動により繰り返し要求した。

② Xは、①の要求に応じて金銭を支払ったものの、Yは、証券会社のX以外の従業員を殴る等して不当な要求を繰り返した。

③ Xは、Yに対し、②で支払った金額を損害として、不法行為に基づく損害賠償請求をした。

この裁判例は、民708条を明示的に類推適用していないが、同条を、ただし書を含めて類推適用したものと考えられる。

第 3 編

投資助言・代理業又は投資運用業に関する損失補てん等の規制

第1章 総　論

> **Q102** 投資助言・代理業又は投資運用業に関する損失補てん等の規制は、どのように整理されているか。

1　投資助言・代理業又は投資運用業に関する損失補てん等の規制

　投資助言・代理業又は投資運用業に関する損失補てん等は、法38条の2第2号、法41条の2第5号及び法42条の2第6号の各規定によって規制されている。

2　法38条の2第2号

(1)　法38条の2第2号は、投資助言・代理業（28Ⅲ）及び投資運用業（同Ⅳ）に関する、勧誘時（事前）の損失補てんの約束を規制する。

(2)　法38条の2第2号は、投資助言・代理業及び投資運用業を行う金融商品取引業者等の行為を規制するものであり、その顧客及び権利者は、同号の規制を受けない。

3　法41条の2第5号及び法42条の2第6号

(1)　法41条の2第5号は、投資助言業務（28Ⅵ）に関する、損失補てん等を規制する。

(2)　法42条の2第6号は、投資運用業に関する、損失補てん等を規制する。

(3)　法41条の2第5号及び法42条の2第6号は、それぞれ投資助言業務又は投資運用業を行う金融商品取引業者等の行為を規制するものであり、その顧客及び権利者は、これらの規制を受けない。

第1章　総　論

> **Q103**　有価証券売買取引等（39Ⅰ①）は、投資運用業（28Ⅳ）を行う金融商品取引業者等が、金銭その他の財産の運用（2Ⅷ⑫・⑭・⑮）として行う有価証券の売買その他の取引又はデリバティブ取引を含むか。

1　有価証券売買取引等

　有価証券売買取引等（39Ⅰ①）は、投資運用業（28Ⅳ）を行う金融商品取引業者等が、金銭その他の財産の運用（2Ⅷ⑫・⑭・⑮）として行う有価証券の売買その他の取引又はデリバティブ取引を含まないと考えられる。

　法は、金融商品取引業者等が投資運用業として行う取引について、「運用として行う」（42の2⑤・⑥・44①・66の14①ニ）といった表現を用いることにより、第一種金融商品取引業（28Ⅰ）又は第二種金融商品取引業（同Ⅱ）として行う取引との区別を図っているためである（Q&A 397頁90）。

2　法39条の規定の適用

　投資運用業（28Ⅳ）を行う金融商品取引業者等が、金銭その他の財産の運用（2Ⅷ⑫・⑭・⑮）として行う有価証券の売買その他の取引又はデリバティブ取引は、有価証券売買取引等（39Ⅰ①）に該当しないことから、法39条1項、3項及び5項の規定は、いずれも投資運用業（28Ⅳ）のみを行う金融商品取引業者等に適用されず、法39条2項及び4項の規定は、このような金融商品取引業者等の顧客又は権利者に適用されないと考えられる（これに反対する見解もある。コンメ(2)451頁〔石田〕参照）。

第2章　法38条の2第2号の規制

> **Q104**　法38条の2第2号は、誰のどのような行為を規制しているか。

1　行為を規制される者

(1)　法38条の2第2号の規定により行為を規制される者は、投資助言・代理業（28Ⅲ）又は投資運用業（同Ⅳ）を行う金融商品取引業者等である。

(2)　投資助言・代理業（28Ⅲ）又は投資運用業（同Ⅳ）を行う金融商品取引業者等が(i)法人又は(ii)法人でない団体で代表者又は管理人の定めのあるものである場合は、両罰規定（207Ⅰ③）によって、これらの代表者、代理人、使用人その他の従業者も、法38条の2第2号の規定により行為を規制される。管理人は、規制の対象者として規定されていないものの、「その他の従業者」に含まれるものと考えるのが自然であろう。

投資助言・代理業（28Ⅲ）を行う金融商品取引業者等が(iii)自然人である場合は、両罰規定（207Ⅰ③）によって、その代理人、使用人その他の従業者も、法38条の2第2号の規定により行為を規制される。

(3)　顧客は、法38条の2第2号により行為を規制されない。

法38条の2は、「金融商品取引業者等は、その行う投資助言・代理業又は投資運用業に関して、次に掲げる行為をしてはならない。」とし、2号で「顧客を勧誘するに際し、顧客に対して、損失の全部又は一部を補てんする旨を約束する行為」を掲げているためである。

2　規制される行為

(1)　法38条の2第2号により規制される行為は、顧客を勧誘するに際し、顧客に対して、損失の全部又は一部を補てんする旨を約束する行為である。

(2)　「勧誘」とは、新たな契約を締結することについての勧誘及び既存の契約を更新することについての勧誘をいう（大蔵省証券局内投資顧問業関連法令研究会編『投資顧問業法逐条解説』（財団法人大蔵財務協会、1994）106頁）。

(3) 「勧誘するに際し……約束する」とは、勧誘の段階で約束することをいう（コンメ(2)329頁〔石田〕）。

したがって、勧誘によって投資顧問契約（2Ⅷ⑪）、投資一任契約（同⑫ロ）又は資産の運用に係る委託契約（投信法188Ⅰ④）が締結された後に損失補てんの約束をすることは、法38条の2第2号によって規制されていない。

(4) 法38条の2第2号は、「約束」のみを規制対象としており、「申込み」は、規制の対象とされていない。

したがって、金融商品取引業者等が勧誘の段階で顧客に対し損失補てんの申込みをしたものの、顧客がこれに対して承諾をしなかった場合は、金融商品取引業者等がした申込みは、法38条の2第2号に違反しない。

(5) 「損失の全部又は一部を補てんする」とは、損失補てんをいい、利益保証は、これに含まれない。

したがって、金融商品取引業者等が勧誘の段階で顧客と利益保証のみを内容とする約束をすることは、法38条の2第2号に違反しないが、この約束の内容が実質的に損失補てんを含む場合は、同規定に違反する（松尾439頁）。

3 金融商品取引業者等以外の者への準用

法38条の2第2号の規定は、金融商品仲介業者に準用される（66の15）。

Q105 いわゆるGK・TKスキームによる不動産流動化取引において、投資助言業務（28Ⅵ）又は投資運用業（同Ⅳ）を行う金融商品取引業者であるアセット・マネジャーが、(i)不動産の所有者である信託銀行との間でマスターリース契約を締結すること及び(ii)信託受益権の譲受けに係る優先交渉権を定める条項をアセット・マネジメント契約に設けることは、法38条の2第2号、法41条の2第5号又は法42条の2第6号の規定に違反するか。

1 GK・TKスキームと損失補てん

(1) GK・TKスキームによる不動産流動化取引にあたり、投資助言業務（28

Ⅵ）又は投資運用業（同Ⅳ）を行う金融商品取引業者であるアセット・マネジャーが、次のいずれかを約束して、アセット・マネジメント契約の締結の勧誘をすることは、法38条の2第2号の規定に違反しないものと考えられている（Q&A 423頁5）。

① 不動産の所有者である信託銀行との間でマスターリース契約を締結すること

② 信託受益権の譲受けに係る優先交渉権を定める条項をアセット・マネジメント契約に設けること

(2) GK・TKスキームによる不動産流動化取引にあたり、投資助言業務（28Ⅵ）又は投資運用業（同Ⅳ）を行う金融商品取引業者であるアセット・マネジャーが、(1)①又は②を行うことは、いずれも法41条の2第5号又は法42条の2第6号の規定に違反しないものと考えられている（Q&A 423頁5）。

(3) GK・TKスキームによる不動産流動化取引開始後に、信託財産又は不動産を信託財産とする信託の一般信託受益権の価額が事故（業府令118②）によらず低下した場合において、投資助言業務（28Ⅵ）又は投資運用業（28Ⅳ）を行う金融商品取引業者であるアセット・マネジャーが、当該信託財産又は一般信託受益権の価額を当初の水準に回復することを目的として、(i)マスターリース契約の賃料を、市場水準を上回る高額に変更すること及び(ii)実質価額を上回る対価を支払って、一般信託受益権を譲り受けることは、いずれも違法な損失の補てんとなる可能性がある。

(i)及び(ii)は、アセット・マネジャーが投資助言業務（28Ⅵ）を行う金融商品取引業者である場合は、法41条の2第5号の規定に違反する可能性があり、アセット・マネジャーが投資運用業（28Ⅳ）を行う金融商品取引業者である場合は、法42条の2第6号の規定に違反する可能性がある。

2 GK・TKスキーム

(1) GK・TKスキームとは、不動産流動化取引のうち、投資家が合同会社（GK）を営業者とする匿名組合契約（TK）（商535）を締結し、営業者であるGKが不動産を信託した一般信託受益権（2Ⅱ①）を取得する方法によるものをいう。

(2) GK・TKスキームに限らず、不動産流動化取引において、不動産ではなく不動産を信託した一般信託受益権を流通させる理由は、可能な限り課税を回避するためである。

不動産を流通させる場合に課せられる税は、(i)不動産取得税（不動産の譲受人が負担する。）、(ii)登録免許税（不動産の所有権移転登記に係るもの。）及び(iii)印紙税（不動産譲渡契約書に添付する。）である。(i)及び(ii)の額は、譲渡の対象となる不動産の固定資産評価基準に応じた額であり、(iii)の額は、不動産譲渡契約書に記載された不動産の譲渡価額に応じた額である（印紙税法別表1第1号）。

一般信託受益権を流通させる場合に課せられる税は、登録免許税（一般信託受益権の受益者の変更に係るもの。）及び印紙税（受益権譲渡契約書に添付する。）であり、不動産取得税は、課せられない。登録免許税の額は、不動産の固定資産税評価額にかかわらず1件あたり1,000円であり、印紙税の額は、不動産の譲渡価額にかかわらず200円である（印紙税法別表1第15号）。

なお、信託の終了に伴い不動産が移転する場合、移転につき課せられる税は、(i)から(iii)までと同様である。

(3) GK・TKスキームにおいて、GKが不動産ではなく不動産を信託した信託受益権を取得するのは、匿名組合契約が不動産特定共同事業契約（不特法2Ⅲ②）に該当することを回避するためである。

匿名組合契約が不動産特定共同事業契約（不特法2Ⅲ②）に該当する場合、匿名組合契約を締結して当該匿名組合契約に基づき営まれる不動産取引から生ずる収益又は利益の分配を行う行為を反復継続して行う事業は、不動産特定共同事業（不特法2Ⅳ①）に該当することとなるため、匿名組合契約の営業者であるGKは、不特法3条1項の許可を得なければ、この事業を営むことができないこととなる。

3　GK・TKスキームの例

GK・TKスキームによる不動産流動化取引は、一般的に次のとおり行われる。

① 不動産を所有する資金需要者は、みずから保有する不動産を、信託

銀行に信託譲渡し、一般信託受益権（2Ⅱ①）を取得する。
② 資金需要者は、①で取得した一般信託受益権を、GK に譲渡する。
③ GK は、②の譲渡代金の支払の原資を、金融機関からの借入及び匿名組合契約に基づく出資によって受け入れ、②の譲渡代金を支払う。
④ GK は、投資助言業務（28 Ⅵ）又は投資運用業（同Ⅳ）を行う金融商品取引業者であるアセット・マネジャーとの間でアセット・マネジメント契約を締結しており、一般信託受益権の取得、管理及び処分に関する判断及び事務の全部又は一部は、同契約に基づきアセット・マネジャーが行う。
⑤ 信託銀行は、信託財産である不動産を、賃貸借によって運用し、不動産の運用益又は処分に係る対価を原資として、一般信託受益権の配当金及び償還金を支払う。
⑥ アセット・マネジャーは、⑤の賃貸借の相手方（賃借人）が選定できないことによって不動産の運用益が減少することを避けるため、(i)みずから又は第三者を賃借人（マスターレッシー）とする賃貸借契約（マスターリース契約）を締結し、信託銀行に対して安定的に賃料を支払い、(ii)現実に不動産を賃借しようとする者が現れた場合に、当該者との間で当該者を転借人とする当該不動産の転貸借契約（サブリース契約）を締結し、当該者より賃料の支払を受ける。
⑦ GK は、一般信託受益権の配当金又は一般信託受益権の償還金若しくは処分に係る対価を原資として、借入に係る利息及び元本を弁済し、出資金に係る配当金及び償還金を支払う。
⑧ アセット・マネジャー及び GK は、⑦で一般信託受益権の償還金が不足し、又は一般信託受益権の処分に支障がある場合を想定して、④のアセット・マネジメント契約において、一定の場合にアセット・マネジャーに対し GK との間で一般信託受益権の譲受けに係る交渉を優先的に行うことができる権利（優先交渉権）を付与する旨の条項を設ける。

第 2 章　法 38 条の 2 第 2 号の規制

Q106　投資事業有限責任組合の組成にあたり、第二種金融商品取引業（28 Ⅱ）及び投資運用業（同Ⅳ）を行う金融商品取引業者である無限責任組合員が、いわゆるクロー・バック条項を投資事業有限責任組合契約に設けることは、法 38 条の 2 第 2 号、法 39 条 1 項又は法 42 条の 2 第 6 号の規定に違反するか。

1　クロー・バック条項と損失補てん

(1)　第二種金融商品取引業（28 Ⅱ）を行う金融商品取引業者である無限責任組合員が、顧客（有限責任組合員となろうとする者）に対して投資事業有限責任組合（LPS 法 2 Ⅱ）に係る出資持分（2 Ⅱ⑤）の取得勧誘をした場合において、組合契約書（LPS 法 3 Ⅱ）にクロー・バック条項を設けることは、同条項が過払い金の返還を内容とするものである限り、法 39 条 1 項 1 号の規定に違反しないとされている（Q&A 403 頁 4）。

(2)　(1)に照らせば、投資運用業（28 Ⅳ）を行う金融商品取引業者である無限責任組合員が、顧客（有限責任組合員となろうとする者）に対して投資事業有限責任組合（LPS 法 2 Ⅱ）の締結を勧誘するにあたり、組合契約書（LPS 法 3 Ⅱ）にクロー・バック条項を設けることを約束することは、同条項が過払い金の返還を内容とするものである限り、法 38 条の 2 第 2 号の規定に違反しないと考えられる。

(3)　(1)に照らせば、投資運用業（28 Ⅳ）を行う金融商品取引業者である無限責任組合員が、受領した報酬の一部を組合契約書（LPS 法 3 Ⅱ）に設けたクロー・バック条項に基づいて返還することは、同条項が過払い金の返還を内容とするものである限り、法 42 条の 2 第 6 号の規定に違反しないと考えられる。

2　クロー・バック条項

(1)　投資事業有限責任組合に係る組合契約書（LPS 法 3 Ⅱ）において、クロー・バック条項とは、無限責任組合員が、同契約書の定めに基づいて支払を受けた金銭のうち、過払いである部分を組合財産に返還することを内容とする条項をいう。

　クロー・バック条項は、法律上の語ではなく、このような返還義務を定

める条項の通称である。

(2) 返還義務が生じる時点は、組合契約書において任意に定めることができるが、組合の解散時とする例が多くみられる。

　返還義務を早期に生じさせる条項は、必ずしも有益ではない。ある事業年度に過払いが生じた場合、この過払いは、最終の事業年度が開始するまでの間に解消される場合があるためである。

(3) 返還義務を生じさせる事由は、組合契約書において任意に定めることができる。一般的な事由は、無限責任組合員が組合の存続期間中にあらかじめ成功報酬又は出資に基づく配当金を受領していることを前提として、次のようなものである。

　① 有限責任組合員が組合より受領した金銭の合計額が、(i)出資金の総額と(ii)最低限の予定配当率としてあらかじめ定められた料率（ハードル・レート）に基づく配当金の総額に不足すること。

　② (i)無限責任組合員が成功報酬又は配当金として組合より受領した金銭の総額を、(ii)有限責任組合員が組合より受領した配当金の総額で除した値が、所定の料率を超過すること。

(4) 返還すべき金額は、組合契約書において任意に定めることができるが、(3)①においては不足額、(3)②においては超過額が上限となる。

　クロー・バック条項は、過払いとなっている報酬又は配当金の返還義務を定めるものであり、無限責任組合員に対し、過払い金の返還義務を超えて有限責任組合員に対する利益保証義務を定めるものではないためである。

　なお、無限責任組合員は、各事業年度に成功報酬又は配当金を受領した場合、これらを含めた利益を計算し、当該事業年度に係る納期限に税金を納付していることがある。この場合、(3)①における不足額又は(3)②における超過額を返還すべき金額とすることは、無限責任組合員に損失を生じさせることになる。このような場合に備えて、返還すべき金額は、(3)①における不足額又は(3)②における超過額に一定の料率（1 − 予定税率）を乗じた金額とされる例がみられる。

第3章　法41条の2第5号の規制

> **Q107**　法41条の2第5号は、誰の行為を規制しているか。

1　行為を規制される者

(1)　法41条の2第5号の規定により行為を規制される者は、投資助言業務（28Ⅵ）を行う金融商品取引業者等である。

(2)　投資助言業務（28Ⅵ）を行う金融商品取引業者等が(i)法人又は(ii)法人でない団体で代表者又は管理人の定めのあるものである場合は、両罰規定（207Ⅰ③）によって、これらの代表者、代理人、使用人その他の従業者も、法41の2第5号の規定により行為を規制される。管理人は、規制の対象者として規定されていないものの、「その他の従業者」に含まれるものと考えるのが自然であろう。

投資助言業務（28Ⅵ）を行う金融商品取引業者等が(iii)自然人である場合は、両罰規定（207Ⅰ③）によって、その代理人、使用人その他の従業者も、法41の2第5号の規定により行為を規制される。

(3)　投資助言業務（28Ⅵ）は、投資助言・代理業（28Ⅲ）のうち、投資顧問契約を締結し、これに基づき助言をすることに係る業務（2Ⅷ⑪）であるため、投資顧問契約（同⑪）又は投資一任契約（同⑫ロ）の締結の代理又は媒介に係る業務（同⑬）は、これに含まれない。

2　顧　　客

(1)　顧客は、法41条の2第5号により行為を規制されない。

法41条の2は、「金融商品取引業者等は、その行う投資助言業務に関して、次に掲げる行為をしてはならない。」とし、5号で「その助言を受けた取引により生じた顧客の損失の全部又は一部を補てんし、又はその助言を受けた取引により生じた顧客の利益に追加するため、当該顧客又は第三者に対し、財産上の利益を提供し、又は第三者に提供させること（事故による

損失の全部又は一部を補てんする場合を除く。)。」を掲げているためである。
(2) 顧客が投資助言業務に関して損失補てんを受けることを規制する条文（39Ⅱ参照）は、設けられていない。

Q108 法41条の2第5号は、どのような行為を規制しているか。

1 規制される行為
(1) 法41条の2第5号により規制される行為は、その助言を受けた取引により生じた顧客の損失の全部又は一部を補てんし、又はその助言を受けた取引により生じた顧客の利益に追加するため、当該顧客又は第三者に対し、財産上の利益を提供し、又は第三者に提供させることである。
(2) 事故による損失の全部又は一部を補てんする場合における財産上の利益の提供は、「財産上の利益を提供し、又は第三者に提供させること」から除かれる。
(3) 法41条の2第5号は、「提供」のみを規制対象としており、「申込み」及び「約束」は、規制の対象とされていない。

したがって、金融商品取引業者等がする次の行為は、いずれも法41条の2第5号に違反しない（ただし、②の行為は、法38条の2第2号によって規制される。また、③及び④は、態様によっては「特別の利益の提供」の約束（38⑧・業府令117Ⅰ③）に該当する場合がある。）。

① 時期を問わず、顧客に対し、損失補てん又は利益保証の申込みをすること
② 勧誘の段階で顧客と損失補てんの約束をすること
③ 勧誘の段階で顧客と利益保証の約束をすること
④ 勧誘の後、顧客と損失補てん又は利益保証の約束をすること

2 事故による損失の補てん
(1) 「事故」とは、投資助言業務に関する事故（業府令118②）をいう。
業府令118条1号の事故は、第一種金融商品取引業（28Ⅰ）又は第二種金融商品取引業に関する事故であるため、ここでは適用されない。
(2) 事故の定義は、「金融商品取引業者等又はその役員若しくは使用人の

違法又は不当な行為であって当該金融商品取引業者等とその顧客との間において争いの原因となるものとして内閣府令で定めるものをいう。」として法39条3項に定められているが、事故の確認に係る規定（39Ⅲ・Ⅴ）及び事故の確認を要しない場合に係る規定（39Ⅲ・業府令119）は、いずれも投資助言業務につき、これに関する事故（業府令118②）が生じた場合には適用されない（Q&A 436頁52・53）。

(3) 法41条の2第5号に規定する事故につき、事故の確認（39Ⅲ・Ⅴ）及び事故の確認を要しない場合（39Ⅲ・業府令119）の定めは、設けられていない。したがって、投資助言業務に関する事故により生じた損失を補てんする場合、金融商品取引業者等は、事故の確認を受ける義務を負わない。

(4) 投資助言業務に関する事故により生じた損失を補てんする場合、金融商品取引業者等は、「適正に判断」すべきものとされている（Q&A 424頁6～9）。

「適正に判断」すべき対象は、明らかにされていないが、(i)業府令118条2号イからハまでのいずれかの行為があったこと、(ii)顧客に損失が生じたこと、(iii)(i)と(ii)との間に因果関係があること及び(iv)損失の額と損失を補てんするために提供される財産上の利益の額とが見合うことの各点であると考えられる。

第4章　法42条の2第6号の規制

> **Q109**　法42条の2第6号の規定は、誰の行為を規制しているか。

1　行為を規制される者

(1)　法42条の2第6号の規定により行為を規制される者は、投資運用業（28Ⅳ）を行う金融商品取引業者等である。

(2)　ここでいう「投資運用業」は、投資法人の資産運用（2Ⅷ⑫イ）に係る業務、投資一任契約に基づく資産運用（同⑫ロ）に係る業務、投資信託又は外国投資信託の資産運用（同⑭）に係る業務及びファンドの自己資産運用（同⑮）に係る業務のすべてを含む。

(3)　投資運用業（28Ⅳ）を行う金融商品取引業者等が(i)法人又は(ii)法人でない団体で代表者又は管理人の定めのあるものである場合は、両罰規定（207Ⅰ③）によって、これらの代表者、代理人、使用人その他の従業者も、法42条の2第6号の規定により行為を規制される。管理人は、規制の対象者として規定されていないものの、「その他の従業者」に含まれるものと考えるのが自然であろう。

(4)　特例業務届出者（63Ⅴ）は、法63条2項の規定による届出をすることにより、法29条の規定による登録を受けずに適格機関投資家等特例業務を行うことができ、適格機関投資家等特例業務を行う場合においては金融商品取引業者とみなされ（63Ⅺ）、法42条の2第6号の適用を受ける。

2　権利者

(1)　権利者は、法42条の2第6号により行為を規制されない。

　法42条の2は、「金融商品取引業者等は、その行う投資運用業に関して、次に掲げる行為をしてはならない。」とし、6号で「運用財産の運用として行った取引により生じた権利者の損失の全部若しくは一部を補塡し、又は運用財産の運用として行った取引により生じた権利者の利益に追加するた

め、当該権利者又は第三者に対し、財産上の利益を提供し、又は第三者に提供させること（事故による損失又は当該権利者と金融商品取引業者等との間で行われる有価証券の売買その他の取引に係る金銭の授受の用に供することを目的としてその受益権が取得又は保有されるものとして内閣府令で定める投資信託（投信法 2 条 3 項に規定する投資信託をいう。）の元本に生じた損失の全部又は一部を補填する場合を除く。）。」を掲げているためである。

(2) 顧客が投資運用業に関して損失補てんを受けることを規制する条文（39 Ⅱ参照）は、設けられていない。

Q110 法 42 条の 2 第 6 号は、どのような行為を規制しているか。

1 規制される行為

(1) 法 42 条の 2 第 6 号により規制される行為は、運用財産の運用として行った取引により生じた権利者の損失の全部若しくは一部を補てんし、又は運用財産の運用として行った取引により生じた権利者の利益に追加するため、当該権利者又は第三者に対し、財産上の利益を提供し、又は第三者に提供させることである。

(2) 次の場合における財産上の利益の提供は、「財産上の利益を提供し、又は第三者に提供させること」から除かれる。

① 事故による損失の全部又は一部を補てんする場合

② 決済用投資信託の元本に生じた損失の全部又は一部を補てんする場合 **Q111**

(3) 法 42 条の 2 第 6 号は、「提供」のみを規制対象としており、「申込み」及び「約束」は、規制の対象とされていない。

したがって、金融商品取引業者等がする次の行為は、いずれも法 42 条の 2 第 6 号に違反しない（ただし、②の行為は、法 38 条の 2 第 2 号によって規制される。また、③及び④は、態様によっては「特別の利益の提供」の約束（38 ⑧・業府令 117 Ⅰ ③）に該当する場合がある。）。

① 時期を問わず、権利者に対して、損失補てん又は利益保証の申込みをすること

② 勧誘の段階で顧客と損失補てんの約束をすること

③ 勧誘の段階で顧客と利益保証の約束をすること
④ 勧誘の後、権利者と損失補てん又は利益保証の約束をすること

2 事故による損失の補てん

(1) 「事故」とは、投資運用業に関する事故（業府令118②）をいう。

業府令118条1号の事故は、第一種金融商品取引業（28Ⅰ）又は第二種金融商品取引業に関する事故であるため、法42条の2第6号の「事故」には含まれない。

(2) 事故の定義は、「金融商品取引業者等又はその役員若しくは使用人の違法又は不当な行為であって当該金融商品取引業者等とその顧客との間において争いの原因となるものとして内閣府令で定めるものをいう。」として法39条3項に定められているが、事故の確認に係る規定（39Ⅲ・Ⅴ）及び事故の確認を要しない場合に係る規定（39Ⅲ・業府令119）は、いずれも投資運用業につき、これに関する事故（業府令118②）が生じた場合には適用されない（Q&A 436頁52・53）。

(3) 法42条の2第6号に規定する事故につき、事故の確認（39Ⅲ・Ⅴ）及び事故の確認を要しない場合（39Ⅲ・業府令119）の定めは、設けられていない（Q&A 437頁57～59）。したがって、投資運用業に関する事故により生じた損失を補てんする場合、金融商品取引業者等は、事故の確認を受ける義務を負わない。

(4) 投資運用業に関する事故により生じた損失を補てんする場合、金融商品取引業者等は、「適正に判断」すべきものとされている（Q&A 424頁6～9・437頁57）。

「適正に判断」すべき対象は、明らかにされていないが、(i)業府令118条2号イからハまでのいずれかの行為があったこと、(ii)権利者に損失が生じたこと、(iii)(i)と(ii)との間に因果関係があること及び(iv)損失の額と損失を補てんするために提供される財産上の利益の額とが見合うことの各点であると考えられる。

第4章　法42条の2第6号の規制

> **Q111**　決済用投資信託の元本に生じた損失の全部又は一部を補てんする場合とは、どのような場合か。

1　決済用投資信託の元本に生じた損失の全部又は一部を補てんする場合

⑴　決済用投資信託の元本に生じた損失の全部又は一部を補てんする場合における財産上の利益の提供は、「財産上の利益を提供し、又は第三者に提供させること」から除かれる（42の2⑥）。

⑵　決済用投資信託の元本に生じた損失の全部又は一部を補てんする場合として想定される場合は、個人である権利者が、証券総合口座において保有する決済用投資信託の受益権の基準価格が1口あたり1円を下回った場合において、金融商品取引業者等が、基準価格が1口あたり1円となるまで投資信託財産を補てんする場合である（2013年改正278頁）。

⑶　投資信託財産を補てんする方法としては、投資信託財産に属する債券の時価以上の金額による買取り等が想定されている。

⑷　決済用投資信託の元本に生じた損失の補てんが認められることとなった理由は、このような補てんを認めて決済用投資信託の基準価格を1口あたり1円以上に維持しないと、決済用投資信託の追加設定及び一部解約に係る即時処理が不可能となり、個人投資家の証券取引等に支障が生ずるおそれがあるためである（2013年改正58頁）。

2　決済用投資信託

⑴　決済用投資信託とは、次の①から③までを満たす投資信託をいう。（42の2⑥・業府令129の2）。

　①　公社債投資信託（投信則25②）であること。
　②　計算期間が1日のものであること。
　③　権利者と金融商品取引業者等との間で行われる有価証券の売買その他の取引に係る金銭の授受の用に供することを目的として、その受益権が取得又は保有されるものであること。

⑵　決済用投資信託は、法律上の語ではなく、いわゆるMRF（マネー・リザーブ・ファンド）等を指す語として一般的に用いられるものである。

3 公社債投資信託

(1) 「公社債投資信託」（投信則25②）とは、公社債投資信託（投信則13②イ）のうち、投資信託約款において次の事項のすべてを定めているものをいう。

① 投資信託財産の運用の対象となる資産は、有価証券等（投信則25②イ）とすること（投信則25②イ）。

② 投資信託財産の運用の対象となる有価証券等は、償還又は満期までの期間（残存期間）が1年を超えないものであること（同ロ）。

③ 投資信託財産に組み入れる有価証券等の平均残存期間（一の有価証券等の残存期間に当該有価証券等の組入額を乗じて得た額の合計額を、当該有価証券等の組入額の合計額で除して得た期間をいう。）が90日を超えないこと（同ハ）。

④ 投資信託財産の総額のうちに一の法人その他の団体（法人等）が発行し、又は取り扱う有価証券等（国債証券、政府保証債（その元本の償還及び利息の支払について政府が保証する債券をいう。）及び返済までの期間（貸付けを行う受託会社が休業している日を除く。）が5日以内のコールローン（特定コールローン）を除く。）の当該総額の計算の基礎となった価額の占める割合が、100分の5以下であること（同ニ）。

⑤ 投資信託財産の総額のうちに一の法人等が取り扱う特定コールローンの当該総額の計算の基礎となった価額の占める割合が、100分の25以下であること（同ホ）。

(2) 「公社債投資信託」（投信則13②イ）とは、有価証券に関連する投資が、(ⅰ)投信則13条2号イに掲げる有価証券に対する投資、(ⅱ)国債証券又は外国国債証券に係る標準物（2Ⅶ⑤）の市場デリバティブ取引又は外国市場デリバティブ取引に限定された証券投資信託をいう。

4 権利者と金融商品取引業者等との間で行われる有価証券の売買その他の取引に係る金銭の授受の用に供することを目的とする受益権の取得又は保有

(1) 「権利者と金融商品取引業者等との間で行われる有価証券の売買その他の取引に係る金銭の授受の用に供することを目的」とする受益権の取得

及び保有は、権利者が開設する証券総合口座内において資金を受け入れた際に、受け入れた資金のうち余資にあたるものによって投資信託の追加設定（追加設定によって新たな受益権が発行され、権利者は、これを取得する。）をし、これにより取得した受益権を保有することを想定したものである（2013年改正277頁）。

(2)　権利者が(1)の受益権取得にあてた資金を使用する場合、投資信託は、使用される資金の限度で解約されることとなる。

第5章 罰　　則

❖ 第1節 主　　刑

> **Q112** 金融商品取引業者等は、みずから法38条の2第2号、法41条の2第5号又は法42条の2第6号の規定に違反した場合、どのような罰則の適用を受けるか。

1　適用される罰則

(1)　金融商品取引業者等は、みずから法38条の2第2号、法41条の2第5号又は法42条の2第6号の規定に違反した場合、3年以下の懲役若しくは300万円以下の罰金に処せられ、又はこれらを併科される（198の3）。

(2)　法198条の3は、個人である金融商品取引業者等に対して適用され、個人でない金融商品取引業者等は、同条の適用を受けない。

　個人でない金融商品取引業者等については、懲役刑を科すことはできず、法人である金融商品取引業者等及び法人でない団体で代表者又は管理人の定めのあるものである金融商品取引業者等については、いわゆる両罰規定（207Ⅰ③）が別に設けられているためである。

2　未遂罪

　法38条の2違反、法41条の2第5号違反及び法42条の2第6号違反の罪については、未遂罪の定めがないことから、未遂は、処罰されない（刑44・8）

第5章 罰　則

> **Q113** 金融商品取引業者等は、その代表者又は代理人、使用人その他の従業者が法38条の2第2号、法41条の2第5号又は法42条の2第6号に掲げる行為をした場合、どのような罰則の適用を受けるか。

1 適用される罰則

(1) 法人である金融商品取引業者等（法人でない団体で代表者又は管理人の定めのあるものである金融商品取引業者等も同様）の代表者又は代理人、使用人その他の従業者が、金融商品取引業者等の業務又は財産に関し、<u>法198条の3の規定の違反行為をしたとき</u>は、その行為者が罰せられるほか、金融商品取引業者等に対して3億円以下の罰金刑が科せられる（207Ⅰ③）。

法207条1項は、金融商品取引業者等が財団である場合における管理人を違反行為の主体として明記していないが、この場合における管理人は、「その他の従業者」に含まれるものと考えるのが自然であろう。

(2) 自然人である金融商品取引業者等の代理人、使用人その他の従業者が、金融商品取引業者等の業務又は財産に関し、<u>法198条の3の規定の違反行為をしたとき</u>は、その行為者が罰せられるほか、金融商品取引業者等に対して300万円以下の罰金刑が科せられる（207Ⅰ③・198の3）。

(3) 投資助言・代理業（28Ⅲ）を行う金融商品取引業者は、純粋な個人である場合（すなわち、法人でない団体で代表者又は管理人の定めのあるものに該当しない場合）と法人である場合があるが、投資運用業（同Ⅳ）を行う金融商品取引業者は、株式会社であることを要するため（29の4Ⅰ⑤イ）、必ず「法人」となる。

(4) 「代理人」、「従業者」及び「業務……に関し」の意義は、第一種金融商品取引業又は第二種金融商品取引業を行う金融商品取引業者等に法207条1項3号の規定が適用される場合と同様である。 **Q80**

(5) 法207条1項3号の規定は、金融商品取引業者等の代表者又は代理人、使用人その他の従業者が、金融商品取引業者等の業務又は財産に関し、法198条の3の規定の違反行為をした場合は、従業者の職位にかかわらず適用される。 **Q81**

第3編　投資助言・代理業又は投資運用業に関する損失補てん等の規制

2　法198条の3の規定の違反行為をしたとき

「法198条の3の規定の違反行為をしたとき」とは、法38条の2違反、法41条の2第5号違反又は法42条の2第6号違反については、金融商品取引業者等の代表者、代理人、使用人その他の従業者が、これらの各条項違反の罪を犯した場合をいう。

法38条の2、法41条の2第5号及び法42条の2第6号は、いずれも金融商品取引業者等を規制の対象者とする規定であるが、法207条1項の規定により金融商品取引業者等の代表者、代理人、使用人その他の従業者をも規制の対象者とする規定に修正される。 Q82

3　未遂罪

法38条の2違反、法41条の2第5号違反及び法42条の2第6号違反の罪については、未遂罪の定めがないことから、未遂は、処罰されない（刑44・8）。

4　法207条1項が適用されない場合

金融商品取引業者等は、代表者又は代理人、使用人その他の従業者が、その業務又は財産に関し、法198条の3の規定の違反行為をした場合であっても、行為者の選任、監督その他違反行為を防止するために必要な注意を尽くしたことを証明した場合は、法207条1項の適用を免れる。 Q80

Q114　金融商品取引業者等の代表者、代理人、使用人その他の従業者は、法38条の2第2号、法41条の2第5号又は法42条の2第6号に掲げる行為をした場合、どのような罰則の適用を受けるか。

1　法38条の2第2号に掲げる行為をした場合

(1) 法38条の2の規定に違反した場合においては、その行為をした金融商品取引業者等の代表者、代理人、使用人その他の従業者は、3年以下の懲役若しくは300万円以下の罰金に処せられ、又はこれらを併科される（198の3）。

(2) 「法38条の2の規定に違反した場合」とは、金融商品取引業者等の代

表者、代理人、使用人その他の従業者が、法38条の2違反の罪を犯した場合をいう。

　法38条の2は、金融商品取引業者等を規制の対象者とする規定であるため、金融商品取引業者等ではない代表者、代理人、使用人その他の従業者がこれに違反した場合であっても、「法38条の2の規定に違反した場合」に該当しないようにも思える。

　もっとも、法207条1項は、「法人……の代表者又は法人若しくは人の代理人、使用人その他の従業者が、その法人又は人の業務又は財産に関し、(法198条の3の)規定の違反行為をしたときは、その行為者が罰せられる」としており、この規定は、金融商品取引業者等の代表者、代理人、使用人その他の従業者が、金融商品取引業者等の業務又は財産に関し、法38条の2の規定に違反する行為をした場合には、これらの者に法198条の3の規定による犯罪を成立させると考えられている（損失補てん規制Q&A 115～116頁）。

(3)　「その行為」とは、法38条の2各号に掲げる行為をいう。

(4)　法38条の2違反の罪については、未遂罪の定めがないことから、未遂は、処罰されない（刑44・8）。

2　法41条の2第5号又は法42条の2第6号に掲げる行為をした場合

(1)　法41条の2第5号の規定又は法42条の2第6号の規定に違反した場合においては、その行為をした金融商品取引業者等の代表者、代理人、使用人その他の従業者は、3年以下の懲役若しくは300万円以下の罰金に処せられ、又はこれらを併科される（198の3）。

(2)　罰則を適用するための要件等は、金融商品取引業者等の代表者、代理人、使用人その他の従業者が法38条の2第2号の規定に違反した場合と同様である。

　もっとも、法38条の2第2号は、事故によって生じた損失の補てんを目的とする補てんの約束を違法とするが、法41条の2第5号及び法42条の2第6号は、いずれも事故（業府令118②）によって生じた損失の補てんを適法としている。また、法42条の2第6号は、決済用投資信託の元本に生じた損失（事故に基づいて生じたものであることを要しない。）の補てんも適

法としている。金融商品取引業者等の代表者、代理人、使用人その他の従業者が、これらの適法とされる行為を行う場合は、「41条の2……第5号……又は42条の2……第6号の規定に違反した場合」に該当しない。

> **Q115** 投資助言・代理業又は投資運用業に関する損失補てん等につき、顧客及び権利者は、罰則の適用を受けるか。

1 顧客又は権利者に適用される罰則

投資助言・代理業（28Ⅲ）又は投資運用業（同Ⅳ）を行う金融商品取引業者等の顧客及び権利者は、(ⅰ)法38条の2第2号の規定に違反して約束がなされた場合及び(ⅱ)法41条の2第5号又は法42条の2第6号の規定に違反して財産上の利益が提供された場合のいずれにおいても、罰則の適用を受けない。

法38条の2第2号、法41条の2第5号及び法42条の2第6号の規定については、法39条2項に対応する規定が設けられておらず、投資助言・代理業又は投資運用業を行う金融商品取引業者等の顧客及び権利者は、このような金融商品取引業者等を相手方とする損失補てんの約束及びこのような金融商品取引業者等より財産上の利益を受けることを規制されていないためである。

2 共犯としての処罰

(1) 投資助言・代理業（28Ⅲ）又は投資運用業（同Ⅳ）を行う金融商品取引業者等の顧客及び権利者は、金融商品取引業者等に対してみずから要求し、又は第三者に要求させることにより、(ⅰ)損失補てんの約束をした場合又は(ⅱ)損失補てんとして財産上の利益を受けた場合のいずれにおいても、罰則の適用を受けないと考えられる。

このような場合について、法が規制に係る規定（39Ⅱ参照）及び罰則規定（200⑭参照）を設けていない趣旨は、顧客及び権利者を処罰しない趣旨であると考えられるためである。

(2) 投資助言・代理業又は投資運用業に関する(ⅰ)損失補てんの約束及び(ⅱ)財産上の利益の供与（財産上の利益を提供し、これを受けさせること）は、い

わゆる片面的対向犯（複数の者の意思が互いに向かい合って共働し、又は加功することによって成立する犯罪（対向犯）のうち、一方についてのみ罰則が設けられているものをいう。）である。

片面的対向犯のうち、罰則の定めがない者につき、共犯として罰則が適用されるか否かを判断した判例として、大判明治37年5月5日刑録10輯955頁（官吏収賄の件）及び最判昭和43年12月24日刑集22巻13号1625頁がある。

大判明治37年5月5日刑録10輯955頁（官吏収賄の件）は、収賄罪のみを処罰し、贈賄罪についての処罰規定を欠いていた旧刑法（明治13年太政官布告36号）の下において、「贈賄ノ行為カ収賄行為ノ反面ニシテ其必要的加担行為タルニ拘ラス其行為ヲシタル贈賄者ニ何等刑事上ノ責任ナキ」ことを前提として、「官吏収賄ノ必要的加担者タル贈賄者ヲ罰セサル所ノ刑法ハ同一犯罪ノ教唆又ハ従犯トシテモ之ヲ罰セサルノ精神ナリト解釈スヘキハ事理ノ当然」として、贈賄者につき官吏収賄の罪の教唆者又は従犯が成立しないものとしている。

また、最判昭和43年12月24日刑集22巻13号1625頁は、「ある犯罪が成立するについて当然予想され、むしろそのために欠くことができない関与行為について、これを処罰する規定がない以上、これを、関与を受けた側の可罰的な行為の教唆もしくは幇助として処罰することは、原則として、法の意図しないところと解すべきである。」として、弁護士でない者に、自己の法律事件の示談解決を依頼し、これに報酬を与え、又は与えることを約束した者につき、弁護士法72条違反の罪の教唆犯が成立しないものとしている。

❖ 第2節　付 加 刑

Q116 法41条の2第5号又は法42条の2第6号の規定に違反して提供された物は、没収することができるか。

1　没　収

(1)　法41条の2第5号又は法42条の2第6号の規定に違反して物（財産

上の利益）を提供した金融商品取引業者等に対する金融商品取引法違反被告事件において、これらの規定に違反して提供された物は、「犯罪行為を組成した物」（刑19 I①）に該当するため、刑19条1項の規定により没収することができる（任意的没収）。

(2) 任意的没収の対象となる物は、(i)犯人以外の者に属しない物又は(ii)犯人以外の者に属する物であって、犯罪の後にその者が情を知って取得したもの（刑19 II）である。

そのため、次の物は、いずれも刑19条1項の規定により没収することができる。

① 法41条の2第5号の規定に違反して提供したものの、顧客又は第三者が受けなかった物
② 法42条の2第6号の規定に違反して提供したものの、顧客又は権利者が受けなかった物
③ 顧客又は第三者（41の2⑤）が受けた後、金融商品取引業者等に対して返還した物
④ 権利者又は第三者（42の2⑥）が受けた後、金融商品取引業者等に対して返還した物

(3) 没収は、主刑である懲役又は罰金（198の3・207 I③）の付加刑であるため（刑9）、原則として主刑の言渡しがある場合にのみ科せられる。もっとも、主刑の刑が免除される場合は、没収のみを科すことは可能である（条解刑法23頁）。

(4) 法41条の2第5号又は法42条の2第6号の規定に違反して提供された物につき、必要的没収の規定（200の2参照）は、設けられていない。

(5) 没収された財産上の利益は、没収の裁判の確定によって国庫に帰属する。 Q97

2　追　徴

(1) 1(2)①から④までの物は、いわゆる犯罪組成物件（19 I①）である。刑19条の2の規定により価額を追徴することができる場合は、刑19条1項3号又は4号に掲げる物の全部又は一部を没収することができない場合に限られるため、1(2)①から④までの物を刑19条1項の規定により没収する

ことができない場合であっても、その価額を刑19条の2の規定により追徴することはできない。
(2) 法41条の2第5号又は法42条の2第6号の規定に違反して提供された物につき、必要的追徴の規定（200の2参照）は、設けられていない。

Q117 法41条の2第5号又は法42条の2第6号の規定に違反して提供された無体物は、没収することができるか。

1 没収

(1) 法41条の2第5号又は法42条の2第6号の規定に違反して財産上の利益を提供した金融商品取引業者等に対する金融商品取引法違反被告事件において、これらの規定に違反して提供された財産上の利益のうち無体物は、刑19条1項の規定により没収することができない。

刑19条1項は、有体物の任意的没収について定めたものであり、無体物については適用されないためである。

(2) 法41条の2第5号又は法42条の2第6号の規定に違反して提供された財産上の利益のうち無体物につき、必要的没収の規定（200の2参照）は、設けられていない。

2 追徴

(1) 法41条の2第5号又は法42条の2第6号の規定に違反して提供された財産上の利益が無体物である場合、その価額は、追徴することができない。

法41条の2第5号又は法42条の2第6号の規定に違反して提供された物は、いわゆる犯罪組成物件（19 I ①）である。刑19条の2の規定により価額を追徴することができる場合は、刑19条1項3号又は4号に掲げる物の全部又は一部を没収することができない場合に限られるため、犯罪組成物件である法41条の2第5号又は法42条の2第6号の規定に違反して提供された物を刑19条1項の規定により没収することができない場合であっても、その価額を刑19条の2の規定により追徴することはできない。

また、任意的追徴（刑19の2）をするためには、犯行時において刑19条

1項3号又は4号に規定する「物」が存在する必要があるが（条解刑法43頁）、無体物は、ここでいう「物」に該当しない。
(2) 法41条の2第5号又は法42条の2第6号の規定に違反して提供された財産上の利益のうち無体物につき、必要的追徴の規定（200の2参照）は、設けられていない。

❖ 第3節 第三者没収手続

> **Q118** 法41条の2第5号又は法42条の2第6号の規定に違反して提供された物で、被告人以外の者が保有するものは、没収することができるか。

1 第三者が保有する財産上の利益の没収

(1) 法41条の2第5号又は法42条の2第6号の規定に違反して提供された物で、被告人以外の者が保有するものは、刑19条1項の規定によって没収することができるものである限り、没収することができる。

(2) 没収された財産上の利益は、没収の裁判の確定によって国庫に帰属する。 `Q97`

2 第三者没収手続

被告人以外の者が保有する物を没収するためには、第三者没収手続をとる必要がある。 `Q94・95`

3 第三者の救済

没収の裁判が確定した場合、これによって損失を被った第三者がなし得る請求は、次の請求である。 `Q98`

① 没収物の交付請求（刑訴497Ⅰ・Ⅱ）
② 没収の裁判の取消請求（応急措置法13）

第6章　私法上の効力

> **Q119** 法38条の2第2号の規定に違反してなされた損失補てんの約束は、私法上効力を有するか。

　法38条の2第2号の規定に違反してなされた損失補てん等の約束は、公序に反し無効であると考えられる。 Q99

　したがって、顧客は、金融商品取引業者等との間でこのような約束をした場合であっても、この約束に基づいて損失補てんを請求することはできないと考えられる。

第 4 編

金融商品仲介業に関する損失補てん等の規制

第1章 総　論

> **Q120** 金融商品仲介業に関する損失補てん等の規制は、どのように整理されているか。

1　金融商品仲介業に関する損失補てん等の規制

　金融商品仲介業に関する損失補てん等は、(i)金融商品仲介業者については、法66条の15において準用する法38条の2第2号並びに法39条1項、3項及び5項によって規制され、(ii)金融商品仲介業の顧客については、法66条の15において準用する法39条2項及び4項によって規制されている。 Q21

2　法66条の15において準用する法38条の2第2号

(1)　法66条の15において準用する法38条の2第2号の規定は、投資顧問契約又は投資一任契約の締結の媒介（2 Ⅷ⑬）に関する、勧誘時（事前）の損失補てんの約束を規制する。

(2)　法66条の15において準用する法38条の2第2号は、金融商品仲介業者の行為を規制するものであり、金融商品仲介業者の顧客は、同号の規制を受けない。

3　法66条の15において準用する法39条1項、3項及び5項

(1)　法66条の15において準用する法39条1項の規定は、金融商品仲介業者が、金融商品仲介行為につき、顧客又は第三者に対し、次の行為を行うことを規制する。

　①　事前に損失補てん等をする旨の申込み又は約束をすること（39 Ⅰ①）。
　②　事後に損失補てん等をする旨の申込み又は約束をすること（同②）。
　③　損失補てん等をすること（同③）。

④　①から③までのいずれかを第三者にさせること（同①〜③）。
(2)　法66条の15において準用する法39条2項の規定は、金融商品仲介業者の顧客が、有価証券売買取引等につき、金融商品仲介業者に対してみずから要求し、又は第三者に要求させた上、次の行為を行うことを規制する。
　①　事前に金融商品仲介業者又は第三者を相手方として、損失補てん等に係る財産上の利益を受ける旨の約束をすること（39Ⅱ①）。
　②　事後に金融商品仲介業者又は第三者を相手方として、損失補てん等に係る財産上の利益を受ける旨の約束をすること（同②）。
　③　金融商品仲介業者又は第三者から、損失補てん等に係る財産上の利益を受けること（同③）。
　④　①から③までのいずれかを第三者にさせること（同①〜③）。

4　法66条の15において準用する法39条3項から5項まで

(1)　法66条の15において準用する法39条3項から5項までは、損失補てん等に関する行為を行うことが規制されない場合について規定する。
(2)　法66条の15において準用する法39条3項は、次の事項につき規定する。
　①　事前に損失補てん等をする旨の申込み又は約束をすること（39Ⅰ①）は、事故による損失を補てんするために行われる場合に、同条1項の適用を受けないこと。
　②　事後に損失補てん等をする旨の申込み、約束又は損失補てん等（39Ⅰ②・③）は、事故による損失を補てんするために行われる場合で、あらかじめ内閣総理大臣の確認を受けていることその他の法定の除外事由（39Ⅲ・66の15・業府令276）があるときに、法66条の15において準用する法39条1項の適用を受けないこと。
(3)　法66条の15において準用する法39条4項の規定は、次の行為が、事故による損失を補てんするために行われる場合に、法66条の15において準用する法39条2項の適用を受けない旨を規定する。
　①　顧客又は第三者による要求により、事前に損失補てん等に係る財産上の利益を受ける旨の約束をすること（39Ⅱ①）。

② 顧客又は第三者による要求により、事後に損失補てん等に係る財産上の利益を受ける旨の約束をすること（39Ⅱ②）。
③ 顧客又は第三者による要求により、損失補てん等に係る財産上の利益を受けること（39Ⅱ③）。

⑷ 法 66 条の 15 において準用する法 39 条 5 項の規定は、法 66 条の 15 において準用する法 39 条 3 項の規定に基づき内閣総理大臣の確認を受ける場合には確認を受けようとする事実その他の事項を記載した申請書に必要な書類を添えて内閣総理大臣に提出しなければならない旨を規定する。

> **Q121** 損失補てん等に該当しない利益の提供は、任意に行うことができるか。

1 特別の利益の提供

金融商品仲介業者又はその役員若しくは使用人は、損失補てん等の規制の対象となる行為（66 の 15・38 の 2 ②・39Ⅰ）のいずれにも該当しない場合であっても、金融商品仲介行為につき、次に掲げる行為をしてはならない（66 の 14 ③・業府令 275Ⅰ②）。

① 顧客若しくはその指定した者に対し、<u>特別の利益</u>の提供を約する行為
② 第三者をして、顧客若しくはその指定した者に対し、特別の利益の提供を約させる行為
③ 顧客若しくは第三者に対し特別の利益を提供する行為
④ 第三者をして、顧客若しくは第三者に対し特別の利益を提供させる行為

2 金融商品取引契約につき

「金融商品仲介行為につき」とは、具体的な金融商品仲介行為（66 の 11）についてという意味であり、今後締結する可能性がある抽象的な金融商品仲介行為についてという意味ではないと考えられる。

例えば、金融商品仲介業者が、現在取引関係にない者に対して、(i)金融商品仲介行為を行うことを条件として提供した利益は、「金融商品仲介行

為につき」提供された利益であるが、(ii)金融商品仲介行為を行うことを抽象的に期待して提供した利益は、「金融商品仲介行為につき」提供された利益ではないと考えられる。

3　特別の利益

「特別の利益」とは、金融商品仲介業における公正な競争の手段として提供することが許される利益の範囲を超えた利益をいうと考えられる（逐条561頁参照）。

4　特別の利益の提供

特別の利益（業府令275 Ⅰ②）の提供に該当しない行為は、金融商品取引業者等につき特別の利益（業府令117 Ⅰ③）の提供に該当しない行為と同様に考えられる。Q2

第2章　金融商品仲介業者に対する規制

> **Q122** 法66条の15において準用する法38条の2第2号の規定は、誰のどのような行為を規制しているか。

1　行為を規制される者

(1)　法66条の15において準用する法38条の2第2号の規定により行為を規制される者は、投資顧問契約又は投資一任契約の締結の媒介（2Ⅷ⑬）を行う金融商品仲介業者である（66の15・38の2②・令18の3）。

(2)　投資顧問契約又は投資一任契約の締結の媒介（2Ⅷ⑬）を行う金融商品仲介業者が(i)法人又は(ii)法人でない団体で代表者又は管理人の定めのあるものである場合は、両罰規定（207Ⅰ③）によって、これらの代表者、代理人、使用人その他の従業者も、法66条の15において準用する法38条の2第2号の規定により行為を規制される。管理人は、規制の対象者として規定されていないものの、「その他の従業者」に含まれるものと考えるのが自然であろう。

投資顧問契約又は投資一任契約の締結の媒介（2Ⅷ⑬）を行う金融商品仲介業者が(iii)自然人である場合は、両罰規定（207Ⅰ③）によって、その代理人、使用人その他の従業者も、法66条の15において準用する法38条の2第2号の規定により行為を規制される。

(3)　金融商品仲介業者の顧客は、法66条の15において準用する法38条の2第2号の規定により行為を規制されない。

2　規制される行為

(1)　法66条の15において準用する法38条の2第2号の規定により規制される行為は、顧客を勧誘するに際し、顧客に対して、<u>損失の全部又は一部を補てんする</u>旨を約束する行為である。

(2)　「勧誘」及び「勧誘するに際し……約束する」の意義は、法38条の2第

2号の規定における「勧誘」及び「勧誘するに際し……約束する」の意義と同様である。 Q104

(3) 法66条の15において準用する法38条の2第2号の規定は、「約束」のみを規制対象としており、「申込み」は、規制の対象とされていない。 Q17・18

(4) 「損失の全部又は一部を補てんする」とは、損失補てんをいい、利益保証は、これに含まれない。

したがって、金融商品取引業者等が勧誘の段階で顧客と利益保証のみを内容とする約束をすることは、法38条の2第2号に違反しないが、この約束の内容が実質的に損失補てんを含む場合は、同規定に違反する（松尾439頁）。

> **Q123** 法66条の15において準用する法39条1項の規定は、誰のどのような行為を規制しているか。

1 行為を規制される者

(1) 法66条の15において準用する法39条1項の規定により行為を規制される者は、金融商品仲介業者である（66の15・39Ⅰ）。

(2) 金融商品仲介業者が(i)法人又は(ii)法人でない団体で代表者又は管理人の定めのあるものである場合は、両罰規定（207Ⅰ③）によって、これらの代表者、代理人、使用人その他の従業者も、法66条の15において準用する法39条1項の規定により行為を規制される。管理人は、規制の対象者として規定されていないものの、「その他の従業者」に含まれるものと考えるのが自然であろう。

金融商品仲介業者が(iii)自然人である場合は、両罰規定（207Ⅰ③）によって、その代理人、使用人その他の従業者も、法66条の15において準用する法39条1項の規定により行為を規制される。

2 規制される行為

(1) 法66条の15において準用する法39条1項の規定は、「金融商品仲介業者は、次に掲げる行為をしてはならない」として、次の行為を掲げてい

る（66の15・39Ⅰ・令18の3）。
① 金融商品仲介行為につき、当該金融商品仲介行為に係る有価証券等について顧客に損失が生ずることとなり、又はあらかじめ定めた額の利益が生じないこととなった場合には自己又は第三者がその全部又は一部を補てんし、又は補足するため当該顧客又は第三者に財産上の利益を提供する旨を、当該顧客又はその指定した者に対し、申し込み、若しくは約束し、又は第三者に申し込ませ、若しくは約束させる行為
② 金融商品仲介行為につき、自己又は第三者が当該有価証券等について生じた顧客の損失の全部若しくは一部を補てんし、又はこれらについて生じた顧客の利益に追加するため当該顧客又は第三者に財産上の利益を提供する旨を、当該顧客又はその指定した者に対し、申し込み、若しくは約束し、又は第三者に申し込ませ、若しくは約束させる行為
③ 金融商品仲介行為につき、当該有価証券等について生じた顧客の損失の全部若しくは一部を補てんし、又はこれらについて生じた顧客の利益に追加するため、当該顧客又は第三者に対し、財産上の利益を提供し、又は第三者に提供させる行為

(2) 「金融商品仲介行為」とは、法2条11項各号に掲げる行為をいう（66の11）。金融商品仲介業は、所属金融商品取引業者等の委託を受けて、これらの行為のいずれかを当該所属金融商品取引業者等のために行う業務である。

「所属金融商品取引業者等」とは、金融商品仲介業者が委託を受ける金融商品取引業者（第一種金融商品取引業（28Ⅰ）又は投資運用業（同Ⅳ）を行う者に限る。）又は登録金融機関をいう（66の2Ⅰ）。

(3) 「有価証券等」とは、有価証券又は市場デリバティブ取引若しくは外国市場デリバティブ取引をいう。

法39条1項1号の「有価証券等」と異なり、店頭デリバティブ取引が除かれている理由は、店頭デリバティブ取引の媒介が金融商品仲介業に含まれないためである（2 XI）。

店頭デリバティブ取引は、特に専門性及びリスクが高いとの理由から、参入規制が比較的緩やかな金融商品仲介業者が取り扱うことができる取引から除外されている（Q&A 99頁1）。

(4) 金融商品仲介業者の「顧客」は、次の①から④までのすべてを含む。
  ① 金融商品仲介業者との間で取引関係を持つもの
  ② 金融商品仲介業者との間で取引関係を持とうとするもの
  ③ 金融商品仲介業者との間で取引関係を持つよう、金融商品仲介業者より勧誘を受けたもの
  ④ 金融商品仲介業者との間で取引関係を持ったもの(損失補てん等の申込み、約束又は損失補てん等の時点において、取引関係が継続しているか否かを問わない。)

　信託会社等が金融商品仲介業者の顧客である場合において、信託会社等が、信託契約に基づいて信託をする者の計算において、有価証券の売買又は市場デリバティブ取引若しくは外国市場デリバティブ取引を行うときは、当該信託をする者も金融商品仲介業者の顧客に該当する。この点は、法39条1項における顧客と同様である。 Q8

　信託会社等が行う行為から店頭デリバティブ取引が除かれている理由は、店頭デリバティブ取引の媒介が金融商品仲介業に含まれないためである(2 XI)。

3　事前の損失補てん等の申込み又は約束、事後の損失補てん等の申込み又は約束及び損失補てん等

　①事前の損失補てん等の申込み又は約束(66の15・39 I ①)、②事後の損失補てん等の申込み又は約束(66の15・39 I ②)及び③損失補てん等(66の15・39 I ③)の内容は、いずれも法39条1項の規定における①事前の損失補てん等の申込み又は約束(39 I ①)、②事後の損失補てん等の申込み又は約束(同②)及び③損失補てん等(同③)の内容と同様である。 Q27

4　補てん……するため、補足……するため及び追加……するため

(1) 「補てん……するため」(66の15・39 I ・III・IV)とは、金融商品仲介行為につき、当該金融商品仲介行為に係る有価証券等について顧客に生じた損失を埋め合わせようとする意思を有することをいう(損失補てん規制Q&A 30頁)。埋め合わせの対象以外の条項の解釈等は、「補てん……するため」(39 I ・III・IV)と同様である。 Q38

(2) 「補足……するため」(66の15・39Ⅰ①) とは、金融商品仲介行為につき、当該金融商品仲介行為に係る有価証券等について、あらかじめ利益の額を定めた場合で、当該額の利益が生じないときに、あらかじめ定めた利益の額と現実に生じた利益の額との差額を埋め合わせようとする意思を有することをいう(損失補てん規制 Q&A 30 頁)。埋め合わせの対象以外の条項の解釈等は、「補足……するため」(39Ⅰ①) と同様である。**Q39**

(3) 「追加……するため」(66の15・39Ⅰ②・③) とは、金融商品仲介行為につき、当該金融商品仲介行為に係る有価証券等について、あらかじめ利益の額を定めていない場合に、現実に生じた利益の額を増加させようとする意思を有することをいう(損失補てん規制 Q&A 30 頁)。埋め合わせの対象以外の条項の解釈等は、「追加……するため」(39Ⅰ②・③) と同様である。**Q40**

第3章 金融商品仲介業者の顧客に対する規制

> **Q124** 法66条の15において準用する法39条2項の規定は、誰のどのような行為を規制しているか。

1 行為を規制される者

(1) 法66条の15において準用する法39条2項の規定により行為を規制される者は、金融商品仲介業者の顧客である。

金融商品仲介業者は、所属金融商品取引業者等のために媒介行為を行う者であり（2 XI）、金融商品取引契約の当事者は、金融商品仲介業者ではなく所属金融商品取引業者等であることから、金融商品仲介業者の顧客は、媒介行為が行われた場合には、当該媒介行為により金融商品取引契約の当事者となった所属金融商品取引業者等の顧客にも該当する。 **Q8**

(2) 金融商品仲介業者の顧客が(i)法人又は(ii)法人でない団体で代表者又は管理人の定めのあるものである場合は、両罰規定（207 I ⑤）によって、これらの代表者、代理人、使用人その他の従業者も、法66条の15において準用する法39条2項の規定により行為を規制される。管理人は、規制の対象者として規定されていないものの、「その他の従業者」に含まれるものと考えるのが自然であろう。

金融商品仲介業者の顧客が(iii)自然人である場合は、両罰規定（207 I ⑤）によって、その代理人、使用人その他の従業者も、法66条の15において準用する法39条2項の規定により行為を規制される。

2 規制される行為

(1) 金融商品仲介業者の顧客は、次に掲げる行為をしてはならない。

　① 有価証券売買取引等につき、金融商品仲介業者又は第三者との間で、法66条の15において準用する法39条1項1号の約束をし、又は第

三者に当該約束をさせる行為（当該約束が自己がし、又は第三者にさせた要求による場合に限る。）

② 有価証券売買取引等につき、金融商品仲介業者又は第三者との間で、法66条の15において準用する法39条1項2号の約束をし、又は第三者に当該約束をさせる行為（当該約束が自己がし、又は第三者にさせた要求による場合に限る。）

③ 有価証券売買取引等につき、金融商品仲介業者又は第三者から、法66条の15において準用する法39条1項3号の提供に係る<u>財産上の利益を受け</u>、又は第三者に当該財産上の利益を受けさせる行為（①又は②の約束による場合であって当該約束が自己がし、又は第三者にさせた要求によるとき及び当該財産上の利益の提供が自己がし、又は第三者にさせた要求による場合に限る。）

(2) 法39条2項柱書の「金融商品取引業者等」は、法66条15による準用により「金融商品仲介業者」となる。各号の「金融商品取引業者等」は、解釈により「金融商品仲介業者」となる。このように解釈しない場合、法39条2項の規定を準用する意味がないためである。その他の部分は、技術的読替えの規定（令18の3）が設けられていないため、原文のままとなる。

したがって、「有価証券売買取引等」とは、法39条1項1号に定める有価証券売買取引等をいう。 Q30

(3) 「財産上の利益を受け」るとは、法形式を問わず、財産上の利益が顧客又は第三者に実質的に帰属することをいう（コンメ(4)614頁〔行澤〕）。

3　第三者に……させる行為

「第三者に……させる行為」（66の15・39Ⅱ）の意義は、法39条2項の規定における「第三者に……させる行為」の意義と同様である。 Q19

4　要　　求

(1) 要求（66の15・39Ⅱ）とは、相手方に対して一定の行為を求めることをいい、具体的には、(i)損失補てん等を行う意思を金融商品仲介業者に生じさせようとする意思をもって、(ii)損失補てん等を行う意思を持つよう、金融商品仲介業者に対して伝えることをいう。

(2) 要求をする者は、金融商品仲介業者の顧客又は金融商品仲介業者の顧客に促された第三者である。
(3) 要求の相手方は、法文上明らかでないが、金融商品仲介業者であると考えられる。

「要求」（66の15・39Ⅱ）の方法等は、法39条2項の規定における「要求」と同様である。 Q43〜45

第4章 事　　故

❖ 第1節 事　　故

> **Q125** 事故（66の15・39Ⅲ）とはなにか。

1　事　　故

(1) 事故とは、金融商品仲介業者又はその役員若しくは使用人の違法又は不当な行為であって当該金融商品仲介業者とその顧客との間において争いの原因となるものとして内閣府令で定めるものをいう（66の15・39Ⅲ）。

(2) 「内閣府令で定めるもの」とは、有価証券売買取引等（39Ⅰ）につき、金融商品仲介業者又はその代表者等が、当該金融商品仲介業者の業務に関し、次に掲げる行為を行うことにより顧客に損失を及ぼしたものをいう（業府令276）。①から⑤までに掲げる行為は、それぞれ業府令118条1号イからホまでに掲げる行為と対応している。

① 顧客の注文の内容について確認しないで、当該顧客の計算による有価証券売買取引等の媒介を行うこと（業府令276①）。 **Q48**

② 次に掲げるものについて顧客を誤認させるような勧誘をすること（同②）。 **Q49**

 (i) 有価証券等（66の15・39Ⅰ①）の性質

 (ii) 取引の条件

 (iii) 金融商品の価格若しくはオプションの対価の額の騰貴若しくは下落

 (iv) 金融商品市場において、金融商品市場を開設する者の定める基準及び方法に従い行う指標先物取引（2ⅩⅩⅠ②）（これに類似する外国市場デリバティブ取引を含む。）の約定数値又は現実数値の上昇又は低下

 (v) 金融商品市場において、金融商品市場を開設する者の定める基準及び方法に従い行うスワップ取引（2ⅩⅩⅠ④・④の2）に係る金融指標

の上昇若しくは低下又は金融商品の価格の騰貴若しくは下落
　(vi)　金融商品市場及び外国金融商品市場によらないで行うスワップ取引（2 ⅩⅢ⑤）に係る金融指標の上昇若しくは低下又は金融商品の価格の騰貴若しくは下落
③　顧客の計算による有価証券売買取引等を媒介する際に、過失により事務処理を誤ること（同③）。**Q50**
④　電子情報処理組織の異常により、顧客の計算による有価証券売買取引等を誤って媒介すること（同④）。**Q51**
⑤　その他法令に違反する行為を行うこと（同⑤）。**Q52**

(3)　事故（業府令276）は、「顧客に損失を及ぼしたもの」に限定されており、第三者に損失を及ぼしたものは、これに含まれない。

　法66条の15において準用する法39条1項は、顧客の損失を補てんする目的で、顧客又は第三者に対して財産上の利益を提供することを規制しており、第三者の損失を補てんする目的で、第三者に対して財産上の利益を提供することは、同項において規制されていないためである。

2　過失による事務処理の誤り

「顧客の計算による有価証券売買取引等を媒介する際に、過失により事務処理を誤ること」（業府令276③）は、法39条3項の事故のうち「顧客の注文の執行において、過失により事務処理を誤ること」（業府令118①ハ）に対応するものである。

　業府令276条3号における過失の対象は、媒介にかかる事務処理であり、注文の執行ではない。金融商品仲介業者は、所属金融商品取引業者等（66の2Ⅰ④）と顧客との間を媒介するのみであり、顧客の注文の執行は、所属金融商品取引業者等が行うためである。

3　その他法令に違反する行為を行うこと

(1)　「その他法令に違反する行為を行うこと」（業府令276⑤）とは、法令に違反する行為のうち業府令276条1号から4号に掲げるものを除くものを行うことをいう。

(2)　「法令」は、法令全般をいい、金融商品取引に関連する法令に限られな

い。したがって、「法令に違反する行為」は、顧客に損失をおよぼすような法令違反行為の全般を含むことになる（Q&A 403頁5参照）。

❖ 第2節　事故の確認等

Q126 事故による損失の補てんは、法66条の15において準用する法39条1項又は2項の適用を受けるか。

1　法66条の15において準用する法39条1項各号の行為

(1)　次の①から③までに掲げる行為のうち、①の行為は、事故による損失の全部又は一部を補てんするために行うものである場合には、法66条の15において準用する法39条1項の適用を受けない。

②及び③の行為は、事故による損失の全部又は一部を補てんするために行うものである場合で、補てんに係る損失が事故に起因するものであることにつき、金融商品仲介業者の所属金融商品取引業者等があらかじめ内閣総理大臣の確認を受けている場合又は事故の確認を要しない場合（業府令277Ⅰ）には、法66条の15において準用する法39条1項の適用を受けない（66の15・39Ⅲ・令18の3）。

①　金融商品仲介行為につき、当該金融商品仲介行為に係る有価証券等について顧客に損失が生ずることとなった場合には自己又は第三者がその全部又は一部を補てんするため当該顧客又は第三者に財産上の利益を提供する旨を、当該顧客又はその指定した者に対し、申し込み、若しくは約束し、又は第三者に申し込ませ、若しくは約束させる行為

②　金融商品仲介行為につき、自己又は第三者が当該有価証券等について生じた顧客の損失の全部若しくは一部を補てんするため当該顧客又は第三者に財産上の利益を提供する旨を、当該顧客又はその指定した者に対し、申し込み、若しくは約束し、又は第三者に申し込ませ、若しくは約束させる行為

③　金融商品仲介行為につき、当該有価証券等について生じた顧客の損失の全部若しくは一部を補てんするため、当該顧客又は第三者に対し、財産上の利益を提供し、又は第三者に提供させる行為

(2) 内閣総理大臣の確認を受けている場合又は事故の確認を要しない場合において行うことができる行為は、事故による損失の「補てん」であり、利益の補足又は追加は、行うことができない。

2 法66条の15において準用する法39条2項各号の行為

次の①から③までに掲げる行為のうち、①及び②の約束は、事故による損失の全部又は一部を補てんする旨の約束である場合には、法66条の15において準用する法39条2項の適用を受けない（66の15・39Ⅳ）。

③の財産上の利益を受ける行為は、事故による損失の全部又は一部を補てんするため提供されたものである場合には、法66条の15において準用する法39条2項の適用を受けない（66の15・39Ⅳ）。

① 有価証券売買取引等につき、金融商品仲介業者又は第三者との間で、法66条の15において準用する法39条1項1号の約束をし、又は第三者に当該約束をさせる行為（当該約束が自己がし、又は第三者にさせた要求による場合に限る。）

② 有価証券売買取引等につき、金融商品仲介業者又は第三者との間で、法66条の15において準用する法39条1項2号の約束をし、又は第三者に当該約束をさせる行為（当該約束が自己がし、又は第三者にさせた要求による場合に限る。）

③ 有価証券売買取引等につき、金融商品仲介業者又は第三者から、法66条の15において準用する法39条1項3号の提供に係る財産上の利益を受け、又は第三者に当該財産上の利益を受けさせる行為（①又は②の約束による場合であって当該約束が自己がし、又は第三者にさせた要求によるとき及び当該財産上の利益の提供が自己がし、又は第三者にさせた要求による場合に限る。） Q56

Q127 事故の確認は、どのように行われるか。

1 事故の確認の手続

(1) 事故の確認は、原則として次の方法によって行う（66の15・39Ⅲ・業府令278）。

第4編　金融商品仲介業に関する損失補てん等の規制

① 金融商品仲介業者の所属金融商品取引業者等は、確認申請書（及びその添付書類）を作成する。
② 金融商品仲介業者の所属金融商品取引業者等は、確認申請書（及びその添付書類）を財務局長に提出する。
③ 財務局長等は、確認申請書（及びその添付書類）に基づき、事故を確認する。
④ 財務局長等は、金融商品仲介業者の所属金融商品取引業者等に対し確認の結果を通知する。

(2) 確認申請書及び添付書類は、現実に提出する必要があり、これらの書面に記載すべき事項を金融商品仲介業者の所属金融商品取引業者等の社内で記録及び保存する方法をもって提出に代えることは認められない（Q&A 411頁36参照）。

(3) 事故の確認に係る標準処理期間は、次に掲げる期間を除き、確認に関する申請が事務所に到達した日から1ヶ月間である（業府令329）。
① 当該申請を補正するために要する期間
② 当該申請をした者が当該申請の内容を変更するために要する期間
③ 当該申請をした者が当該申請に係る審査に必要と認められる資料を追加するために要する期間

(4) 確認を受けるべき時期及び頻度は、法39条3項の確認と同様である。

Q62・63

2　確認を受けようとする者が一般社団法人金融先物業協会の会員である場合

一般社団法人金融先物業協会の会員が、金融先物取引業（金先協定款2の2⑤）に係る事故につき確認を申請する場合、事故の確認は、次の方法によって行う（66の15・39Ⅲ・業府令278・金先協事故確認規則2・4～6・8）。

① 金融商品仲介業者の所属金融商品取引業者等は、確認申請書（及びその添付書類）を作成する。
② 金融商品仲介業者の所属金融商品取引業者等は、確認申請書（及びその添付書類）を一般社団法人金融先物業協会に提出する。
③ 一般社団法人金融先物業協会は、確認申請書（及びその添付書類）に

基づき、確認申請書に記載された行為の内容が事故に該当するものであるか否かを審査する。
④　一般社団法人金融先物業協会は、③の審査の結果、確認申請書に記載された行為の内容が事故に該当するものであると認めたときは、確認申請書（及びその添付書類）を財務局長等に提出する。
⑤　財務局長等は、確認申請書（及びその添付書類）に基づき、事故を確認する。
⑥　財務局長等は、一般社団法人金融先物業協会に対し確認の結果を通知する。
⑦　一般社団法人金融先物業協会は、金融商品仲介業者の所属金融商品取引業者等に対し確認の結果を通知する。

3　確認を受けようとする者が日本証券業協会の会員である場合

日本証券業協会の会員が、有価証券の売買その他の取引等（日証協定款3⑧）に係る事故につき確認を申請する場合、事故の確認は、次の方法によって行う（66の15・39Ⅲ・業府令278・日証協事故確認規則4～7・13）。
①　金融商品仲介業者の所属金融商品取引業者等は、確認申請書（及びその添付書類）を作成する。
②　金融商品仲介業者の所属金融商品取引業者等は、確認申請書（及びその添付書類）を日本証券業協会に提出する。
③　日本証券業協会は、確認申請書（及びその添付書類）に基づき、確認申請書に記載された行為の内容が事故に該当するものであるか否かを審査する。
④　日本証券業協会は、③の審査の結果、確認申請書に記載された行為の内容が事故に該当するものであると認めたときは、確認申請書を財務局長等に提出する。
⑤　財務局長等は、確認申請書に基づき、事故を確認する。
⑥　財務局長等は、日本証券業協会に対し確認の結果を通知する。
⑦　日本証券業協会は、金融商品仲介業者の所属金融商品取引業者等に対し確認の結果を通知する。 Q57

第4編　金融商品仲介業に関する損失補てん等の規制

> **Q128** 確認申請は、誰が誰に対して行うか。

1　確認申請を行う者

確認申請は、確認を受けようとする金融商品仲介業者の所属金融商品取引業者等が行う。 Q58

金融商品仲介業者ではなく所属金融商品取引業者等が確認申請を行うこととされている理由は、金融商品仲介業者の事故（業府令276）によりその顧客に損失が生じた場合において、当該金融商品仲介業者ではなく、その所属金融商品取引業者等が一次的に損失補てんをすることが想定されていることである（66の24）。 Q131

2　確認申請書の提出先

(1)　事故の確認を受けようとする者は、確認申請書（及びその添付書類）の正本1通並びにこれらの写し1通を、当該確認に係る事故の発生した本店その他の営業所又は事務所の所在地を管轄する財務局長に提出する（66の15・39Ⅲ・業府令278）。

(2)　確認申請書（及びその添付書類）の提出先は、事故の発生した本店その他の営業所又は事務所の所在地が福岡財務支局の管轄区域内にある場合にあっては福岡財務支局長、国内に営業所又は事務所を有しない場合にあっては関東財務局長となる（業府令277Ⅲ）。

3　確認を受けようとする者が一般社団法人金融先物業協会の会員である場合

一般社団法人金融先物業協会の会員は、金融先物取引業に係る事故につき確認を申請する場合、同協会を経由して確認申請書（及びその添付書類）を財務局長等に提出することとされているため（金先協事故確認規則2Ⅲ・8）、これらの書類を直接財務局長等に提出することはできない。

4　確認を受けようとする者が日本証券業協会の会員である場合

日本証券業協会の会員は、有価証券の売買その他の取引等に係る事故につき確認を申請する場合、同協会を経由して確認申請書（及びその添付書類）

第4章 事　　故

を財務局長に提出することとされているため（日証協事故確認規則4Ⅳ・13）、これらの書類を直接財務局長に提出することはできない。 Q59

Q129 確認申請書の記載事項及び添付書類はなにか。

1　確認申請書の記載事項

(1) 確認申請書に記載すべき事項は、次に掲げる事項である（66の15・39Ⅴ・業府令279）。

① 所属金融商品取引業者等の商号又は名称及び登録番号（業府令279①）

② 事故の発生した本店その他の営業所又は事務所の名称及び所在地（同②）

③ 確認を受けようとする事実に関する次に掲げる事項（同③）

　(i) 事故となる行為に関係した金融商品仲介業者の商号、名称又は氏名及び代表者等の氏名又は部署の名称（同③イ）

　(ii) 顧客の氏名及び住所（法人にあっては、商号又は名称、主たる営業所又は事務所の所在地及び代表者の氏名）（同③ロ）

　(iii) 事故の概要（同③ハ）

　(iv) 補てんに係る顧客の損失が事故に起因するものである理由（同③ニ）

　(v) 申込み若しくは約束又は提供をしようとする財産上の利益の額（同③ホ）

④ その他参考となるべき事項（同④）

(2) 各記載事項に係る留意点は、確認申請書に記載すべき事項（39Ⅴ・業府令121）に係るものと同様である。 Q60

2　添付書類

(1) 添付書類は、顧客が確認申請書の記載事項の内容を確認したことを証明する書類その他参考となるべき資料である（66の15・39Ⅴ・業府令280Ⅰ）。

(2) 添付書類に係る留意点は、添付書類（39Ⅴ・業府令121）に係るものと

同様である。 Q61

(3) 添付書類は、確認申請書が事後の損失補てんの申込み（66の15・39Ⅰ②）に係るものである場合には、添付を要しない（業府令280Ⅱ）。

❖ 第3節　事故の確認を要しない場合

Q130 事故の確認を要しない場合は、どのような場合か。

1　事故の確認を要しない場合

(1) 事故による損失の補てんを目的とする事前の損失補てんの申込み及び約束は、事故の確認を要しない（66の15・39Ⅲ）。

(2) 事故による損失の補てんを目的とする事後の損失補てんの申込み、約束又は損失補てんは、いずれも事故の確認を要する行為であり、これらにつき事故の確認を要しない場合は、次の場合である（66の15・39Ⅲ・業府令277Ⅰ）。

①　裁判所の確定判決を得ている場合（業府令277Ⅰ①）Q66

②　裁判上の和解（即決和解を除く。）が成立している場合（業府令277Ⅰ②）Q67

③　調停が成立している場合（業府令277Ⅰ③）Q68

④　調停に代わる裁判所の決定（民調17）が行われ、かつ、当事者が決定の告知を受けた日から2週間内に異議の申立てがない場合（業府令277Ⅰ③）Q68

⑤　金融商品取引業協会若しくは認定投資者保護団体のあっせん又は指定紛争解決機関の紛争解決手続による和解が成立している場合（業府令277Ⅰ④）Q69

⑥　弁護士会が運営する紛争解決センターにおけるあっせんによる和解が成立している場合又は当該機関における仲裁手続による仲裁判断がされている場合（業府令277Ⅰ⑤）Q70

⑦　地方公共団体の消費者センターによるあっせん（消費者基本法19Ⅰ）による和解が成立している場合（業府令277Ⅰ⑥）Q71

⑧　独立行政法人国民生活センターによるあっせん（消費者基本法25）

第4章　事　故

による和解が成立している場合（業府令 277 Ⅰ⑥）Q71

⑨　独立行政法人国民生活センターによる重要消費者紛争解決手続における合意による解決（消費者基本法 25）が行われている場合 Q71

⑩　認証紛争解決事業者（ADR 法 2 ④）（有価証券売買取引等に係る紛争が、和解の仲介を行う紛争の範囲（同 6 ①）に含まれるものに限る。）が行う認証紛争解決手続（同 2 ③）による和解が成立している場合（業府令 277 Ⅰ⑦）Q72

⑪　和解が成立している場合であって、次に掲げるすべての要件を満たす場合（業府令 277 Ⅰ⑧）Q73
　(i)　当該和解の手続について弁護士又は認定司法書士が顧客を代理していること。
　(ii)　当該和解の成立により所属金融商品取引業者等が顧客に対して支払をすることとなる額が 1,000 万円（認定司法書士が代理する場合にあっては、140 万円）を超えないこと。
　(iii)　(ii)の支払が事故による損失の全部又は一部を補てんするために行われるものであることを(i)の弁護士又は司法書士が調査し、確認したことを証する書面が金融商品仲介業者及び当該金融商品仲介業者の所属金融商品取引業者等に交付されていること。

⑫　事故による損失について、所属金融商品取引業者等及び金融商品仲介業者と顧客との間で顧客に対して支払をすることとなる額が定まっている場合であって、次に掲げるすべての要件を満たす場合（①から⑪までの場合を除く。）（業府令 277 Ⅰ⑨）Q74
　(i)　所属金融商品取引業者等が顧客に対して支払をすることとなる額が 1,000 万円（(ii)の委員会が司法書士である委員のみにより構成されている場合にあっては、140 万円）を超えないこと。
　(ii)　(i)の支払が事故による損失を補てんするために行われるものであることが、金融商品取引業協会の内部に設けられた委員会（金融商品取引業協会により任命された複数の委員（事故に係る所属金融商品取引業者等、金融商品仲介業者及び顧客と特別の利害関係のない弁護士又は司法書士である者に限る。）により構成されるものをいう。）において調査され、確認されていること。

⑬ 金融商品仲介業者又はその代表者等が事故（業府令276）に該当する行為により顧客に損失を及ぼした場合で、1日の取引において顧客に生じた損失について顧客に対して申し込み、約束し、又は提供する財産上の利益が10万円に相当する額を上回らないとき（①から⑫までの場合を除く。）（業府令277Ⅰ⑩）**Q75**

⑭ 金融商品仲介業者又はその代表者等が(i)顧客の計算による有価証券売買取引等を媒介する際に、過失により事務処理を誤ること（業府令276③）又は(ii)電子情報処理組織の異常により、顧客の計算による有価証券売買取引等を誤って媒介すること（同④）により顧客に損失を及ぼした場合（帳簿書類（46の2・47・48）、金融商品仲介補助簿（282Ⅰ①）又は顧客の注文の内容の記録により事故であることが明らかである場合に限る。）（①から⑫までの場合を除く。）（業府令277Ⅰ⑪）**Q76**

(3) (2)①から⑪までに掲げる各手続は、損失補てんをする者が当事者として行われたものであることを要する。

例えば、金融商品仲介業者の所属金融商品取引業者等が複数ある場合において、そのうち1社が損失補てんをしようとするとき、裁判所の確定判決（業府令277Ⅰ①）は、損失補てんをする所属金融商品取引業者等が被告となって得られたものであることを要する。

(4) 事故の確認を要しない場合は、いずれも確認を行わなくても事故による損失の補てんであることが推認されるような客観的な手続がとられている場合である。事故の確認を要しない場合の範囲は、規制を維持しつつ、事故による損失の補てんをより円滑に行えるようにするとの観点から定められている（Q&A 404頁7参照）。

2 事故の報告

(1) 所属金融商品取引業者等は、業府令277条1項9号から11号までに掲げる場合において、事故の確認を受けないで、顧客に対し、財産上の利益を提供する旨を申し込み、若しくは約束し、又は財産上の利益を提供したときは、その申込み若しくは約束又は提供をした日の属する月の翌月末日までに、確認申請書の記載事項（業府令279）を、当該申込み若しくは約束又は提供に係る事故の発生した金融商品仲介業者の本店その他の営業所

第 4 章 事　故

又は事務所の所在地を管轄する財務局長（当該所在地が福岡財務支局の管轄区域内にある場合にあっては福岡財務支局長、国内に営業所又は事務所を有しない場合にあっては関東財務局長）に報告しなければならない（業府令 277 Ⅲ）。
(2)　事故の報告は、報告書の提出によって行う。
(3)　報告書（業府令 277 Ⅲ）の提出先及び提出方法は、報告書（業府令 119 Ⅲ）と同様である。 **Q77**

> **Q131**　金融商品仲介業者の事故（業府令 276）によりその顧客に損失が生じた場合において、損失補てんは、誰が行うか。

1　損失補てんを行う者

(1)　金融商品仲介業者の事故（業府令 276）によりその顧客に損失が生じた場合において、損失補てんは、当該金融商品仲介業者の所属金融商品取引業者等（66 の 2 Ⅰ④）が行うことが想定されている（業府令 277 Ⅰ⑧ロ・⑨イ参照）。
(2)　所属金融商品取引業者等が損失補てんを行う義務を負わない場合（66 の 24 ただし書）又は所属金融商品取引業者等が損失補てんを行うことができない場合、損失補てんは、当該金融商品仲介業者が行うものと考えられる。

2　所属金融商品取引業者等の責任

(1)　金融商品仲介業者の所属金融商品取引業者等は、その委託を行った金融商品仲介業者が金融商品仲介業につき顧客に加えた損害を賠償する責任を負う。ただし、所属金融商品取引業者等は、金融商品仲介業者への委託につき相当の注意をし、かつ、金融商品仲介業者の行う金融商品仲介行為につき顧客に加えた損害の発生の防止に努めたときは、この責任を負わない（66 の 24）。

したがって、金融商品仲介業者の所属金融商品取引業者等は、金融商品仲介業者の事故（業府令 276）によりその顧客に損失が生じた場合において、法 66 条の 24 に基づく損害賠償債務の履行として、当該顧客に対して損失補てんをすることになる。

(2) 所属金融商品取引業者等の責任（66の24）は、金融商品仲介業者の責任を前提として成立するものであるが（コンメ(2)1018頁〔北村〕）、一次的に損失補てんをすることが求められる者は、金融商品仲介業者ではなく所属金融商品取引業者等である。

そのため、金融商品仲介業者は、所属金融商品取引業者等が2以上ある場合、「登録申請者の事故……につき、当該事故による損失の補てんを行う所属金融商品取引業者等の商号又は名称」を登録しなければならず（66の2 I ⑥・業府令258 ③）、「所属金融商品取引業者等の商号又は名称」の記載は、次の各点をいずれも満たす必要がある（指針XI-2-1(2)①）。

① 事故の発生状況等を類型化し、当該類型の全てについて、当該損失の補てんを行う所属金融商品取引業者等の商号又は名称が明確に特定されていること。

② いずれの類型にも該当しない場合、又はいずれの類型に該当するかが明確でない場合についても、当該事故による損失の補てんを行う所属金融商品取引業者等の商号又は名称が特定されていること。

所属金融商品取引業者等が2以上ある場合、所属金融商品取引業者等が連帯して賠償責任を負うとする見解もあるが（コンメ(2)1019〜1020頁〔北村〕）、①及び②の登録が求められていることから、当局は、事故に関連する所属金融商品取引業者等のみが損害賠償責任を負うこととしていると考えられる。

(3) 一次的に損失補てんをすることが求められる者は、金融商品仲介業者ではなく所属金融商品取引業者等であることから、金融商品仲介業者の所属金融商品取引業者等は、委託を行った金融商品仲介業者の事故（66の15・39 III・業府令258 ③）につき損失の補てんを行うための適切な措置を講じなければならないこととされている（40 ②・業府令123 I ⑯）。

(4) 金融商品仲介業者の所属金融商品取引業者等は、事故の確認（66の15・39 III）を受けずに業府令277条1項1号から8号までのいずれかの規定に基づいて損失補てんをする場合は、単独で、又は金融商品仲介業者と共同して、これらの各号の手続の当事者となることが求められると考えられる。

(5) 金融商品仲介業者に代わって損失補てんをした所属金融商品取引業者等は、金融商品仲介業者に対して求償することができると考えられている

(コンメ⑵1020～1021 頁〔北村〕)。

3　金融商品仲介業者の責任

⑴　金融商品仲介業者は、金融商品仲介行為につき、債務不履行又は不法行為により顧客に損失が生じた場合、これを賠償する責任を負う(民 415・709)。

⑵　一次的に損失補てんをすることが求められる者は、金融商品仲介業者ではなく所属金融商品取引業者等であるが、(i)所属金融商品取引業者等が損失補てんを行う義務を負わない場合(66 の 24 ただし書)又は(ii)所属金融商品取引業者等が損失補てんを行うことができない場合(所属金融商品取引業者等に対して倒産手続が開始された場合等)においては、損失補てんは、金融商品仲介業者がすることになる。

金融商品仲介業者は、事故の確認(66 の 15・39 Ⅲ)を受けずに業府令 277 条 1 項 1 号から 9 号までのいずれかの規定に基づいて損失補てんをする場合は、単独で、又は金融商品取引業者等と共同して、これらの各号の手続の当事者となることが求められると考えられる。

4　条文の適用関係

⑴　金融商品仲介業者が事故(業府令 276)に起因する損失を所属金融商品取引業者等に補てんさせる行為は、「顧客……に対し、財産上の利益を……第三者に提供させる行為」(66 の 15・39 Ⅰ③)に該当する。

そのため、この行為は、法定の除外事由(66 の 15・39 Ⅲ・業府令 277 Ⅰ)があることを前提として行われる。

⑵　所属金融商品取引業者等が事故(業府令 276)に起因する損失を金融商品仲介業者に代わって補てんする行為は、「顧客……に対し、財産上の利益を提供」する行為(39 Ⅰ③)に該当する。

そのため、所属金融商品取引業者等は、(i)事故(業府令 118 ①)に起因する損失を補てんする行為として、(ii)法定の除外事由(39 Ⅲ・業府令 119 Ⅰ)があることを前提として、この行為を行うことになる。

金融商品仲介業者又はその代表者等は、いずれも所属金融商品取引業者等の従業者(業府令 118 ①)に該当するが、これらの者が、当該金融商品仲

介業者の業務に関し業府令276条各号の行為を行うことは、「その他法令に違反する行為を行うこと」(業府令118①ホ)に該当するものと考えられる。 Q52

　法66条の15において準用する法39条3項の規定による事故の確認がある場合は、法39条3項の規定による事故の確認があることとなり、業府令277条1項1号から9号までに掲げる場合に該当する場合は、所属金融商品取引業者等がこれらの各号の手続の当事者となっているときは、それぞれ業府令119条1項1号から9号までに掲げる場合に該当し、業府令277条1項10号及び11号に掲げる場合に該当する場合は、それぞれ業府令119条1項10号及び11号に掲げる場合に該当すると考えられる。

第5章 罰　　則

❖ 第1節 主　　刑

Q132 金融商品仲介業者は、みずから法66条の15において準用する法38条の2第2号又は法39条1項の規定に違反した場合、どのような罰則の適用を受けるか。

1　適用される罰則

(1)　金融商品仲介業者は、みずから法66条の15において準用する法38条の2第2号又は法39条1項の規定に違反した場合、3年以下の懲役若しくは300万円以下の罰金に処せられ、又はこれらを併科される（198の3）。

(2)　法198条の3は、個人である金融商品仲介業者に対して適用され、個人でない金融商品仲介業者は、同条の適用を受けない。

個人でない金融商品仲介業者については、懲役刑を科すことはできず、法人である金融商品仲介業者及び法人でない団体で代表者又は管理人の定めのあるものである金融商品仲介業者については、いわゆる両罰規定（207 Ⅰ③）が別に設けられているためである。

(3)　金融商品仲介業者が、法66条の15において準用する法39条1項の規定に違反して、1人の顧客に対して複数回財産上の利益を提供した場合における罪数は、金融商品取引業者等が、法39条1項の規定に違反して、これを行った場合におけるものと同様である。 Q87

2　未遂罪

法66条の15において準用する法38条の2違反及び法66条の15において準用する法39条1項違反の罪については、未遂罪の定めがないことから、未遂は、処罰されない（刑44・8）。

第4編　金融商品仲介業に関する損失補てん等の規制

> **Q133** 金融商品仲介業者は、その代表者又は代理人、使用人その他の従業者が法66条の15において準用する法38条の2第2号又は法39条1項各号に掲げる行為をした場合、どのような罰則の適用を受けるか。

1　適用される罰則

(1)　法人（法人でない団体で代表者又は管理人の定めのあるものについても同様）である金融商品仲介業者の代表者、代理人、使用人その他の従業者が、金融商品仲介業者の業務又は財産に関し、<u>法198条の3の規定の違反行為をしたとき</u>は、その行為者が罰せられるほか、金融商品仲介業者に対して3億円以下の罰金刑が科せられる（207Ⅰ③）。

(2)　自然人である金融商品仲介業者の代理人、使用人その他の従業者が、金融商品仲介業者の業務又は財産に関し、<u>法198条の3の規定の違反行為をしたとき</u>は、その行為者が罰せられるほか、金融商品仲介業者に対して300万円以下の罰金刑が科せられる（207Ⅰ③・198の3）。

　法207条1項は、金融商品仲介業者が財団である場合における管理人を違反行為の主体として明記していないが、この場合における管理人は、「その他の従業者」に含まれるものと考えるのが自然であろう。

(3)　「代理人」、「従業者」及び「業務……に関し」の意義は、金融商品取引業者等に法207条1項3号の規定が適用される場合と同様である。 Q80

(4)　法207条1項3号の規定は、法人である金融商品仲介業者の代表者、代理人、使用人その他の従業者又は自然人である金融商品仲介業者の代理人、使用人その他の従業者が、金融商品仲介業者の業務又は財産に関し、法198条の3の規定の違反行為をした場合は、従業者の職位にかかわらず適用される。 Q81

2　法198条の3の規定の違反行為をしたとき

　「法198条の3の規定の違反行為をしたとき」とは、法66条の15において準用する法38条の2第2号違反又は法66条の15において準用する法39条1項違反については、金融商品仲介業者の代表者、代理人、使用人その他の従業者が、これらの各条項違反の罪を犯したときをいう。

法66条の15において準用する法38条の2第2号及び法39条1項は、いずれも金融商品仲介業者を規制の対象者とする規定であるが、法207条1項の規定により金融商品仲介業者の代表者、代理人、使用人その他の従業者をも規制の対象者とする規定に修正される。 Q82

3 未遂罪

法66条の15において準用する法38条の2第2号違反及び法66条の15において準用する法39条1項違反の罪については、未遂罪の定めがないことから、未遂は、処罰されない（刑44・8）。

4 法207条1項が適用されない場合

金融商品仲介業者は、代表者、代理人、使用人その他の従業者が、その業務又は財産に関し、法198条の3の規定の違反行為をした場合であっても、行為者の選任、監督その他違反行為を防止するために必要な注意を尽くしたことを証明した場合は、法207条1項の適用を免れる。 Q80

Q134 金融商品仲介業者の代表者、代理人、使用人その他の従業者は、法66条の15において準用する法38条の2第2号又は法39条1項各号に掲げる行為をした場合、どのような罰則の適用を受けるか。

---

1 適用される罰則

法66条の15において準用する法38条の2第2号又は法39条1項の規定に違反した場合においては、その行為をした金融商品仲介業者の代表者、代理人、使用人その他の従業者は、3年以下の懲役若しくは300万円以下の罰金に処せられ、又はこれらを併科される（198の3）。

2 違反した場合

(1) 法66条の15において準用する法38条の2第2号又は法39条1項の規定に違反した場合とは、金融商品仲介業者の代表者、代理人、使用人その他の従業者が、これらの各条項違反の罪を犯した場合をいう。

(2) 法66条の15において準用する法38条の2第2号及び法39条1項

は、いずれも金融商品仲介業者を規制の対象者とする規定であるが、法207条1項の規定により金融商品仲介業者の代表者、代理人、使用人その他の従業者をも規制の対象者とする規定に修正される。 Q82

3　その行為

「その行為」とは、法66条の15において準用する法38条の2第2号違反については、同号に掲げる行為をいい、法66条の15において準用する法39条1項違反については、同項各号に掲げる行為をいう。

4　未遂罪

法66条の15において準用する法38条の2第2号違反及び法66条の15において準用する法39条1項違反の罪については、未遂罪の定めがないことから、未遂は、処罰されない（刑44・8）。

5　従業者でない者

金融商品仲介業者の従業者でない者は、従業者の共犯となる場合においては、罰則の適用を受ける（共同正犯につき198の3・刑60、教唆犯につき198の3・刑61Ⅰ、幇助犯につき198の3・刑62Ⅰ・68③・④）。 Q83

Q135 確認申請書（66の15・39Ⅴ）又はその添付書類に虚偽の記載をして提出した者は、どのような罰則の適用を受けるか。

1　確認申請書又はその添付書類に虚偽の記載をして提出した者

(1)　確認申請書（66の15・39Ⅴ）又はその添付書類に虚偽の記載をして提出した者は、1年以下の懲役若しくは100万円以下の罰金に処せられ、又はこれらを併科される（200⑮）。

(2)　処罰の対象となる者は、「申請書又は書類に虚偽の記載をして提出した者」であり、当該者が所属する法人ではない。 Q84

2　未遂罪

確認申請書又はその添付書類に虚偽の記載をして提出した場合について

第 5 章 罰　　則

は、未遂罪の定めがないことから、未遂は、処罰されない（刑 44・8）。

Q136　金融商品仲介業者の顧客は、みずから法 66 条の 15 において準用する法 39 条 2 項の規定に違反した場合、どのような罰則の適用を受けるか。

1　適用される罰則

(1)　金融商品仲介業者の顧客は、みずから法 66 条の 15 において準用する法 39 条 2 項の規定に違反した場合、1 年以下の懲役若しくは 100 万円以下の罰金に処せられ、又はこれらを併科される（200⑭）。

(2)　法 200 条 14 号の規定は、個人である顧客に対して適用され、個人でない顧客は、同条の適用を受けない。

(3)　顧客が法 66 条の 15 において準用する法 39 条 2 項各号に掲げる行為を行った場合であっても、当該行為が次のいずれかに該当する場合、顧客は、みずから法 66 条の 15 において準用する法 39 条 2 項の規定に違反したことにならない。 **Q85**

①　社会的儀礼の範囲内で財産上の利益を受けること又はその約束をすること

②　事故による損失の全部又は一部を補てんする旨の約束をすること（66 の 15・39 Ⅱ①・②）

③　事故による損失の全部又は一部を補てんするために財産上の利益を受けること（66 の 15・39 Ⅱ③）

2　未遂罪

法 39 条 2 項違反の罪については、未遂罪の定めがないことから、未遂は、処罰されない（刑 44・8）。

第4編　金融商品仲介業に関する損失補てん等の規制

> **Q137** 金融商品仲介業者の顧客は、その代表者又は代理人、使用人その他の従業者が法66条の15において準用する法39条2項各号に掲げる行為をした場合、どのような罰則の適用を受けるか。

1　適用される罰則

(1)　法人（法人でない団体で代表者若しくは管理人の定めのあるものについても同様）である顧客の代表者、代理人、使用人その他の従業者が、顧客の業務又は財産に関し、法200条の規定の違反行為をしたときは、その行為者が罰せられるほか、顧客に対して1億円以下の罰金刑が科せられる（207Ⅰ⑤）。 Q86

　法207条1項は、顧客が財団である場合における管理人を違反行為の主体として明記していないが、この場合における管理人は、「その他の従業者」に含まれるものと考えるのが自然であろう。

(2)　自然人である顧客の代理人、使用人その他の従業者が、顧客の業務又は財産に関し、法200条の規定の違反行為をしたときは、その行為者が罰せられるほか、顧客に対して100万円以下の罰金刑が科せられる（207Ⅰ⑤・200⑭）。

(3)　「代理人」、「従業者」及び「業務……に関し」の意義は、金融商品取引業者等に法207条1項3号の規定が適用される場合と同様である。 Q80

2　法200条の規定の違反行為をしたとき

　「法200条の規定の違反行為をしたとき」とは、法66条の15において準用する法39条2項違反については、金融商品仲介業者の顧客の代表者、代理人、使用人その他の従業者が、同項違反の罪を犯したときをいう。

3　法207条1項が適用されない場合

　顧客は、代表者、代理人、使用人その他の従業者が、その業務又は財産に関し、法198条の3の規定の違反行為をした場合であっても、行為者の選任、監督その他違反行為を防止するために必要な注意を尽くしたことを証明した場合は、法207条1項の適用を免れる。 Q80

4 未遂罪

法66条の15において準用する法39条2項違反の罪については、未遂罪の定めがないことから、未遂は、処罰されない（刑44・8）。

❖ 第2節　付　加　刑

第1款　金融商品仲介業者に対する金融商品取引法違反被告事件

> **Q138** 法66条の15において準用する法39条1項の規定に違反して提供された財産上の利益は、没収することができるか。

1　没　収

(1) 法66条の15において準用する法39条1項の規定に違反して財産上の利益を提供した金融商品仲介業者に対する金融商品取引法違反被告事件において、当該財産上の利益は、有体物である場合は没収することができ（刑19Ⅰ①）、無体物である場合は没収することができない。 Q88・89

(2) 有体物である財産上の利益の没収は、任意的没収である。

(3) 法66条の15において準用する法39条1項の規定に違反して財産上の利益を提供した金融商品仲介業者に対する金融商品取引法違反被告事件において、没収が想定される財産上の利益は、次の物である。

① 法66条の15において準用する法39条1項3号の規定に違反して提供したものの、金融商品仲介業者の顧客又は第三者が受けなかった物

② 金融商品仲介業者の顧客又は第三者が、法66条の15において準用する法39条1項3号に該当する行為によって得られる物であることを認識して受けた後、犯人である金融商品仲介業者に対して返還した物

(4) 没収された財産上の利益は、没収の裁判の確定によって国庫に帰属する。 Q97

2　追　徴

1(3)①及び②の物は、いわゆる犯罪組成物件（19 I ①）であるため、これを刑19条1項の規定により没収することができない場合であっても、その価額を刑19条の2の規定により追徴することはできない。

第2款　金融商品仲介業者の顧客に対する金融商品取引法違反被告事件

Q139　法66条の15において準用する法39条2項の規定に違反して受けた財産上の利益は、没収することができるか。

1　没　収

(1)　法66条の15において準用する法39条2項の規定に違反して財産上の利益を受けた顧客に対する金融商品取引法違反被告事件において、犯人又は情を知った第三者が受けた当該財産上の利益は、法200条の2の規定により没収される。この没収は、必要的没収である。

(2)　「財産上の利益」「犯人」「情を知った第三者」の意義は、法39条2項の規定に違反して財産上の利益を受けた顧客に対する金融商品取引法違反被告事件において、犯人又は情を知った第三者が受けた当該財産上の利益の没収におけるものと同様である。 Q90

(3)　法200条の2の規定により没収すべき財産は、その全部又は一部を没収することができないときを除き、時価が犯罪行為のときから判決の言渡しまでの間に上昇した場合であっても、すべて没収される。 Q92

(4)　法200条の2の規定により没収すべき財産（不法財産）が不法財産以外の財産と混和した場合において、当該不法財産を没収すべきときは、当該混和により生じた財産（混和財産）のうち当該不法財産（当該混和に係る部分に限る。）の額又は数量に相当する部分は、没収の対象となる（209の2 I）。 Q93

(5)　没収された財産上の利益は、没収の裁判の確定によって国庫に帰属する。 Q97

2 没収の対象となる財産上の利益

(1) 没収の対象となる財産上の利益は、法66条の15において準用する法39条2項の規定に違反して犯人又は情を知った第三者が受けた財産上の利益である（200の2）。

(2) 金融商品仲介業者又は第三者が法66条の15において準用する法39条1項の規定に違反して提供したものの、金融商品仲介業者の顧客又は情を知った第三者が受領しなかった財産上の利益は、法200条の2の規定による没収の対象とならない。

3 没収の対象者

次に掲げる者は、いずれも没収の対象者となると考えられる。

① 金融商品仲介業者又は第三者から、法66条の15において準用する法39条2項の規定に違反して、財産上の利益を受けた顧客又はその共犯者（犯人）

② 金融商品仲介業者又は第三者から、法66条の15において準用する法39条1項3号に該当する行為によって得られる財産上の利益であることを認識して、これを受けた者（情を知った第三者）

③ ①又は②から、法66条の15において準用する法39条1項3号に該当する行為によって得られた財産上の利益であったことを認識して、これを受けた者（情を知った第三者）

④ 犯人又は情を知った第三者から財産上の利益の返還を受けた金融商品仲介業者 Q91

4 追　徴

(1) 法66条の15において準用する法39条2項の規定に違反して犯人又は情を知った第三者が受けた財産上の利益は、没収されるが、その全部又は一部を没収することができないときは、その価額を追徴する（200の2）。この追徴は、必要的追徴である。

(2) 「没収することができないとき」の意義は、法39条2項の規定に違反して財産上の利益を受けた顧客に対する金融商品取引法違反被告事件において、犯人又は情を知った第三者が受けた当該財産上の利益の没収におけ

るものと同様である。 Q90

5　追徴の価額
(1)　追徴の「価額」は、没収の対象となる物が金銭である場合はそれと同一の金額であり、その他の物である場合はその物の客観的な価額である（条解刑法44頁）。
(2)　客観的な価額の算定時期は、法66条の15において準用する法39条2項の規定に違反して財産上の利益を受けた時点である（最大判昭和43年9月25日刑集22巻9号871頁・最決昭和55年12月22日刑集34巻7号747頁）。

第3款　第三者没収手続

> **Q140**　法66条の15において準用する法39条2項の規定に違反して犯人又は情を知った第三者が受けた財産上の利益で、被告人以外の者が保有するもの又は第三者の権利がその上に存在するものは、没収することができるか。

1　第三者が保有する財産上の利益の没収
(1)　法66条の15において準用する法39条2項の規定に違反して犯人又は情を知った第三者が受けた財産上の利益で、被告人以外の者が保有するものは、法200条の2の規定によって没収することができるものである限り、没収することができる。 Q94
(2)　法39条2項の規定に違反して犯人又は情を知った第三者が受けた財産上の利益で、地上権、抵当権その他の第三者の権利がその上に存在するものは、法200条の2の規定によって没収することができるものである限り、没収することができる。 Q96
(3)　没収された財産上の利益は、没収の裁判の確定によって国庫に帰属する。 Q97

2　第三者没収手続
　被告人以外の者が保有する財産上の利益又は第三者の権利がその上に存

在する財産上の利益を没収するためには、第三者没収手続をとる必要がある。 Q94〜96

3 第三者の救済

没収の裁判が確定した場合、これによって損失を被った第三者がなし得る請求は、次の請求である。 Q98

① 没収物の交付請求（刑訴497Ⅰ・Ⅱ）
② 没収の裁判の取消請求（応急措置法13・209の4Ⅵ）
③ 没収によって消滅した権利について、これを存続させるべき場合に該当する旨の裁判の請求（209の4Ⅳ）

第6章　私法上の効力

Q141 法66条の15において準用する法39条1項の規定に違反してなされた損失補てん等の約束は、私法上効力を有するか。

　法66条の15において準用する法39条1項の規定に違反してなされた損失補てん等の約束は、公序に反し無効である（最判平成9年9月4日民集51巻8号3619頁）。
　したがって、顧客は、金融商品仲介業者との間でこのような約束をした場合であっても、この約束に基づいて損失補てん等を請求することはできない。 Q99

Q142 法66条の15において準用する法39条1項の規定に違反してなされた損失補てん等の約束がなされた場合において、金融仲介業者がこの約束を履行しないとき、顧客は、金融商品仲介業者に対して、不法行為に基づく損害賠償請求又は不当利得返還請求をすることができるか。

　顧客は、金融商品仲介業者との間で法66条の15において準用する法39条1項の規定に違反する損失補てん等の約束をした場合、原則として、(i)金融商品仲介業者がこの約束に基づいて損失補てん等をしないことにより生じた損害につき、金融商品仲介業者に対して不法行為に基づく損害賠償請求をすること及び(ii)この約束の存在を前提として金融商品仲介業者に交付した金銭につき、金融商品仲介業者に対して不当利得返還請求をすることができない。
　顧客は、このような約束をした場合で、金融商品仲介業者又はその従業者の不法の程度が極めて強いときに限り、金融商品仲介業者に対して(i)及び(ii)の請求をすることができると考えられる。 Q100

Q143 金融商品仲介業者は、法66条の15において準用する法39条1項の規定に違反して顧客に損失補てん等をした後、提供した財産上の利益につき、顧客に対して不当利得返還請求又は不法行為に基づく損害賠償請求をすることができるか。

　金融商品仲介業者は、法66条の15において準用する法39条1項の規定に違反して顧客に損失補てん等をした後、提供した財産上の利益につき、顧客に対して(i)不当利得返還請求及び(ii)不法行為に基づく損害賠償請求をすることが原則としてできない（民708）。

　金融商品仲介業者は、このような損失補てん等をした場合であっても、顧客の不法の程度が金融商品仲介業者の不法の程度と比較して著しく大きいときは、(i)及び(ii)の請求をすることができると考えられる（民708ただし書）。 Q101

事項索引

◆ 欧文

FINMAC ……………………………… 124
GK・TK スキーム ………………… 192

◆ あ行

アセット・マネジメント契約 ………… 194
委託現先 ……………………………… 64
委託者指図型投資信託 ……………… 89
委託者非指図型投資信託 …………… 89
委託の媒介、取次ぎ又は代理 ……… 15
一般信託受益権 ……………………… 51
売付け勧誘等 ………………………… 16
エンド取引 …………………………… 62
オリジネーター ……………………… 57
オープンエンド取引 ………………… 68

◆ か行

海外金融先物取引 …………………… 109
確定判決 ……………………………… 119
確認申請書 …………………… 105, 234
確認申請書の記載事項 ………… 110, 237
確認申請書の提出先 …………… 108, 236
管理型外国信託会社 ………………… 53
管理型信託会社 ……………………… 50
管理型信託業 ………………………… 50
外国一般信託受益権 ………………… 51
外国貸付債権信託受益証券等 ……… 52
外国金融商品市場 …………………… 14
外国市場デリバティブ取引 ………… 73
外国集団投資スキーム持分 ………… 49
外国証券 ……………………………… 51
外国信託会社 ………………………… 53
外国譲渡性預金証書 ………………… 63
外国投資信託 ………………………… 89
共犯者 ………………………………… 160

金融先物取引 ………………………… 108
金融先物取引業 ……………………… 108
金融商品仲介業 ……………………… 45
金融商品仲介業者 …………………… 44
金融商品仲介行為 …………………… 224
金融商品取引業協会 ………………… 125
金融商品取引業者 …………………… 11
金融商品取引業者等 ………………… 11
金融商品取引契約 …………………… 7
金融商品取引所 ……………………… 13
業務 …………………………………… 145
業務……に関し ……………………… 145
クレジット・イベント ……………… 87
クロー・バック条項 ………………… 195
決済用投資信託 ……………………… 203
権利者 ………………………………… 26
現先取引 ……………………………… 62
現担レポ ……………………………… 69
公社債投資信託 ……………………… 204
顧客 …………………………… 23, 225
混和 …………………………………… 166
混和財産 ……………………………… 166
誤解 …………………………………… 92
誤認 …………………………………… 92

◆ さ行

債権等 ………………………………… 176
債券等の買戻条件付売買 …………… 62
裁判外紛争解決手続 ………………… 132
裁判上の和解 ………………………… 120
サブリース契約 ……………………… 194
参加人 ………………………………… 171
財産上の利益 ………………………… 29
市場デリバティブ取引 ……………… 73
私設取引システム …………………… 14
指定紛争解決機関 …………………… 126

259

事項索引

執行（没収の裁判の）…………175
指名債権………………63
社債等……………71
集団投資スキーム持分………48
出資者…………48
出資対象事業………48
取得勧誘………16
主として………22
消費者紛争…………130
商品関連市場デリバティブ取引……73
所属金融商品取引業者等………224
書面取次ぎ行為…………12
信託会社……………50
信託会社等…………23
信託業……………50
信託受益権の販売等………51
信託をする者…………24
事業ファンド…………77
事故（金融商品仲介業者）………230
事故（金融商品取引業者等）……86
事故確認委員会…………135
自己現先……………64
事後……………4
事前……………4
従業者…………144
重要消費者紛争…………130
情を知った第三者…………160
スタート取引…………62
スポンサー……………57
スポンサー契約…………57
スポンサーレター…………57
即決和解…………121
損失……………28
損失補てん……………2
損失補てん等……………2

◆　た行

対向犯…………211
対象取引……………15
第一項有価証券…………72

第一種金融商品取引業………12
第三者………24, 25
第三者に……させる行為……38, 39
第三者没収手続…………168
第二項有価証券…………72
第二種金融商品取引業………18
代表者等……………87
代理……………15
代理人…………144
仲裁合意…………129
仲裁判断…………129
調査確認申請書…………136
調達コスト……………93
調停……………123
調停に代わる決定…………123
追加……するため………79
提供……………33
適格機関投資家等…………47
適格機関投資家等特例業務……46
店頭金融先物取引………108, 109
店頭デリバティブ取引………73
店頭デリバティブ取引等………73
添付書類…………112
デリバティブ取引…………73
電子情報処理組織…………97
電子店頭デリバティブ取引等業務……60
投資一任契約…………20
投資運用業……………21
投資顧問契約…………20
投資信託契約…………89
投資助言業務…………20
投資助言・代理業…………20
投資法人……………21
登録金融機関……………11
登録自己信託業者…………53
登録投資法人……………21
特定商品……………19
特定店頭デリバティブ取引……110
特定店頭デリバティブ取引等……110
特定投資家向け売付け勧誘等……17

特定認証紛争解決事業者……………76
特定認証紛争解決手続………………75
特別の利益………………………8, 221
特例業務届出者………………………46
とばし取引……………………………63
取次ぎ…………………………………14
取引所金融先物取引………………108
取引所金融商品市場…………………13
取引の条件……………………………94

◆ な行

任意的没収…………………………157
認可金融商品取引業協会…………125
認証紛争解決事業者………………131
認定金融商品取引業協会…………125
認定司法書士………………………133
認定投資者保護団体………………125

◆ は行

犯人…………………………………160
媒介……………………………………14
必要的追徴…………………………160
必要的没収…………………………159
不法財産……………………………166
紛争解決手続………………………126
片面的対向犯………………………211
弁護士会……………………………128
法人でない団体で代表者又は管理人の定めのあるもの………………………3
補足……するため……………………78
補てん……するため…………………74

◆ ま行

マスターリース契約………………194
みなし有価証券………………………72
民間紛争解決手続…………………131

無体物………………………………158
無断売買………………………………91
申込み…………………………………35
物……………………………………158

◆ や行

約束……………………………………37
有価証券………………………………72
有価証券関連デリバティブ取引……109, 110
有価証券関連デリバティブ取引等……109
有価証券等……………………………72, 224
有価証券等管理業務…………………70
有価証券等清算取次ぎ………………15
有価証券等の性質……………………93
有価証券の売出し……………………16
有価証券の私募………………………16
有価証券の私募の取扱い……………16
有価証券の売買………………………61
有価証券の売買その他の取引………61
有価証券の売買その他の取引等…109
有価証券の引受け……………………17
有価証券の募集………………………16
有価証券の募集の取扱い……………16
有価証券の元引受け…………………17
有価証券売買取引等…………………60
優先交渉権…………………………194
有体物………………………………158
要求……………………………83, 228

◆ ら行

利益……………………………………29
利益保証………………………………2
利含み現先取引………………………68
両罰規定……………………………142
レポ取引………………………………69

著者紹介

橋本　円（はしもと・まどか）
　1972年　東京都生まれ
　1991年　開成高等学校　卒業
　1998年　東京大学法学部　卒業
　2000年　第一東京弁護士会　登録
　2009年　東京大学大学院　法学政治学研究科　総合法政専攻　博士課程　修了
　　　　　博士（法学）
　現在　　弁護士

損失補てん規制

2018年1月19日　初版第1刷発行

著　　者　　橋　本　　円

発行者　　塚　原　秀　夫

発行所　　株式会社　商　事　法　務
〒103-0025　東京都中央区日本橋茅場町3-9-10
TEL 03-5614-5643・FAX 03-3664-8844〔営業部〕
TEL 03-5614-5649〔書籍出版部〕
http://www.shojihomu.co.jp/

落丁・乱丁本はお取り替えいたします。
Ⓒ 2018 Madoka Hashimoto
Shojihomu Co., Ltd.
ISBN978-4-7857-2588-4
＊定価はカバーに表示してあります。

印刷／三報社印刷㈱
Printed in Japan

JCOPY ＜出版者著作権管理機構　委託出版物＞
本書の無断複製は著作権法上での例外を除き禁じられています。複製される場合は、そのつど事前に、出版者著作権管理機構（電話 03-3513-6969、FAX 03-3513-6979、e-mail：info@jcopy.or.jp）の許諾を得てください。